spirituals

the mystery of me

Akira Tachibana

スピリチュアルズ

「わたし」の謎

橘玲

幻冬舎

スピリチュアルズ

「わたし」の謎

はじめに　わたしもあなたも、たった〝8つの要素〟でできている

この本では、「わたしは何者か？」という人類史上最大の謎に挑む。

などというと、「なにをバカなことをいってるのか？」と笑われそうだが、これは誇大妄想の類ではない。

近年の脳科学や進化心理学、進化生物学、行動遺伝学などの急速な進歩によって脳＝こころの秘密が徐々に明らかになり、いまや「新しいパラダイム」の心理学が登場しつつある。この「驚くべき理論」は人間についての理解を根本的に書き換え、もしかしたらあなたの人生を変えてしまうかもしれない。

それをひと言でいうならば、「わたしもあなたも、たった〝8つの要素〟でできている」になる。

「最先端の科学」といっても難しい理屈が書いてあるわけではない。どの話も、自分やまわり

のひとたちに当てはめれば納得できることばかりだろう。「新しいパラダイム」の心理学は、「なぜ自分はこんなふうなのか」「あのひととはなぜわかりあえないのか」など、誰もが漠然と感じていた日常的な疑問に明快にこたえてくれるのだ。

ところでこの理論には、まだちゃんとした名前がつけられていない。心理学のパラダイム転換はさまざまな分野で同時並行的に起こっているので、それを統一的に記述した一般向けの本もほとんどない。だとしたら、誰かがやってくれるのを待つより、自分で書いた方が手っ取り早いと思いついて、「スピリチュアル理論」と名づけることにした。

スピリチュアルというのは、心理学でいう「無意識」に「魂」を重ね合わせた言葉だ。脳科学の知見は、意識が無意識と対立している（あるいは意識が無意識を制御している）のではなく、じつは「わたし」のほとんどすべてが無意識で、意識はその一部（あるいは幻想）でしかないという膨大な知見を積み上げている。「わたし」というのは、突き詰めれば「無意識／魂」の傾向のことなのだ。

わたしたちは一人ひとり異なる複雑で陰影に富む性格（パーソナリティ）をもっているが、それはいくつかの基本的な要素に還元できることもわかってきた。これはパーソナリティ心理学では「ビッグファイブ」と呼ばれていて、「外向的／内向的」「楽観的／悲観的」「協調性」「堅実性」「経験への開放性」のことだ（本書ではこれを8つに拡張している）。その意味では、「わたし」はこれらの要素の組み合わせでしかない。

ここで、「それなら聞いたことがある」とか「性格診断のようなものでしょ」と思ったひともいるかもしれない。

大学などで教えているパーソナリティ心理学では、類型論と特性論から始まって、フロイト流の精神分析学（精神力動論）、ジョン・ワトソンやB・F・スキナーの行動主義、カール・ロジャーズなどの現象学的心理学、マーティン・セリグマンのポジティブ心理学など、パーソナリティに関するさまざまな心理学の流派を網羅的に解説する。「ビッグファイブ」は、そのなかのひとつのエピソードにすぎない。

これから述べることは、それとは

ぜんぜんちがう。

きっかけは、たまたまネットで読んだ記事だった。フェイスブックから大量の個人情報が流出したと大騒ぎしていた頃だから、2018年春だろうか。

その記事によると、フェイスブックの「いいね！」をコンピュータに読み込ませるだけで、それ以外のデータがまったくなくても、どのような人物なのかをきわめて高い精度で予測できるという。その後、頻繁に引用されるようになったインタビューでは、ミハル（マイケル）・コシンスキーというスタンフォード大学准教授が、「このアルゴリズムを使えば10の『いいね！』

で同僚よりも相手のことがよくわかるようになり、70の『いいね！』で友人のレベルを超え、150の『いいね！』で両親、250の『いいね！』で配偶者のレベルに達する」と述べていた。

ほんとうにそんなことがあるのか、不思議に思って元の論文を読んでみると、「白人か黒人か」を95％、「性別」を93％、「ゲイ（男性同性愛者）」であることを88％、「（支持政党が）共和党か民主党か」を85％、「キリスト教徒かムスリムか」を82％の精度で予測できたという。「このソフトウエアを使えば、本人が明かしたくないと思っている知能、性的指向、政治的立場などを企業、政府、あるいはフェイスブックの友だちが知ることができる」のだ。[*1]

もっと驚いたのは、フェイスブックの「いいね！」から性格（心理的特性）を予測できることだった。これをSNS（ソーシャルネットワーク）のビッグデータと組み合わせれば、感情的に不安定な（神経症傾向の高い）ユーザーに「安全」を強調した広告を提示するような心理操作が実現可能になる。現実にトランプ陣営は、2016年の大統領選で、コシンスキーの研究に基づいた心理プロファイリングと行動ターゲティングを大々的に行なったのではないかと疑われている。

「いいね！」だけから、あなたが何者かわかってしまう。なぜこんな「魔法」のようなことができるのか。論文によると、「マイパーソナリティ」というフェイスブックのアプリでユーザーに心理テストを行ない、5万8000人あまりの「いいね！」のビッグデータを統計解析

（アマゾンやネットフリックスの「おすすめ」に使われているＳＶＤ／特異値分解）して、プロフィールや顔写真、知能指数、パーソナリティ、生活満足度、ドラッグの使用履歴などの質問でわかった属性との相関から予測モデルをつくったらしい。——いまならＡＩ（人工知能）にディープラーニング（深層学習）させてより高い精度を実現できるだろう。

このときにコシンスキーたちが使ったのが「ビッグファイブ」で、この「魔法（心理予測モデル）」の中核をなす理論とされていた。そこから興味を感じてあれこれ調べていくうちに、それがとてつもないパワーをもっていることに衝撃を受けた。

ビッグファイブでは、わたしたちの性格（パーソナリティ）を５つの（本書では８つに拡張しているが）要素の組み合わせだとする。このシンプルな理論によって、「わたしは何者なのか？」「わたしとあなたはなぜちがっているのか？」という、人類がずっと抱きつづけてきた疑問が科学として解明できるようになった。

これは控えめにいっても、とんでもない「事件」だ。実際、ビッグファイブを「パーソナリティ研究のルネサンス」「いまや新しい科学が出現しつつある」と述べる心理学者もいる。[*2]「わ

＊１—Michal Kosinski, David Stillwell and Thore Graepel (2013) Private traits and attributes are predictable from digital records of human behavior, *PNAS*

＊２—ダニエル・ネトル『パーソナリティを科学する　特性５因子であなたがわかる』白揚社

たし」や「あなた」についての理解を一変させてしまうそのスゴさはとうてい要約できないので、これから（私と同じように）驚いてほしい。

脳は長大な進化の過程で、スピリチュアル（呪術的）なものとして「設計」された。わたしたちにとっての世界（社会）は、「わたし＝自己」を中心として、家族、友人、知人、たんなる知り合い、それ以外の膨大なひとたちへと同心円状に構成されている。他者を中心とした世界を生きているひとはいないし、もしいたとしたら精神疾患と診断されるだろう。

ひとの生活は、起きているときと寝ているときに大きく分かれる。眠りに落ちると世界は消え（あるいは夢の世界に変わり）、目が覚めると（現実の）世界が現われる。目を閉じると世界は消え、目を開ければ世界が現われる。

「なにを当たり前のことを」と笑うかもしれないが、この体験はとてつもなく強力だ。スピリチュアル＝無意識は（おそらく）、自分が世界の中心にいて、すべてを創造したり、消滅させたりしていると思っているのだ。

わたしたちはみな、人生という「物語」を生きている。スピリチュアルが「神（世界の中心にいる創造者）」なら、人生という舞台のヒーローやヒロインは、当然、自分になるに決まっている。もちろん、すべての男がスーパーヒーローで、すべての女がお姫様を演じるわけではない。社会が複雑になるほどさまざまな物語が生まれ、そこには多種多様な役柄があるだろう。

そのなかには「はぐれ者として生きる」「愛するひとを支える」という物語があるかもしれないが、それでもつねに「主役」は自分なのだ。

だとすればパーソナリティとは、スピリチュアル＝無意識が創造する「人生という物語」のヒーロー／ヒロインの「キャラ」ということになる。

脳の基本ＯＳは人類共通でも、そのなかのいくつかの傾向は個人ごとにばらつきがある。そのささいなちがいをわたしたちは敏感に察知して、「性格」とか「自分らしさ」と呼んでいる。ビッグファイブというのは、一人ひとりが演じる物語のキャラを〝見える化〟したものなのだ。

以下の構成だが、最初に「心理学のパラダイム転換」を理解するうえで必要となる基礎知識をざっと説明する。次に、「ビッグファイブといったって、これまでいろいろ出てきた俗流心理学の亜流で、しょせん一時の流行なんでしょ」というもっともな疑問をもつひとのために（じつをいうと私もそう思っていた）、イギリスの「ケンブリッジ・アナリティカ」という選挙コンサルティング会社のスキャンダルを紹介する。この会社はビッグファイブの心理プロファイリングを使って、２０１６年にイギリスがＥＵ離脱を決めた国民投票と、アメリカのトランプ大統領誕生に大きな影響を与えた（ある意味、「世界を変えた」）とされる。フェイスブックの「いいね！」から、なぜ人種や性別、性的指向や政治的立場が予測できるかもわかるだろう。

それ以降が本論で、「こころ（無意識）の傾向＝特性」を進化的に古いものから説明していく。

とはいえ、これはあくまでも私の理解なので、既存のパーソナリティ心理学のビッグファイブ理論とはかなり異なったものになるはずだ。

パーソナリティはビッグファイブ（およびそれ以外の3つの特性）の組み合わせで、現代社会にうまく適応できるものと、適応が難しいものがある。これがいま深刻な社会問題を引き起こしているのだが、最後に「成功するパーソナリティ／失敗するパーソナリティ」としてその概略を述べておきたい。

この地球上には78億人を超えるひとたちが暮らしているのだから、世界には78億の物語があることになる。

それではこれから、スピリチュアルズの世界をともに旅することにしよう。

スピリチュアルズ 「わたし」の謎 ＊ 目次

はじめに　わたしもあなたも、たった〝8つの要素〟でできている　3

PART1
無意識と「ビッグファイブ」理論を最速で説明する　21

地上200メートルの板の上を歩く　23
初対面のひとにはあたたかい飲み物を出した方がいい　26
「恋の吊り橋」は魅力的でないと使えない　29
マシュマロ・テストやスタンフォード監獄実験まで……　31
無意識の驚異的な「直観知能」　34
右脳にいる「もう一人のわたし」　36
生き物はなぜ「感じ」をもつように進化したのか　39
感情の6つの原型　43
特性はロールプレイングゲームのパラメーター　46

生存への脅威と生殖の対象 50
初対面で注目する「ビッグエイト」 52
ナルシシズムは「神の属性」 54

PART2

心理プロファイルを使った史上最大の「陰謀」 57

流出した8700万人の心理プロファイル 58
トランプ大統領誕生を演出した「陰謀組織」 61
個人ごとに最適な心理操作をする手法 64
SNS大手がトランプに提供した特別サービス 66
「世界を変える」アルゴリズム 68
最初のデートで「どんな曲が好き?」と訊く理由 71
アンファンテリブルによるデジタル時代の冒険物語 74
〈追記〉ケンブリッジ・アナリティカは米大統領選に影響を及ぼしたのか 77

PART 3

外向的／内向的

外向的／内向的 81
外向的な鈍感、内向的な敏感 83
激辛ラーメンか図書館か 85
性格はベルカーブになる 87
心拍数が低いと犯罪者になる？ 89
「外向的だと成功する」はサバイバルバイアス 91
同性愛を「治療」しようとした精神科医 94
喜びや幸福は色あせていく 99
愛はなぜ4年で終わるのか？ 102
依存症という悲劇的な病 104
繊細さんとスーパーテイスター 107
仙人やフィクサーは内向的？ 109

PART 4

楽観的／悲観的

楽観的／悲観的 111
幻覚剤によってうつ病が治る 112
「分断」や「遮断」からの解放 115

過去と未来から自己が生まれた　118
幻覚神経科学に挑戦した若い研究者　120
「自己」がなくなっても「意識」は残る　122
脳は楽観主義者　126
楽観的なエゴイスト、悲観的な利他主義者　128
外向的でも悲観的なひとたち　131
「女は神経質」はほんとうか　134
「逃走／闘争」と「死んだふり」　136
副交感神経は多重になっている　138
扁桃体は「恐怖中枢」ではない　140
脳に電極を埋め込むうつ病治療　143
悲観的だと不幸を引き寄せる？　146
楽観的なタンポポ、悲観的なラン　149

PART 5
同調性　153

同調圧力によって視覚が変容する　155

ヒトの同調性はどのように分布しているのか — 158
小人の群衆のなかに巨人がいる奇妙な世界 — 161
ミルグラムの「アイヒマン実験」 — 163
共感力が高くても権威に従う — 166
ステレオタイプ脅威 — 169
同じ能力なのにちがいが生じるのはなぜ？ — 171
人種という強力なアイデンティティ — 173
場違いだと「殺されてしまう」 — 175
仲間外れは殴られるのと同じ — 177
「支配と服従」は親子関係から生まれた — 180
「社会的な私」と「個人的な私」 — 183
「日本人は集団主義」はほんとうか — 186
「伽藍とバザール」のゲーム — 188
「自分らしく生きる」という奇妙奇天烈な価値観 — 191
極端に同調性が低い「正義のひと」 — 192

PART 6 共感力 195

アカゲザルの「共感」 196
共感は有性生殖とともに始まった 199
愛は脳内化学物質で決まる? 201
男と女で共感力がちがう 204
テストステロンが共感力を抑制する 206
「男は女の気持ちがわからない」には根拠がある 209
相手の気持ちを理解する能力 210
「火星の人類学者」の困難な人生 213
ミスター・スポックはウソがつけない 217
サイコは社会的・経済的に成功できる 220
自分がサイコパスの脳だと気づいたら 223
共感が道徳を破壊する 227
愛は世界を分断する 229
博愛主義者の共感力は低い 232
家族思いの男を見つけるには 236

PART 7 堅実性 239

20億円勝っているのにやめられない 240
目先の報酬を無視できないひとたち 242
アリとキリギリスの対立 245
「いま・ここで」の世界と「いつか・あそこで」の世界 248
1年後の1万円はいまいくらになる？ 251
堅実性パーソナリティはサバイバル戦略 253
意志力は筋力と同じように消耗する 256
努力すればするほど意志力がなくなる 259
ダイエットに成功するにはダイエットしないこと 261
食べることを拒絶すればするほど食べ物にとらわれていく 263
努力すると寿命が縮む？ 266
「女の方が男より真面目」な理由 269
男の子が劣化していく 271

PART 8

経験への開放性 ―― 275

サイケデリックの発見 ―― 277
半世紀前のLSD実験 ―― 281
脳のエントロピー ―― 284
毎日がつねに新鮮な病 ―― 287
物思いにふけっていたときになぜひらめくのか ―― 290
世界は公正であるべきだ ―― 291
女の子が怖い非行少年たち ―― 294
相手が誰なのかわからない恐怖 ―― 296
知能の政治イデオロギー ―― 299
「成功した保守派」と「陰謀論者」 ―― 301
社会を改造するビジョン ―― 304
アスリートとアーティストは似ている ―― 306
芸術は性淘汰で進化した ―― 309
思春期の女の子は冒険的になる ―― 311
双極性障害のスペクトラム ―― 314
アメリカ人は「カルト空間」に閉じ込められている ―― 317

世界でもっとも「自己家畜化」された日本人 320

PART 9

成功するパーソナリティ／失敗するパーソナリティ 323

「美しい子ども」という不都合な事実 325
環境決定論の残酷な「差別」 328
「同じだけどちがう」という二重のアイデンティティ 330
演目が変われば役者のキャラも変わる 332
男と女では競争の仕方がちがう 335
「自分らしさ」はビッグエイトの組み合わせ 336
Qの尻尾をどっちに書く？ 339
「自尊心を高める教育」は効果がない 342
観客の反応で上下するソシオメーター 344
自尊心は高いけれど不安定なひと 347
顕在的自尊心は高いけれど潜在的自尊心が低いひと 349
パーソナリティ同士に相性があるのか 351

恋愛の神経科学的相性 354
愛着（アタッチメント）タイプは俗流相性論 355
高い堅実性は成功の秘密？ 359
成功する3つのパーソナリティ 362
ダークトライアド（闇の三角形）はモンスター 364
自己啓発本の8つのテーマ 366
自分のスピリチュアルに合った物語をつくれ 369
附録 ビッグファイブの検査 372
あとがき 376

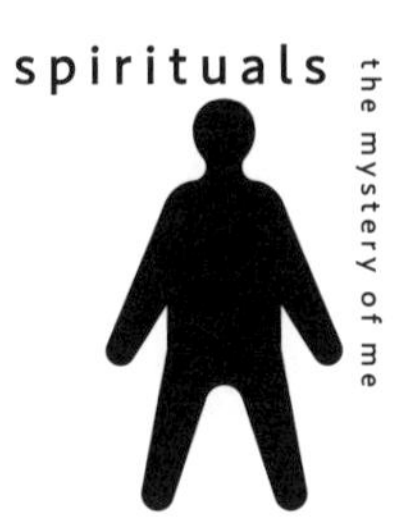

PART 1

無意識と「ビッグファイブ」理論を最速で説明する

ＶＲ（ヴァーチャルリアリティ）の人気アトラクションに「高所恐怖ＳＨＯＷ」がある。エレベータで地上２００メートルまで上がり、ドアが開くといきなりビルの外で、空中に１本の細長い板が据えられている。その板の先にネコが座っていて、プレイヤーは板を歩いてそのネコを救出し、戻ってくるのがミッションだ。——といってもよくわからないだろうから、インターネットで「高所恐怖ＳＨＯＷ」を検索してみてほしい。たくさんの画像や動画がアップされている。

私が参加したのは２０１６年にバンダイナムコがお台場ダイバーシティで行なった「ＶＲ ＺＯＮＥ」のプレオープンで、10以上あるアトラクションのなかでいちばんの人気だった。

そのとき不思議に思ったのは、ＶＲゴーグルを装着する前に仕掛けを見せてくれることだった。そこは黒い布で囲まれた殺風景な場所で、細い板の先にネコのぬいぐるみが置いてある。板の幅は30センチ、ネコまでの距離は3メートルほどだろうか。板は床から5センチほど浮いていて、微妙に左右に揺れるようになっていることもわかった。

見学席の横にはモニタが置いてあって、プレイヤーが目にしているＶＲの光景が映し出されている。高所200メートルのVRを見ながら、プレイヤーはへっぴり腰で足を踏み出し、ときに四つん這いになったりもするが、その隣にはスタッフがずっとついていて、板から足を踏み外しそうになると支えてくれる。

地上200メートルの板の上を歩く

最初、なんでこんなことをするのかさっぱりわからなかった。いきなり種明かしをしてしまったら、せっかくのVR体験が面白くなくなるのではないか。

だがこれは、まったくの杞憂だった。実際に自分がVRのゴーグルを装着し、エレベータが上昇しドアが開いた瞬間に、なぜ種明かしが必要だったのかわかった。それがないと、一歩も踏み出すことができないのだ。

もともと高いところが苦手なのもあるが、地上200メートルの板の上を歩くのはものすごく怖い（というか、ほんとうはもっと怖いのだが、これ以外に表現する言葉がない）。それでもなんとか勇気をふりしぼって一歩を踏み出せたのは、目の前にあるのがほんとうは床に置かれたただの細長い板で、歩くと多少揺れるがたいしたことはなく、スタッフが横についていてくれることを「知って」いたからだ。より重要なのは、私の醜態を見物人が期待して見ていることを「知って」いることだった。

ところが、ようやくネコ（のぬいぐるみ）に手が届いた瞬間、思いがけないことが起きた。

板の左右が割れて、幅が20センチほどに狭まったのだ。これはほんとうに怖かったが、泣き叫ぶわけにもいかず、かといって地上200メートルの細い板の上で身体の向きを変える度胸もなく（バランスを崩して落ちたらどうするのか）、「板が狭くなったように見えるのはたんなる錯覚で、ほんとうの幅は最初と同じだ」といいきかせて、そのまま後ろに下がってなんとかエレベータまで戻ることができた（恥をかかずにすんだ）。

このアトラクションは意識と無意識（スピリチュアル）の関係がとてもよくわかるので、なにはともあれぜひ体験してみてほしい。――残念ながら新型コロナウイルスの影響で営業終了となったVR施設もあるようだが。

エレベータのドアが開いた瞬間、無意識は全力で警報アラームを鳴らす。それは「こんなところを歩いたら死んじゃうよ！」という叫びだ。それに対して意識は、目の前にあるのがただの板だと「知って」いるので、無理矢理その警報を抑えつけようとする。

これは、意識と無意識が「対立」していると表現することもできるし、「並存」しているともいえるだろう。すくなくとも、意識が無意識を支配し、コントロールしているわけではないのは明らかだ。同行した女性の編集者は一歩も踏み出すことができずにリタイアしたが、これはスピリチュアルのアラームに意識が圧倒されてしまったからだろう。

しかしそれでも、私には疑問があった。なぜ隣にスタッフがついていないといけないのか。足を踏み外してもただ床があるだけなのに。

「じつはですね」と、案内役のバンダイナムコのひとが教えてくれた。「最初は地上に向かって転落していくVRをつくったんです。ところがそれをテストしてみたら、バランスを崩したとたん泡を吹いて失神しちゃったんです。それで、これはさすがにマズいということになって、プレイヤーが板から落ちないようスタッフが支えることになったんです」

私がスピリチュアルのアラームをなんとか封じ込めることができたのは、自分が板の上に立っていると「知って」いたからだ。だが足を踏み外せば、「そこはただの床だ」と「知る」前に落下の恐怖に圧倒されてしまうだろう。無意識に過度な負荷がかかれば、意識はなんの役にも立たないのだ。

じつはわたしたちはみんな、意識と無意識の関係を知っている。というか、それを利用してさまざまなエンタテインメントを生み出してきた。

ジェットコースターは「高所恐怖SHOW」の原型で、高いところから一気に落ちるときスピリチュアルは悲鳴をあげるが、意識は自分が安全な車体のなかにいることを「知って」いる。この落差が面白いのだが、なかには恐怖に圧倒されて気持ち悪くなるひともいる。

ホラー映画が怖いのは、被害者に感情移入(共感)するからだとされる。だがこの説明は、半分しか正しくない。ゾンビに食いちぎられたり、チェーンソーで斬首されるスクリーン上の被害者にかんぜんに感情移入してしまえば、映画館は阿鼻叫喚(あびきょうかん)の地獄絵図になるだろう。それにもかかわらずなぜ楽しめるかというと、映画と現実のちがいを意識が「知って」いて、悲鳴をあげるスピリチュアルとの落差＝刺激が快感になるからだ（「ホラーはぜったいダメ」というひとは、この落差が大きすぎるのだ）。

初対面のひとにはあたたかい飲み物を出した方がいい

「あたたかな気持ち」「高い地位」などの言葉をわたしたちは当たり前のように使っている。「蜜のような甘い言葉」は、愛の囁きの比喩として誰でもすぐに理解できる。

でも考えてみれば、これは不思議な話だ。世界にはさまざまな言葉や文化、習慣があるのに、なぜこの比喩が注釈もなく翻訳できるのだろうか。

この疑問に、現代の脳科学はこう答える。「それは比喩ではなく、実際に脳の味覚に関する部位が活動しているのだ」――愛の言葉と蜜は、脳にとっては同じ刺激なのだ。

これだけなら驚くようなことではないかもしれないが、この因果関係は逆にしても成り立つ。「甘いものを食べながら聞いた言葉は甘く感じる」のだ。

ほんとうにこんな不思議なことがあるのか、それを次のような実験で確かめた研究者がいる。[*1]

学生がエレベータに乗ると、そこには本とクリップボード、コーヒーカップで手がふさがった助手がいる。学生は助手から、「ちょっとコーヒーカップをもってくれませんか」と頼まれる。

学生が研究室に入ると、実験担当者からある（架空の）人物についての資料を読むようにいわれ、その後にこの人物の印象を尋ねられる。

ランダムに選ばれた学生が同じ資料を読むのだから、質問への回答に統計的な差は生まれないはずだ。しかし興味深いことに、特定の質問項目にだけはっきりとしたちがいが現われた。それは「利己的／利他的」など、性格があたたかいか冷たいかを連想させる質問だった。

なにが学生たちの回答を左右したのか。じつはエレベータのなかの助手は、2種類のコーヒーをもっていた。ホットコーヒーとアイスコーヒーだ。

驚いたことに、エレベータのなかで一瞬、ホットコーヒーをもった学生は資料の人物を穏やかで親切だと感じ、アイスコーヒーをもった学生は怒りっぽく利己的だという印象を抱いた。温度の感覚が、無意識のうちに、その後の人物評価に影響を与えたのだ。

この不思議な現象は、「心理的な帰属のエラー（情動の錯誤帰属）」と呼ばれる。ホットコーヒーのあたたかさは皮膚への熱刺激で、相手の性格のあたたかさとはまったく関係ないが、スピリチュアルはどうやらこのちがいをうまく区別できないらしい。その結果、エレベータのなかで一瞬感じた「あたたかさ」を、見知らぬ人物の評価に転用してしまったのだ。

この実験を行なった心理学者タルマ・ローベルは、次のようなアドバイスをしている。

＊1―タルマ・ローベル『赤を身につけるとなぜもてるのか？』文藝春秋

・初対面のひとにはあたたかい飲み物を出した方がいい。
・交渉の際は、やわらかな感触のソファに座らせると相手の態度が柔軟になる。
・相手より物理的に高い位置に座ると、交渉が有利になる。
・プレゼンの資料は重いものを用意する。ひとは重い本をもつと、それを重要だと感じる。
・相手と冷静に話し合いたいときは距離を取り、感情に訴えたいときは身体を寄せる。
・赤は不安や恐怖を高める。試験問題を赤で書いたり、受験番号を赤で印刷しただけで成績が下がる。その一方で、赤は注目を引く。スポーツではユニフォームが赤のチームが有利だし、赤い服の女性や赤いネクタイの男性はモテる。

そのなかでも役に立ちそうなのは、「過去は水に流せる」だ。イヤな記憶は紙に書いて燃やしてしまう。不幸な思い出の品は地面に埋めたり、海や川に流す。これだけで、「それはもう終わった話」とスピリチュアルの錯誤帰属を期待できる。

「失恋したときは旅に出る」(コロナ禍では難しいかもしれないが)という方法もある。自分を捨てた相手から物理的に遠く離れると、スピリチュアルはその相手を「縁遠いひと」と帰属エラーする。逆によい思い出の品を身につけたり近くに置くと、スピリチュアルはそれを自分にとって大事なものだと帰属エラーする。

結果は保証しないが、うまくいかなくても害があるわけではないので、試してみる価値はあるのではないだろうか。

「恋の吊り橋」は魅力的でないと使えない

心理学を勉強したことのあるひとは、情動の錯誤帰属の例として「恋の吊り橋実験」を思い出すかもしれない。心理学のもっとも有名な実験のひとつで、1974年にカナダの心理学者によって行なわれた。

被験者は18歳から35歳までの独身男性で、ランダムに2組に分けられて揺れる吊り橋とコンクリートの丈夫な橋を渡った。橋の中央では魅力的な若い女性が待っていて、「私は心理学を勉強している大学院生です。調査に協力してもらえませんか」と声をかけられる。被験者の男性がOKして簡単な心理テストに答えると、「結果を詳しく聞きたければ電話してください」と電話番号を書いた紙を渡される。すると、揺れる吊り橋を渡った男性は（電話番号の紙を受け取った）18人中9人が電話をかけたのに対し、コンクリートの橋では電話したのは16人中わずか2人だけだった。なぜなら、揺れる吊り橋の上でのどきどきした感じを、脳が恋のときめきと勘違いしたから――。

この実験はものすごく印象的だし、デートの場所としてジェットコースターやホラー映画が人気がある理由をうまく説明するので、恋愛の心理学では頻繁に紹介されている。だがその後、「この実験手法では結果を一般化できないのではないか」との批判が出てきた。――被験者になった独身男性がランダムサンプリングされていない（吊り橋のある国立公園にいた独身男性に声をかけた）とか、電話することと「ときめき（恋愛感情）」は別だ、などが指摘されている。

だがいちばんの問題は、「魅力的な」女性でないと効果がないことだ。その後の実験で、「魅力的でない」女性から声をかけられるとこうした帰属エラーは起こらず、逆に不快感が強まることがわかった。「どきどき感」を好意に帰属させることができず、「なんでこんな質問に答えなければならないんだ」という気持ちに帰属させてしまうらしい。[*2]

これが心理学における「再現性問題」で、パワーポーズ（両手を腰に当て胸を張るとホルモンが出て自信がみなぎる）、表情のフィードバック（口にペンをくわえると笑顔になり気分も幸せになる）、視線による抑止効果（目を描いて監視するポスターを見たひとは誠実に振る舞う）など、誰もが知っている有名な心理実験に最近では次々と疑問符がつけられている。その多くは、「恋の吊り橋実験」と同様に、現在の心理実験の基準を満たしていないとか、同じ状況で再現してみても統計的な有意性が観察できないとか、別の説明が可能で因果関係が証明されたわけではない、というものだ。[*3]——再現性がないからといって実験結果が否定されたわけではないことに留意されたい。

これから本書で紹介する心理実験のなかにも「再現性問題」が指摘されているものがあるので、ここで簡単に検討しておこう。

マシュマロ・テストやスタンフォード監獄実験まで……

マシュマロ・テストは1960年代後半から70年代前半にかけて心理学者ウォルター・ミシェルが行なったもので、「人間行動に関するもっとも成功した実験のうちのひとつ」とされている。

ミシェルは、保育園に通う4歳から5歳の子どもに、目の前にあるマシュマロをすぐに食べるか、20分がまんしてもうひとつマシュマロをもらうかを選ばせた。その後、30年以上にわたって実験に参加した子どもたちを追跡調査したところ、マシュマロをがまんできた子どもは学校の成績がよく、健康で（肥満指数が大幅に低かった）、犯罪などにかかわることが少なく、大学卒業後の収入が高かった。[*4]

この実験は、ビッグファイブの特性のひとつである「堅実性（自制心）」が高いと社会的・経済的に成功できることと、それが（ある程度）幼児期に決まっていることを示して、教育熱心な親たちに衝撃を与えた。だがこれも、2018年の再現実験では当初のような大きな効果は確認できず、「生まれ育った家庭環境の影響の方が重要」とされた。[*5]

＊2―越智啓太『恋愛の科学　出会いと別れをめぐる心理学』実務教育出版
＊3―「心理学実験、再現できず信頼揺らぐ　学界に見直す動き」日本経済新聞2019年12月14日
＊4―ウォルター・ミシェル『マシュマロ・テスト　成功する子・しない子』ハヤカワ文庫NF

さらに大きな議論を呼んだのは心理学者フィリップ・ジンバルドーの「スタンフォード監獄実験」で、刑務所を舞台に、被験者の大学生を「看守役」と「囚人役」に割り振ったところ、わずか数日で看守役がきわめて暴力的になり、錯乱する囚人役も出たため実験を中止せざるを得なくなった。[*6]

ところがその後、実験者が看守役に対してもっと荒々しくふるまうよう指示している録音テープが公開されたり、当時の参加者が「看守役は退屈で毎日ぶらぶら歩きまわっていた」「実験に協力するために、映画『暴力脱獄』を思い出して囚人たちを苦しめる演技をした」などの証言をするようになった。2002年にBBCと共同で行なわれた実験でも、「(ふつうのひとが〝悪魔〟に変わる) ルシファー・エフェクト」は再現できなかった。

こうした批判に対してジンバルドーは、一般の刑務所では新入りの看守に対してはるかにきびしい指導をしていると反論し、「映画を思い出して演技しただけだ」との参加者の証言については、ジャーナリストの質問にこう反論している。[*7]

(この参加者は) 公にこういう発言をしています。「自分の想像できる限り最も酷い看守、最も残忍な看守になってやろうと思った」録画もされたインタビューでそう話しているんです。また、「囚人たちは自分の意のままになる操り人形のようなもの」と感じていて、だから怒って反乱を起こす瀬戸際まで、最大限ひどい仕打ちをしてやろうと思っていた、と言っています。反乱は起きなかったので、彼の態度が和らぐことはありませんでした。酷い虐待はずっと続き、日に日にエスカレートしていきました……

実験から40年以上たって、参加者の記憶が改変されていたり、解釈が変わっていることもじゅうぶんに考えられる。かつての参加者の証言を無条件に正しいものと決めつけることはできないし、「再現に失敗した」ことと「心理的な効果がない」ことは同じではない。「科学的な真実」がどこにあるかを見極めるのはきわめて難しく、再現性に疑問が呈されている心理実験をすべて否定してしまうと話が進まなくなるので、本書では一定の留保をつけて引用することにしたい。[*8]

＊5―Tyler W. Watts, Greg J. Duncan and Haonan Quan (2018) Revisiting the Marshmallow Test: A Conceptual Replication Investigating Links Between Early Delay of Gratification and Later Outcomes, *Psychological Science*

＊6―フィリップ・ジンバルドー『ルシファー・エフェクト　ふつうの人が悪魔に変わるとき』（海と月社）。ドイツ映画『es［エス］』、それをリメイクした『エクスペリメント』、ジンバルドーを主人公にした『プリズン・エクスペリメント』など映画化もされている。

＊7―ジョン・ロンソン『ルポ　ネットリンチで人生を壊された人たち』光文社新書

＊8―再現性問題全般については Stuart Ritchie (2020) *Science Fictions: How Fraud, Bias, Negligence, and Hype Undermine the Search for Truth*, Metropolitan Books を参照。

無意識の驚異的な「直観知能」

フロイトは無意識（イド）を、混沌とした性的欲望（リビドー）の渦のようなものと考えたが、いまでは「無意識にも高い知能がある」ことがわかっている。このことは、次のような実験で確かめることができる。

実験参加者は、コンピュータを使った簡単なゲームをするよう求められた。モニタは4分割されていて、そこに「X」という文字が現われると、その位置に対応する4つのボタンのどれかを押す。

参加者は「X」がランダムに表示されると思っていたが、じつは12パターンの複雑な規則に従っていた。たとえば「X」が同じ区画に2回続けて現われることはなく、3番目の提示位置は2番目の位置に依存し、4番目の提示位置はそれに先行する2つの試行に依存し、少なくとも他の2つの区画に現われるまで元の場所に戻ることはなかった。

ところが不思議なことに、実験が進むにつれて参加者の成績は着実に伸びていった（「X」が画面に現われてから正しいボタンを押すまでの時間がどんどん短くなっていった）。これは参加者が「学習」していることを示しているが、なぜ成績がよくなったのか訊ねても、複雑な規則の存在はもちろん、自分がなにかを学んでいることすら誰ひとり気づいていなかった。

次に研究者は、突然、規則を変更して「X」が現われる場所を予測する手がかりを無効にしてみた。すると参加者の成績は大きく低下した（ボタンを押すまでの時間が長くなった）が、なぜ課題をうまくこなせなくなったかは誰もわからなかった。

より興味深いのは、参加者の全員が心理学の教授で、自分がやっているのが無意識の学習に関係していることを知っていたことだ。それにもかかわらず、心理学の専門家たちは自分がなにを「学習」し、なぜ急に「学習」が通用しなくなったのかまったく理解できなかった。教授のうち3人は「指が急にリズムを失った」といい、2人は研究者が注意をそらすためにサブリミナル画像を瞬間的に画面に映したにちがいないと確信していた。[*9]

この印象的な実験は、IQ（知能指数）テストで計測される「言語的知能」「論理・数学的知能」のほかに、「直観（パターン認識）知能」とでもいうべきものがあることを示している。それは「多数の入力情報を素早く非意識的に分析し、その情報に効果的方法で反応する」能力で、「職人の知恵」「暗黙知」というのは多くの場合、この直観知能のことをいうのだろう。

脳にはさまざまな感覚器官を通じて膨大な量の情報（データ）が送り込まれてくる。五感の感覚器にある受容細胞とそこから脳に向かう神経系から計算すると、脳はあらゆる瞬間に1100万要素以上の情報を取り入れており、視覚だけでも1秒あたり1000万以上の信号を受信して脳に送信している。それに対して光の点滅など、ヒトが意識的に処理できる刺激は1秒

---

*9—Pawel Lewicki, Thomas Hill and Elizabeth Bizot (1988) Acquisition of procedural knowledge about a pattern of stimuli that cannot be articulated, *Cognitive Psychology*

あたり最大でも40要素にすぎない。[*10]

だが意識が処理できないからといって、この膨大な情報を捨ててしまうのはあまりにもったいない。進化が生存と生殖に最適化するよう神経系＝脳を「設計」したならば、これらの情報は意識がアクセスできないところで自動的に処理されているはずだ。

夜道を歩いているとき、なにかの気配を感じて思わず立ち止まることがある。眼球がつねに微細に振動しているからで、サッカードと呼ばれるこの眼球運動から入力される情報は通常、無意識で処理されているが（そうでないと世界が揺れ動いて倒れてしまう）、なにか異常なことを察知するとそのときだけ意識にのぼる。これがいわゆる「第六感」で、「見ていない」ものに気づくだけでなく、意識が聞き取れない音や、意識が感じられない空気の流れなどを瞬時に察知し、「直観知能」によって適切な対応をとるよう身体を操作している。

高等教育を受けていなくても「ものすごく賢い」といわれるひとがいるが、無意識の知能が（12パターンの複雑な規則を見破って「学習」するように）ときに驚くような能力を発揮するのは不思議でもなんでもないのだ。

右脳にいる「もう一人のわたし」

無意識＝スピリチュアルについてのもっとも驚くべき発見は、脳科学者マイケル・ガザニガの「分離脳」実験からもたらされた。ガザニガは重度のてんかんの治療で、（脳の右半球と左半球をつなぐ）脳梁を切断した患者を対象に、右の視野（左脳につながる）と左の視野（右脳につながる）で異なるものを見せるという卓抜な実験を行ない、右脳への入力を言語中枢がある左脳が意識できないことを示した。[*11]

視神経の交差によって、右半分の視野は左脳に、左半分の視野は右脳に送られる。だが言語中枢は左脳にしかないため、分離脳患者は（右脳に入力される）左半分の視野に提示された文字を読むことができない（世界の左半分が意識の上では存在しない）。

ところがここで、ガザニガは（ロジャー・スペリーとの共同研究で）とても奇妙なことを見つけた。

目隠しをした分離脳患者は、テーブルの上に並べられたスプーン、鉛筆、カギなどを右手で触ると、（情報が左脳に入力されるため）モノの名前をすんなりと答えられた。ところが左手で触ると、（情報が右脳に入力されるため）感触はあるものの名前をいうことができない。目隠しを取って左の視野に「スプーン」「鉛筆」などの単語を見せても、やはり情報が右脳に入力されるのでそのことに気づかない。ところがこのふたつを同時に行ない、正しいと思う組み合わせを訊くと、手探りで正解を選ぶことができた。「見えていない単語」と「名前のわからないモノ」

＊10―ティモシー・ウィルソン『自分を知り、自分を変える 適応的無意識の心理学』新曜社
＊11―マイケル・S・ガザニガ『右脳と左脳を見つけた男 認知神経科学の父、脳と人生を語る』青土社

を正確に一致させられるのだから、右脳は知能をもつだけでなく言語も理解できる。たんに「意識」がないのだ。

さらに、ガザニガが分離脳患者の左視野に「笑え」と書いたボードを置くと、見えていないにもかかわらず患者は笑い出した。なぜ笑ったのか訊くと、「先生の顔が面白かったから」などとこたえた。

分離脳患者の実験は、右脳は言語を意識化する能力はなくても、言葉を理解し命令を実行する〝知能〟をもっていることを示した。だがこの行動は無意識に行なわれるため、右脳から切断された左脳は自分がなぜ笑ったのかを知らない。

脳には膨大な量の情報が流れ込んでくるが、そのうち意識化できるのはごく一部だ。しかしひとは、つねに自分の行動に合理的な理由を求める。だから左脳は、自分が笑った以上、なにか面白いことがあったにちがいないと解釈したのだ。

分離脳患者が左脳をどれだけ訓練し、深い内省を重ねたとしても、脳梁が切断されている以上、なぜ右脳が自分を笑わせたのかの真実を知ることは絶対にできない。なぜなら、意識（左脳）は無意識（右脳）にアクセスできないから。そうなると、左脳（意識）の役割は「自己正当化」になる。

分離脳患者が（左脳の支配下ある）右手でコップを取ろうとすると、（右脳の支配下にある）左手がそれをはたき落とすようなことも起きる。なぜそのような行動をするのか左脳の「わたし

＝意識」は知ることができないが、右脳の「わたし＝無意識」は〝意志〟をもってそうしている。これは控えめにいってもとてつもないことだが、右脳と左脳で2つの「自己」があるわけではない。この現象についてはまだわからないことが多いが、右脳と左脳を分離すると、そのことによって右脳に「人格」らしきものが立ち現われるらしい。[*12]

生き物はなぜ「感じ」をもつように進化したのか

生き物を駆動させるプログラムの基本は「報酬を好み、損失を避ける」だ。そこで、嗅覚の神経系しかもたないきわめて単純な生き物を考えてみよう。この生き物にとっての「報酬」は食べ物で、「損失」は捕食者だとすると、食べ物の匂いのする方向に進み、捕食者の臭いのする方向から退くようにプログラムされているはずだ。自然淘汰によって、このようなプログラムが生存と生殖（この原始的生物は単性生殖で、分裂することで自らの遺伝子を増やしていく）に有利なものとして選択されたのだ。[*13]

＊12―池谷裕二氏との対談「脳の「無意識」を鍛えろ」（文藝春秋SPECIAL ２０１７年夏号『もっと言ってはいけない　脳と心の正体』所収）より。
＊13―以下の説明はリサ・フェルドマン・バレット『情動はこうしてつくられる　脳の隠れた働きと構成主義的情動理論』（紀伊國屋書店）を大幅に簡略化している。

次に重要な前提は、「すべての資源は有限だ」ということだ。身体を動かすためには、筋肉とそれに指令を伝える神経系が必要だ。無限のエネルギーがあれば、嗅覚の刺激に応じて前進と後退をえんえんと繰り返せばいい。だが実際には身体の資源は限られており、それを超えて筋肉を動かすとエネルギーが枯渇して生存の危機に陥る。こうして原始的生物は、必要なときに身体を動かし（エネルギーを消費する）、そうでないときは停止する（エネルギーを保存する）ように進化したにちがいない。生物にとってもっとも重要な原理は「最小限のコストで目的を達成する」ことで、そのために車と同じく、アクセルとブレーキの2系統の神経系をもつようになった。

移動する生き物にとってアクセルにあたるのが交感神経で、ブレーキにあたるのが副交感神経だ。この仕組みは原始的な生物からヒトにいたるまで一貫している。感覚器が刺激を感知し、中枢神経が前進や後退の指示を出すと交感神経が活性化して筋肉を動かす。感覚器が刺激を感知しなくなると副交感神経が活性化して交感神経の興奮を抑え、筋肉は活動を停止する。[*14] 中枢神経系は、感覚器からの刺激（この場合は嗅覚）に応じてアクセル（交感神経）を踏んだりブレーキ（副交感神経）を踏んだりして、身体がもつ限られたエネルギーを効率的に管理する。

頭蓋骨のなかに閉じ込められた脳にとって、その刺激が外部から来たのか、身体内部から来たのかの区別は意味がない。脳は五感から得られる感覚だけでなく、内臓からの感覚も含め、インプットされる刺激を決められたルール（プログラム）にのっとって処理し、体温、心拍数、グルコースレベル、筋肉の収縮などの身体の状態を最適に保っている。これが恒常性（ホメオスタシス）だ。

感情は、この「エネルギー管理」を効率的に行なうために進化した。原始的な生物が「快—不快」「覚醒—鎮静」という「感じ」をもつようになると、この「感じ」を利用して、

①快の方向に近づく／不快の方向から離れる
②快・不快の「感じ」がしたら覚醒する／快・不快の「感じ」がなくなったら鎮静する

とルールをシンプルにできる。「感じ」をもつ生き物は、「感じ」をもたない生き物よりも身体のエネルギーを上手に使えるので、より複雑な行動ができるようになった。

一定以上の高度な中枢神経系のある生き物は、進化の必然として「感じ」をもつようになる。ヒトだけなく（ほぼ）すべての哺乳類は「感じ」をもっているだろうし、鳥や魚類、爬虫類、もしかしたら線虫の類にもあるかもしれないが、単細胞生物にはないだろう。どの段階で「感じ」を獲得するかはわからないが、ヒト以外にも多くの生き物が「快—不快」「覚醒—鎮静」を感じていることは間違いない。

＊14—副交感神経の主要な役割に「フリーズ（凍りつき）」があるが、これについては後述する。

図１●感情円環図

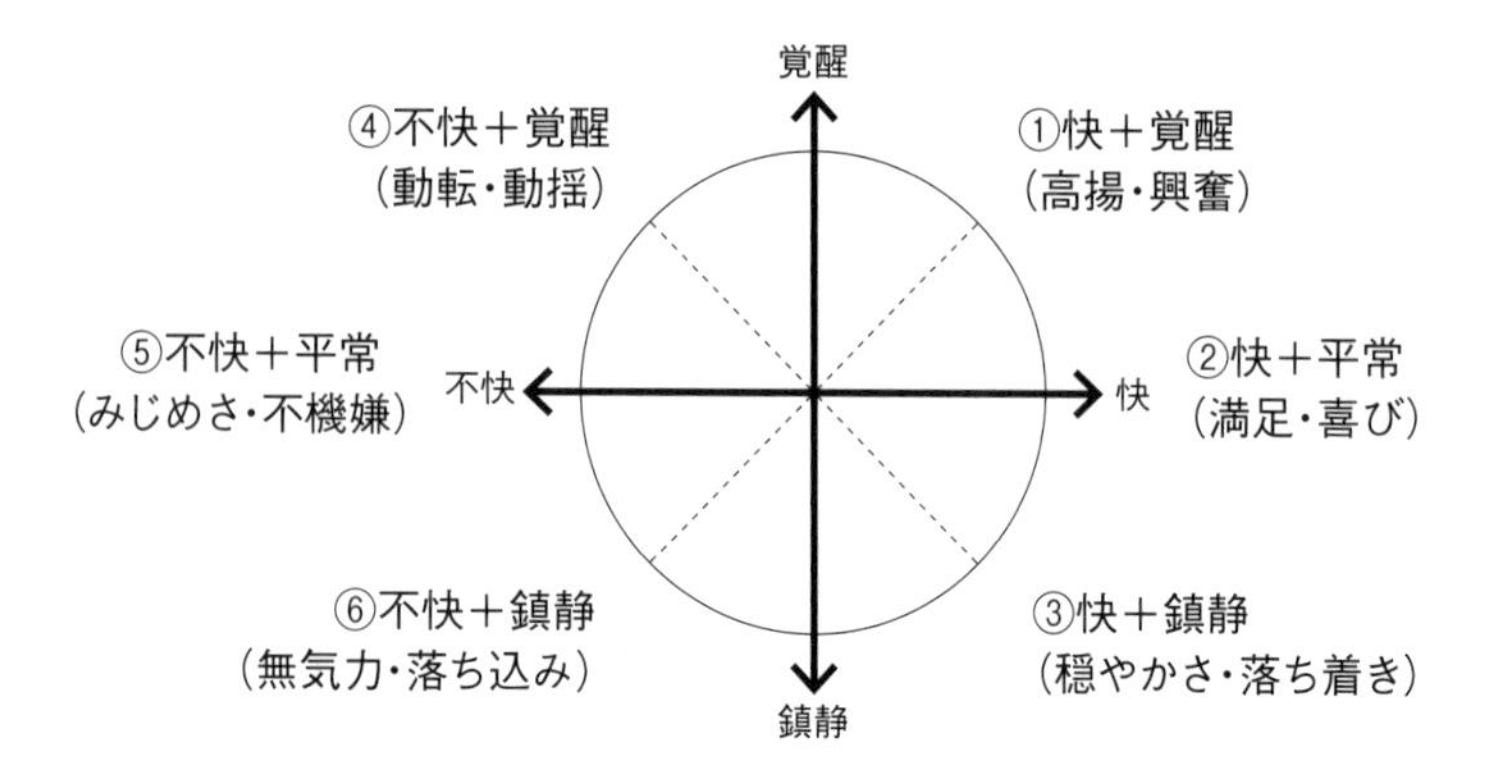

出典：バレット『情動はこうしてつくられる』より作成

ところでこの理論は、情動の錯誤帰属がなぜ起こるかをうまく説明する。

哺乳類や鳥類など子育てをする種では、親子関係を識別することがきわめて重要だ。親は自分以外の子どもを養育すると資源を無駄に使うことになり、子は自分の親を正確に見分けないと（他の親に近づくと）養育を拒否されるばかりか攻撃されてしまう。このようなとき、もっとも効果的なシステムは、嗅覚を使って自分の子／親の匂いに「快」を感じるようにすることだろう。

本来の「快」は、食料を獲得するための機能だった。そこに「親／子」という新しい要素を加えることで、「快」の範囲が拡張された。食べ物と親子関係はまったく別のカテゴリーだが、それを「よい感じ」というひとつの集合にまとめることで、認知的負荷を大幅に軽減することが可能になったのだ。

同様に、さまざまな刺激を「よい感じ」と「いやな感じ」に分類してしまえば、「よいものに近づき、いやなものから離れる」というシンプルな行動原理だけで複雑な環境に適応できるようになる。ホットコーヒーを手にもっただけで見知らぬひとの性格を「あたたか」と評価するような情動の錯誤帰属は、「よい感じ」や「いやな感じ」のグループ内での「混線」が引き起こすのだ。

「よい感じ」「いやな感じ」のグループは、チンパンジーやボノボのような類人猿だけでなく、イルカ、ゾウ、イヌのような大きな脳をもつ哺乳類なら備わっているだろうし、子育てをする鳥にもあるかもしれないが、爬虫類や魚類にはないだろう。

感情の6つの原型

中枢神経系＝脳の基本設計を「快―不快」「覚醒―鎮静」の2系統だとして、覚醒でも鎮静でもない状態を「平常」とすると、そこから大きく6つの「感情emotion」[*15]のグループができる（**図1**）。

＊15―心理学では情動（emotion）と感情（feeling）を区別するが、ここでは同じ意味で使っているので、日本語としてこなれた「感情」で統一する。

①快＋覚醒（高揚・興奮）
②快＋平常（満足・喜び）
③快＋鎮静（穏やかさ・落ち着き）
④不快＋覚醒（動転・動揺）
⑤不快＋平常（みじめさ・不機嫌）
⑥不快＋鎮静（無気力・落ち込み）

「よい感じ」や「いやな感じ」のグループから、喜怒哀楽のような感情がどのように生じたのだろうか。これはおそらくヒトだけの進化の適応で、脳が感情をもつようになったのは、言語を操るようになったことと、（それゆえに）他の動物にはない特殊な環境に直面したからだろう。それが「親密でとてつもなく複雑な社会」だ。

数百万、数千万、数億という単位の巨大な「社会」をつくる生き物は、自然界にアリやハチのような社会性昆虫とヒトしかいない。「群れの生物学」からすれば、ヒトはチンパンジーなどの近縁種よりもアリに似ている。[*16]

だがヒトは、アリよりもはるかに高度な脳＝中枢神経系を備えているので、この特殊な環境に独自の適応の仕方をした。アリは嗅覚によって「俺たち」と「奴ら」を見分け、「俺たち（社会）」のためにそれぞれが決められた役割を果たし、「奴ら（敵）」と出会ったら皆殺しにするよう遺伝子によってプログラムされているが、ヒトは利害の異なる個体が緊密に結びついた群れのなかで複雑なコミュニケーションをとるようになった。「怒り」「喜び」「悲しみ」などの感情は、群れのなかで生存や生殖に有利な評判を獲得するための進化的適応なのだろう。[*17]

最先端のテクノロジーに囲まれて暮らす「文明人」と伝統的社会の狩猟採集民がとてもよく似ているのは、同じような環境を共有しているからだ。それは、いつも近くに、ときにやさしく、ときにかぎりなく残酷な、高い知能をもつ「誰か」がいることであり、「社会」のなかに埋め込まれていることだ。この環境圧力はきわめて強力なので、わたしたちは（一部の精神疾患を除いて）すべてのひとに了解可能な感情を示す（ヒトの感情は一定の範囲に収まっている）。これが、「文明人」が伝統的社会を訪れてもコミュニケーションできる理由だ。——ただしこれは、基本的な感情が遺伝子に組み込まれているということではない。生得的なのは感情を生み出す脳の仕組みで、似たような喜怒哀楽をもつようになるのは環境を共有しているからだろう。

これが「感情の理論」の現時点における最先端（をものすごく簡略化したもの）で、ここからなぜわたしたちが「同じなのにちがっている」かを説明できる。

＊16―マーク・W・モフェット『人はなぜ憎しみあうのか 「群れ」の生物学』早川書房

＊17―感情は言葉によって表現される。したがって、「親密でとてつもなく複雑な社会」を構成せず、言葉をもたない動物（チンパンジーやイルカ、イヌ）には、ヒトと同じような感情はないだろう。

誰もが同じ「感じ」を共有していても、その「感じ方」は一人ひとりちがっている。あるひとは覚醒度が高い（低い）し、別のひとは快／不快の「感じ」が強い（弱い）かもしれない。そしてこのちがいが社会のなかでの行動や選択に反映されて、「個性」「性格」「キャラ」などと認識される。ここから生まれたのが「ビッグファイブ」理論であり、「心理学の新しいパラダイム」なのだ。

特性はロールプレイングゲームのパラメーター

「医学の父」とも呼ばれる古代ギリシアのヒポクラテスは、人間には4種類の体液（血液、黄胆汁、黒胆汁、粘液）があり、それが「気・火・地・水」の四大元素に対応して性格の類型（タイプ）を決めると考えた。これが「類型論」で、「あの経営者は秀吉タイプだ」のようにわたしたちはごく自然に他者を類型化する。

近代的な類型論の創始者はドイツの精神医学者クレッチマーで、体格と性格（精神疾患）が相関するとして「細長型（分裂気質）」「肥満型（躁うつ気質）」「闘士型（粘着気質）」に分類した。

だがこの類型論に対しては、「青年期よりも中年期の方が太っており、分裂病は青年期に、躁うつ病は中年期に発症しやすい」などの批判があり、1920年代から30年代にかけてアメリカやドイツを中心に「特性論」が台頭するようになった。「特性」についてのもっともわかりやすい説明は、ロールプレイングゲームのパラメーターのようなものだと考えることだ。[*18]

「攻撃力」「防御力」「魔力」「体力」のパラメーターがあったとすると、戦士は攻撃力が高く、魔法使いは魔力が高く、武闘家は体力が高いが、これは相対的なもので、戦士も魔術を使えるし、魔法使いも剣で攻撃したりする。同じように「ビッグファイブ」では、ひとのキャラには5つの共通するパラメーター＝特性があり、その値が高かったり低かったりすることで個性（パーソナリティ）が生じると考える。

基本的な特性は相手がどのような人間かを判断するのにものすごく重要だから、さまざまな語彙（ごい）によって表現されているはずだ。「言葉（形容詞）に特性が反映されている」と気づいたのは啓蒙主義時代の功利主義者ジェレミー・ベンサムで、性格用語の収集・整理をはじめて行なったのは、近代統計学の祖であり優生学を唱えたことで悪名も高いフランシス・ゴールトン（チャールズ・ダーウィンのいとこ）だった。ゴールトンは、類語辞典から1000の性格用語を集めたとされる。

その後、ドイツの心理学者が性格用語の分類を試みたが、「特性」の概念を提示したのはアメリカの心理学者ゴードン・オールポートで、『ウェブスター英語辞典第2版』を（手作業で）詳細に調べ、性格的な特徴を表現する形容詞が4504語もあることを突き止めた。

次いでイギリス生まれの心理学者レイモンド・キャテルが、統計学の因子分析を使ってこの

＊18―小塩真司『はじめて学ぶパーソナリティ心理学　個性をめぐる冒険』ミネルヴァ書房

語彙を整理し、16の根源的なパーソナリティ特性を抽出した（これは「16ＰＦ人格検査」として日本の学校でも使われているようだが信頼性は高くない）。

１９４７年、ドイツの心理学者がキャテルの性格用語を分析すると５つの因子が繰り返し現われることに気づき、１９５４〜61年にアメリカ空軍の２人の研究者が、空軍士官学校での調査など８つの大規模標本から得た性格データを分析して５つの特性を導き出した。１９６７年には心理学者のウォーレン・ノーマンが、『ウェブスター新国際辞典』を使って性格特性用語を最初から調べなおし、やはり５つの因子を見出した。

１９８０年代になると心理学者ルイス・ゴールドバーグが独自の語彙プロジェクトと統計処理から主要な５つの因子を発見し、これを「ビッグファイブ」と名づけた。またポール・コスタとロバート・マクレーは、当時使われていたほぼすべての性格の計測でこの５つの因子が頑健であることを見出し、１９８５年に「五大因子性格目録」を公表した。

１９９０年代にはビッグファイブの因子が個人の成長を通じてきわめて安定している（年齢によって変化しない）ことが証明され、ビッグファイブ性格質問を各国語に翻訳してドイツ・トルコ・イスラエル・日本・中国・韓国の被験者に実施したところ、やはり５因子が見出された。[＊19]

こうしてようやく、標準的な「ビッグファイブ（パーソナリティの５因子）」を紹介することができる。

①外向的 Extroversion ／内向的 Introversion
②神経症傾向（楽観的／悲観的）Neuroticism
③協調性（同調性＋共感力）Agreeableness
④堅実性（自制力）Conscientiousness
⑤経験への開放性（新奇性）Openness to experience

なぜこの5つの因子で性格が決まるかというと、「人格（パーソナリティ）」とはあなたの内部にあるのではなく、身近な他者の評価がフィードバックされたものだからだ。これは、「すべてのひとが人生という舞台で主役を演じている」と考えれば当然のことでもある。パーソナリティは「キャラ」のことだが、それは「観客」の評価を反映しているのだ。

ひとはみな自分の物語の主人公だが、好きなキャラを勝手に選べるわけではない。人間は徹底的に社会化された動物だから、「人生という物語」の舞台にはつねに他者がいる。わたしたちは社会によって「拘束」されているのだ。

人生をロールプレイングゲームにたとえるなら、主役（わたし）のキャラのパラメーターは社会＝ゲーム全体で共有されているものでなければならない。そうでなければ他の役者（サブ

＊19―村上宣寛、村上千恵子『性格は五次元だった　性格心理学入門』培風館

キャラ）が理解できないから、ストーリーはたちまち破綻し、先に進めなくなってしまうだろう。これが、キャラのパラメーターが辞書に載っている理由だ（「誰も知らない、内面に秘められた特別な性格」などというものはない）。

わたしたちはみな、微妙に異なるパラメーター（因子）のレベルをもって生まれてくる。その「傾向のちがい」を利用しながら、社会のなかで自分に適した「役柄」を探すのが成長で、それによって一人ひとりちがうパーソナリティになっていくのだ。

生存への脅威と生殖の対象

パーソナリティの「因子」というのは、わかりやすくいうならば、映画でもテレビドラマでも演劇の舞台でもいいけれど、新しい登場人物が現われたときまっさきに注目する要素のことだ。それは自分をアピールするための個性であると同時に、観客が役者に押しつけるステレオタイプでもある。パーソナリティもこれと同じで、「わたし」と「社会（共同体）」の相互作用によってつくられていく。

見ず知らずのひとと出会ったとき、あなたはなにを真っ先に気にするだろうか。進化が生存と生殖に最適化するよう生き物を「設計」したと考えるなら、その答えは明らかだ。

・その相手は生存への脅威か、そうでないか

・その相手は生殖の対象か、そうでないか

「生存への脅威」のもっとも強い指標は、相手が自分と同じ「社会」に属しているかどうかだ。それぞれの「社会」には固有の〝しるし〟があり、その〝しるし〟をもたない者はものすごく目立つ（敵意や警戒の対象になる）。残念なことに、この「ヒトの本性」が人種差別や移民問題の背景にある。[*20]

攻撃性には大きな性差や年齢差があるので、女性や子ども、老人は生存への脅威とは見なされない。それに対して相手が屈強な若い男で、怒りの表情を浮かべながら、あるいは大声でなにか叫びながらこちらに向かってきたとするなら、これは容易ならざる事態だ。現代人は平和で安全な社会に慣れてしまったのでうまく想像できないが、人類の数百万年の進化の歴史（あるいは哺乳類の数億年の歴史）を考えれば、脳のもっとも重要な機能が、外見から相手の脅威を即座に判断することなのは間違いない。

見知らぬ相手が脅威でないと判断できたら、次に重要なのは生殖の対象かどうかで、これは性別と年齢によって決まる。男にとっては若い（生殖年齢の）女が、女にとっては思春期から壮年期にかけての男が生殖の候補で、当然、それ以外の相手とはっきり区別する機能が脳に埋

＊20―モフェット、前掲書。

め込まれているはずだ。

ここで、「外見」をパーソナリティのひとつとすることに違和感を覚えるひとがいるかもしれない。だが、「外見と性格は別」というのは「政治的に正しい（ポリコレな）」イデオロギーによるもので、パーソナリティ＝キャラが外見から大きな影響を受けるのは当然だ。――わたしたちはみな、「人生という舞台」で自分を演出している。役者の配役を決めるとき、外見を考慮しない演出家なんていないだろうか。

とはいえ、アカデミズムにおいて外見を論じることはずっとタブーだった。心理学においても、外見と自尊心が相関する（魅力的な外見だと自尊心が高くなる）とされてはいるものの、他のパーソナリティと比べてほとんど研究対象になっていない（外見に障がいのあるひとにどのように自尊心をもたせるか、という研究ならある）。[21] そのため本書でも、外見についてはその重要性を指摘するにとどめざるを得ない。

初対面で注目する「ビッグエイト」

本書では、「協調性」を「同調性」と「共感力」に分けると同時に、「外見」と「知能」を加えて、8つの因子でパーソナリティを説明する。

「外見」と同様に、ビッグファイブ理論には入っていないものの、きわめて重要なパーソナリティが「知能」だ。わたしたちが生きている「知識社会」は、定義上、高い知能に特権的な優位性が与えられている社会だ。知能が高い者が社会的・経済的に成功する（可能性が高くなる）にもかかわらず、ビッグファイブだけで「どのようなパーソナリティが成功できるか」を論じても意味がない。

これが、「他者と出会ったとき（無意識に）注目する8つの要素（ビッグエイト）」で、そもそも人間はこれ以外のことを気にするようにはできていない。

①明るいか、暗いか（外向的／内向的）
②精神的に安定しているか、神経質か（楽観的／悲観的）
③みんなといっしょにやっていけるか、自分勝手か（同調性）
④相手に共感できるか、冷淡か（共感力）
⑤信頼できるか、あてにならないか（堅実性）
⑥面白いか、つまらないか（経験への開放性）
⑦賢いか、そうでないか（知能）
⑧魅力的か、そうでないか（外見）

＊21―ニコラ・ラムゼイ、ダイアナ・ハーコート『アピアランス〈外見〉の心理学』福村出版

どうだろう。初対面の相手に対して、ほかに興味をもつことがあるだろうか。

ナルシシズムは「神の属性」

ビッグファイブに対する批判としてよく見かけるものに、「ナルシシズム（自己愛）が入っていない」がある。これにも侃々諤々（かんかんがくがく）の議論があるのだろうが、ここでは「すべてのひとは神である」という原理から説明してみたい。

わたしたち（のスピリチュアル）が、自分を世界の中心にいる創造者だと思っているなら、ナルシシズム（自己の絶対化）は特異なパーソナリティではなく「神の属性」そのものだ。すなわち、ひとは誰もがナルシシストであり、自己愛がない人間がいると考えること自体が荒唐無稽なのだ（もしそのようなひとがいるとしたら重度のうつ病に苦しんでいる可能性が高い）。

だとしたら、パーソナリティとして問うべきは、ナルシシズムを前面に出しているか、巧妙に隠しているかのちがいだろう。そしてこの「隠蔽」に関与するのが、協調性（同調性＋共感力）や堅実性などビッグファイブのなかの「向社会的感情」だ。——これらの特性がすべて低いのは「非社会的」なパーソナリティで、ナルシシズムを抑えることができない（あるいは抑える必要があると思っていない）ため、他者とのコミュニケーションで「神性」が露出するのだ。

社会心理学で重要な論点となっている「自尊心」は、私の理解では、パーソナリティ（固有の特性）ではなく舞台の出来栄えで決まる。自尊心が高いのは、「人生という物語」においてキャラと舞台がうまく合っていて、観客から高い評価を獲得できているからだ。逆に自尊心が低くなるのは、舞台で失敗して観客からブーイングを浴びたからだ。——自尊心が安定しているひとと不安定なひとがいるが、このパーソナリティのちがいはビッグファイブの神経症傾向（楽観的／悲観的）で説明できるだろう。

なお、こころについての本書の記述はすべて以下の3つの原則にのっとっている。

①**こころは脳の活動である。**こころを脳の物理的な構造や変化とは別のところで議論することはできない。心理学の主張は脳科学によって検証され、最終的には脳の活動として説明されなければならない。

②**こころは遺伝の影響を受けている。**一卵性双生児と二卵性双生児の比較などから遺伝率を推計する行動遺伝学によれば、身長や体重、外見だけでなく、パーソナリティの遺伝率も50％かそれ以上になる。性格・知能から子どもの成長、発達障害や精神疾患まで、こころについてのすべての議論は行動遺伝学の頑健な知見と整合的でなければならない。

③**こころは進化の適応である。**自然淘汰の圧力は身体だけでなくこころ（脳）にも及んでいる。脳が進化の産物である以上、喜怒哀楽などの感情はもちろん、ヒトの選択や行動、さらには社会の構造まで、「利己的な遺伝子」の強い影響を受けているはずだ。こころだけでなく、人間や社会についてのすべての主張は、進化論によって基礎づけられていなければ

ばならない。

ということで、これでようやく各論に進む準備が整ったのだが、「そんな理屈を聞いてもすぐには信じられない」というひともいるはずだ。そんな懐疑主義者のために、ビッグファイブを使った心理プロファイリング（パーソナリティ解析）の驚異的な威力を次で紹介しよう。

PART 2

心理プロファイルを使った史上最大の「陰謀」

２０１３年末のある日、一人の若者がケンブリッジ大学の構内を歩いていた。足を引きずりながら先を急ぐ若者は当時24歳のクリストファー・ワイリー。彼が向かっているのは「心理学研究所」という看板を掲げた小さな古い建物で、階段を上った狭い廊下のいちばん奥はアレクサンドル・コーガンという男の研究室だった。少年の面影を残すコーガンは20代後半で、ＳＮＳのデータを利用した心理プロファイリングを研究していた。

コーガンはソ連崩壊前のモルダビアに生まれ、１９９１年に家族とともにアメリカに移住し、カリフォルニア大学バークレー校で学んだのち香港で心理学の博士号を取得して、ケンブリッジ大学に職を得た。ケンブリッジ大学心理学部は、アメリカの軍事研究組織ＤＡＲＰＡ（国防高等研究計画局）などから出資を受け、大衆心理を分析・操作する研究を行なっていた。[*1]

流出した8700万人の心理プロファイル

ワイリーは「ケンブリッジ・アナリティカ」という選挙コンサルティング会社で働きはじめたばかりで、アメリカ人の顧客から１５００万ドル（約15億円）から２０００万ドル（約20億円）という巨額の出資を受け、結果を出すことを求められていた。

ケンブリッジ・アナリティカは、イギリスのコンサルティング・ファーム「ＳＣＬ（戦略的コミュニケーション研究所）」の関連会社で、ＳＣＬの代表者はアレクサンダー・ニックスという ジェントリー（地主階級）出身の30代後半の男だった。ニックスはＳＣＬを父親から譲り受け、ケンブリッジ大学心理学部の協力を得て、行動心理学、社会心理学、脳科学などの最新の知見をマーケティングに活用しようとしていた。

14年春、ワイリーはコーガンから、計量心理学センターに所属するミハル・コシンスキーを紹介された。ポーランド生まれのコシンスキーは30代前半で、２０１３年に同僚のデイヴィッド・スティルウェルらとともに発表した論文が注目を集めていた。それは「マイパーソナリティ」というアプリを使ってフェイスブックのユーザーからビッグファイブの心理特性を収集し、そのビッグデータを解析して心理プロファイルをつくるという内容だった。

その当時、フェイスブックは外部の研究者が、アプリに入力されたユーザーのデータだけで

＊1―以下の記述はクリストファー・ワイリー『マインドハッキング　あなたの感情を支配し行動を操るソーシャルメディア』（新潮社）、ブリタニー・カイザー『告発　フェイスブックを揺るがした巨大スキャンダル』（ハーパーコリンズ・ジャパン）を中心に、The New York Times、The Guardian、Wikipedia などを参考にした。Netflix の『グレート・ハック　ＳＮＳ史上最悪のスキャンダル』はこの事件を題材にしたノンフィクション作品。

なく、フレンドリストに掲載された友だちのデータも自動的に収集することを認めていた。そこでコシンスキーたちは、ユーザーに1～2ドルの報酬を支払ってアプリをダウンロードしてもらった。平均的なフェイスブックユーザーは150～300人の友だちをもっているから、フェイスブックのアプリで1000人のユーザーを得たら15万～30万人の、200万人がアプリをダウンロードしたら3億～6億人のプロファイルが手に入る計算になる。

結果的にコシンスキーは協力を断ったが（ワイリーはコシンスキーが「前金50万ドルとロイヤルティ収入の50%」という法外な要求をしたと書いているが、コシンスキーはそれを否定）、コーガンから同様のアプリを提供されたことで（コシンスキーはコーガンが盗んだと主張）事業化が可能になった。ワイリーたちはアマゾンの「メカニカルターク（少額の報酬を得てネット上の簡単な作業を引き受けるサービス）」を使って、フェイスブックユーザーにパーソナリティ5因子モデルに基づいた性格診断をやってもらい、それをフェイスブックの「いいね！」と組み合わせて心理プロファイルを構築したのだ。――最終的にワイリーたちは、8700万人のユーザーの個人情報を収集した。

こうして集められた膨大な数の心理プロファイルは、ケンブリッジ・アナリティカのアメリカ人顧客のために使われた。顧客はロバート・マーサーというコンピュータサイエンスの天才で、ヘッジファンド「ルネサンス・テクノロジーズ」で巨万の富を得ると、60歳で業界から身を引き、次女レベッカとともにアメリカ政治に深くかかわるようになった。

「超保守主義のリバタリアン」であるマーサーは共和党・保守派の主要な資金提供者の一人で、2016年の大統領候補者を選ぶ予備選挙ではテキサス州上院議員のテッド・クルーズを支援していたが、クルーズが撤退するとドナルド・トランプに乗り換えた。

マーサーは、ブライトバートニュースという保守系のオンライン・ニュースサイトを運営するスティーブン・バノンをトランプの選挙対策本部に送り込んだ。バノンはトランプ政権誕生とともに「大統領上級顧問兼首席戦略官」に抜擢されるが（7カ月後に辞任）、そのバノンこそが8700万人のフェイスブックユーザーの心理プロファイルを保有するケンブリッジ・アナリティカの代表者だった。

トランプ大統領誕生を演出した「陰謀組織」

フェイスブックの「いいね！」を利用するコンピュータモデルで人間行動を正確に予測できるというコシンスキーらの研究が3年以上たってから注目されたのは、トランプの当選だけでなく、2016年に世界を揺るがしたもうひとつの出来事、EU離脱の是非を問うイギリスの国民投票にも、カナダの関連会社を通じてニックス（SCL）が関与したのではないかと疑われたからだ。

ニックスはEU離脱の国民投票との関係は否定したものの、トランプ当選に自分たちの心理プロファイルが大きく貢献したことは派手に宣伝した。ケンブリッジ・アナリティカの名前は、トランプ大統領という〝奇跡〟を演出した黒幕として一躍有名になった。

ワイリーの退職（２０１４年夏）と入れ替わるようにＳＣＬに参加し、ニックスの片腕として営業を担当したのがアメリカ生まれのブリタニー・カイザーで、当時28歳。彼女はトランプの選挙活動には直接かかわってはいないものの、「データゲート事件（フェイスブックのユーザーデータ流出）」の渦中に巻き込まれたことでワイリーと並ぶ「告発者」となった。

２０１６年のアメリカ大統領選後はすっかり「陰謀組織」と見なされるようになったＳＣＬだが、そのオフィスは、カイザーによると「１９６０年代から一度も改装していないような古いビル」だった。

そもそもＳＣＬのオフィスは、大物の実業家や国家元首を連れてくるような場所ではない。狭く、窓もなく、正午頃でも薄暗かった。カーペットはすり切れたグレーの工業用のもので、吊り天井は小さなくぼみででこぼこしており、奇妙な染みがついていた。ふたつのガラスボックス、つまりアレクサンダー（・ニックス）の部屋とデータサイエンティストの部屋を除けば、およそ90平方メートルのひと部屋にスタッフ全員が押し込まれ、机を寄せてつくったふたつの島の周りを取り囲んでいた。ほかには、内密のミーティングができる唯一のスペースとして二・五メートルから三メートルほどの小さな部屋があり、テーブルがひとつと椅子がいくつか置いてあった。エアコンがないので「スウェットボックス」と呼ばれていた。社員たちが缶詰のイワシのように「スウェットボックス」に詰め込まれているあいだ、アレクサンダーは見込み顧客を近くの洒落たバーやレストランで接待するのだ。

この雑居ビルの狭いオフィスで働いていたのはルーマニア人やリトアニア人のデータサイエンティストで、それを仕切っていたのはケンブリッジ大学の同級生である2人の博士だった。卒業後は金融機関や石油サービス会社で働いていたが、「最先端のデータプログラムを設計する機会と自分の裁量で仕事のできる機会を求めてSCLに移ってきた」のだという。――SCLには一時期、グーグルの元CEOエリック・シュミットの娘ソフィアもインターンで働いていた。

ニックスは政治的イデオロギーにまったく興味がなかったようで、アメリカの保守派に近づいたのは、民主党陣営がすでに選挙でSNSを活用しており、食い込む余地がなかったからだ。2016年の共和党大統領候補を決める予備選でトランプ陣営に雇われたが、ニックスはカイザーにこういっていた。

トランプが米国大統領になるなどと考えるのは、もちろん馬鹿げている(中略)。米国人はそんなことを考えないし、多くの人が笑い物にしている。(テッド・)クルーズか(マーク・）ルビオ、あるいはほかの誰かが共和党の指名を獲得し、結局はヒラリーに負ける。

個人ごとに最適な心理操作をする手法

カイザーによると、ケンブリッジ・アナリティカが行なっていたのは「ＰＳＹＯＰ（サイオプ）」だ。Psychological Operation（心理作戦）の略で、Psychological War（心理戦争）を言い換えたものでもある。

ＰＳＹＯＰの基本は「行動させるコミュニケーション」だ。クライアントへのプレゼンテーションでは、ニックスはこれを、プライベートビーチに一般人が入ってこないようにするにはどうすればいいかで説明していた。

対処法のひとつは、四角い白い看板に「パブリックビーチはここまで」と書いた看板を立てることだが、これはまったく効果がない。もうひとつの対処法は、鉄道の踏切のような鮮やかな黄色の三角形の標識に、「注意！　サメの目撃情報あり」と書くこと。こちらはものすごく効果がある。コミュニケーションの仕方によって、ひとびとの行動は自由に操作（operate）できるのだ。

ニックスはクライアントに、「弊社は広告会社ではありません」と力説した。「人の心理を見抜く力を備え、科学的に厳密なコミュニケーションを行なう会社なのです」

大衆を動員する手法は、全体主義（ナチズム）の研究などで繰り返し取り上げられてきた。

SCLの手法の新しさは、大衆をセグメントに分類して、それぞれのグループに最適な「行動させるコミュニケーション」を開発し、さらに効果を高めていることだ。これが「サイコグラフィクス」で、性格タイプに合わせて特定のメッセージを送ることは「行動マイクロマーケティング」と呼ばれた。

サイコグラフィクスのベースになるのが「ビッグファイブ理論を使った心理プロファイリング」で、たとえば銃規制に反対するキャンペーンを行なうとき、サイコグラフィクスで「経験に対して閉鎖的で協調性が強い」とされたグループには、伝統と家族の価値を強調する言葉とイメージを使った広告が効果がある。

それに対して、保守的ではあるが「外向的で協調性に欠ける」グループは、「何に関しても自分の意見を聞いてもらいたがる」「自分にとって何が最善か知っていて、何事も自分で判断したいと思っており、人の指図を受けることを、とくに政府から指図されるのを嫌う」特徴がある。「自助自立」を重視するこうしたターゲットは、女性が拳銃を振りかざしてきびしい表情を浮かべ「私が拳銃をもつ権利を問題にしないでほしい。あなたが拳銃をもたない愚かさを問題にしないから」という広告に強く反応した。

ケンブリッジ・アナリティカはビッグファイブ理論をもとにアメリカの有権者を32の主要な性格グループに分け、それぞれのグループごとに最適化された広告をつくるだけでなく、それを20〜30ものバリエーションにして異なる時間に送信し、フェイスブックの異なるフィードに掲載して、なにがいちばん効果的かを検証した。ランダム化比較試験によって、もっとも費用対効果の高い広告を効率的に見つけようとしたのだ。

SNS大手がトランプに提供した特別サービス

フェイスブックなどから入手した膨大な数の有権者の心理プロファイルを使って、ケンブリッジ・アナリティカは、保守派の有権者を「コア・トランプ有権者（選挙活動に動員する）」「投票させるターゲット（投票する気はあるが行くのを忘れるかもしれない）」「無関心なトランプ支持者（広告予算が余ったときにだけ働きかける）」グループに分け、リベラルな有権者は「コア・クリントン支持者（なにをしてもムダ）」と「あいまいなクリントン支持者（投票を思いとどまらせる）」グループに分けた。

さらに、説得可能な有権者の性格タイプが州ごとにちがうことも割り出した。たとえばアイオワ州の保守派は「ストイック」「世話好き」「伝統主義者」「衝動的」で、サウスカロライナ州の保守派は「衝動的」の代わりに「個人主義者」が入る。「ストイック」な有権者へは伝統、価値観、過去、行動、結果といった言葉を織り交ぜたメッセージを送り、「個人主義者」には決断や防御といった言葉を含むメッセージが効果的だった。

選挙後の分析では、こうした心理的働きかけの結果、トランプの好感度を平均で3％上昇させ、「投票させる」キャンペーンでは有権者の不在者投票の申請を2％増加させた。オンライン広告を見た14万7000人の調査では、11・3%がトランプに好感をもつようになり、トランプに投票する意思がある有権者が8・3%増加した。「トランプが僅差で勝ったことを考えると、これは大きな成功だ」とカイザーはいう。

PSYOPのもうひとつの目的は、ヒラリーへの投票を思いとどまらせることだった。フェイスブックのビデオ広告によってトランプに投票する意思をもつ割合が3・9%増加し、ヒラリーに投票する意思をもつ割合が4・9%減少したが、そのときに大きな効果を発揮したのが、ニュース記事とまったく同じに見える「ネイティブ(ステマ)広告」だ。

「非常に神経質」に分類されたひとたちには「怖がらせる」メッセージがもっとも効果的で、「ヒラリーは米国を破壊する」というネイティブ広告は対照群より20%も高い効果を示した。「中道左派の女性は実はやや保守的」という傾向があり、「家庭を切り回せないようなら、ホワイトハウスは絶対に切り回せない」というミシェル・オバマの、2007年のオバマvsヒラリーの民主党予備選での発言を文脈から切り離し、夫の浮気に対してヒラリーを揶揄(やゆ)しているように見せかけるメッセージも効果的だった。ネイティブ広告は「費用が高くついたが、投資対効果は驚異的だった」とされる。

もうひとつ重要なのは、「ケンブリッジ・アナリティカ経由だけでも1億ドルがデジタル広告に使われており、そのほとんどがフェイスブックに注ぎ込まれた」ことだ。莫大な選挙資金がIT大手に投じられた見返りとして、トランプの選対本部にはフェイスブック、グーグル、ツイッターから社員が派遣され、さまざまなサービスを提供した。これをフェイスブックは「一段上のカスタマーサービス」、グーグルは「アドバイザーの立場」、ツイッターは「無償の労働」と説明した（クリントン陣営はフェイスブックの支援を断った）。——2021年1月の連邦議会議事堂占拠事件でトランプは「暴動を煽った」として SNS から「永久追放」されたが、2016年の大統領選でツイッター社は、トランプのキャンペーンのツイートがヒラリーのツイートの上に表示される「カンバセーショナル広告形式」のサービスを提供していた。

「社会的弱者」にグルーピングされるのは多くが非常に神経質なひとたちで、恐怖を喚起する広告がきわめて大きな効果を発揮した。トランプ支持の「プアホワイト」だけでなく、ブレグジット支持者のなかの「落ちこぼれ」層も同じで、「恐怖心に訴えかけるメッセージを送れば、もっとも説得可能な人たち」だった（それ以外の離脱派の類型は「熱心な活動家」「若い改革者」「不満を抱く保守党支持者」）。

彼ら／彼女たちは「政治家、銀行、企業をはじめとするエスタブリッシュメントに対して猜疑心を抱き、自分の経済状況、公共秩序の悪化、そして将来全般に不安を感じ」ていて、とりわけ移民問題に関心が高い。『恐れ』は神経質な人たちに限らず、誰に対しても、私たちのもっているどんなツールよりも効果的」だった。

「世界を変える」アルゴリズム

有権者の一人ひとりがどのようなパーソナリティの持ち主で、どのような広告＝メッセージに反応するかがわかれば、選挙戦を有利に進めることができる。この「マイクロマーケティング」の背後にあるのがビッグファイブ理論であり、「いいね！」とパーソナリティを結びつけるアルゴリズムだ。これについてはイギリスのジャーナリスト、ジェイミー・バートレットが自らの体験を書いている。[*2]

スタンフォード大学に移籍したコシンスキーを訪ねたバートレットは、自分の「いいね！」を200ほど差し出した。「ザ・ソプラノズ　哀愁のマフィア（イタリア系マフィアのボスとその周囲の人間関係を描いた人気テレビドラマ）」、ケイト・ブッシュ（イギリスの前衛的な女性シンガー）、「ターミネーター2（アーノルド・シュワルツェネッガー主演、ジェームズ・キャメロン監督の1991年のSF映画）」「スペクテーター（1828年創刊の〝世界最古の週刊誌〟）」などだ。

バートレットのパーソナリティが解析される場面は興味深いので、全文引用しよう。

アルゴリズムが魔法を駆使しているあいだ、モニターには小さな車輪がくるくるまわっている。そして、結果が不意に表示された。

＊2―ジェイミー・バートレット『操られる民主主義　デジタル・テクノロジーはいかにして社会を破壊するか』草思社

「偏見にとらわれていない。リベラル。芸術家肌。きわめて高い知性」。私は「このシステムがどれだけ正確かは、これではっきりしましたよ」と軽口を叩いた。ただ、狐につままれた思いをしたのは、宗教には無関心だが、かりに信仰するとしたら、カトリックであると予測されていた点だ。あまり褒められた話ではないが、五歳から一八歳まで私が在籍していたのはカトリック系の総合制学校（コンプリヘンシブ・スクール）である。いまでも宗教には関心はあるが、だからといって教会に通っているわけではない。

同じように、私はジャーナリズム関連の職業に携わり、とりわけ歴史に強い関心を寄せているとアルゴリズムは分析していた。大学では歴史を専攻し、歴史学の研究方法をテーマに修士号を取得している。

以上の予測はすべてフェイスブックの「いいね！」がもとで、私の経歴や養育歴は関与していない。「それは、この分析法に関し、一般の人が首をかしげる点のひとつでもありますね」と教授は言う。「あなたがレディー・ガガについて〝いいね！〟ボタンを押せば、もちろん、あなたはガガが好きだと私も断言できますよ（略）。ですが、このアルゴリズムがまぎれもなく世界を変えてしまう点は、一見するとまったく無関係のようですが、音楽嗜好あるいは読書傾向からあなたの信心深さ、リーダーとしての素質、政治的信条、パーソナリティーなどに関し、正確を極めた情報を抽出できる点です」

最初のデートで「どんな曲が好き?」と訊く理由

コシンスキーは心理学者ではなく、ワイリーらケンブリッジ・アナリティカのスタッフもほとんどがデータサイエンティストで心理学の専門教育を受けているわけではなかった。そうなると、使ったのは標準的な「主要5因子性格検査」だろう。

スマホで性格テストができるようなアプリ(マイパーソナリティ)をつくり、フェイスブックやツイッターのユーザーに、アマゾンのメカニカルタークを使って100円か200円の謝礼を支払って回答してもらう。誰だって自分の性格を知りたいと思うから、この程度の報酬でもみんなよろこんでやってくれる(ケンブリッジ・アナリティカの実験では初日だけで1000件を超えるデータを収集し、オフィスでシャンパンを開けて成功を祝った)。

こうしてビッグファイブのパーソナリティがわかったら、それをフェイスブックの評価(現在は「ひどいね」から「超いいね!」まで7種類)と関連づける。これを何千人、何万人と行なってビッグデータにして解析すると、SNSの行動とビッグファイブの性格の相関関係がわかってくる。そうなれば、これを逆にして、SNSの行動から性格を高い精度で予測できるようになる。

このようなことが可能になるのは、私たちがみな「人生という舞台」で主役を演じているからだ。役者がすべきことは、自分の役柄を観客に向けて発信することだ。「いいね!」やSNSへの投稿は、「これがわたしのキャラです」というメッセージを発するツールなのだ。

アメリカの大学生74人に、ビッグファイブ性格質問票に回答してもらってから好きな曲上位10曲をあげさせた研究がある。[*3] その10曲をCDにまとめ、8名の判定者に聴かせて、選曲した学生の性格を評価してもらった。この実験では、判定者は学生の性別や年齢、出身地や人種などについてなんの情報も与えられていない。これは、音楽について「いいね！」10個を与えられたのと同じだ。

その結果は、ビッグファイブ特徴のうち4つで、判定者の評価は学生が自己申告した性格に有意に相関していた。相関係数（マイナス1からプラス1までの値をとり、1に近いほど関係が強い）は「経験への開放性」0・47、「外向性」0・27、「神経症傾向」0・23、「協調性」0・21だった（「堅実性」は音楽からは予測できなかった）。こうした相関はたいしたことないように思えるかもしれないが、判定者が音楽の好み以外なにも知らないことを考えれば驚くべきものだ。

この高い精度をもたらしたのは、選曲者の好む音楽ジャンルと曲の音響的特徴だった。情動の安定した学生はカントリー音楽を好み、外向的な学生はエネルギッシュで歌唱の多い音楽を好んだ。

このことは、演歌、Jポップ、オペラ、フリージャズが好きなひとを思い浮かべると、自然にその人物像が浮かび上がってくることからもわかるだろう。私たちはさまざまな好みから、相手が何者かを読み取ろうとしている。最初のデートで「どんな曲が好き？」と訊くのは、それが相手の性格を知るよい指標になるからだ。

これはファッションも同じで、音楽や洋服の趣味がまったく合わないひととは友だちになれないし、恋人としても相性が悪い。スピリチュアルは、自分にぴったりの相手と出会うためにつねに(無意識の)メッセージを交換しているのだ。

ヒトは徹底的に社会的な動物なので、共同体(友だち集団)のなかで自分の地位を確保するためにも、恋人選びのためにも、「自分はこのようなパーソナリティだ」と絶え間なく発信しつづけなくてはならない。このゲームはきわめて複雑で、相手から脅威だと思われれば紛争になるし、なんのインパクトもないと無視されてしまう。露骨に性的なアプローチをすると警戒されるが、アプローチしなければ相手にされない。

わたしたちは、ものごころついてから、「自分のキャラを発信し、相手のキャラを読み取る」という社会ゲームをえんえんとやっている。リアルの世界でも、ファッションや音楽の趣味、読んだ本や好きな映画、仕事の態度や政治的な発言などからなんとなく「好き/嫌い」を決めている。だとすれば、これがそのままSNSに移植されるのは当然のことだ。

コシンスキーやケンブリッジ・アナリティカは、「好きな音楽10曲」の実験をはるかに大規

---

*3―Peter J. Rentfrow and Samuel D. Gosling (2006) Message in a Ballad: The Role of Music Preferences in Interpersonal Perception, *Psychological Science*

模に行ない、ＡＩに機械学習させ、ＳＮＳのデータだけでほぼ完璧にパーソナリティを判定できるアルゴリズムを開発した——という「理屈」はわかっても、職業や大学の専攻ばかりか、子どもの頃にカトリック系の学校に通っていたことまでコンピュータで読み取れるというのは、「技術」というより「魔術」にちかい。この魔術的テクノロジーがＥＵ離脱の国民投票やアメリカの大統領選の結果に大きな影響を与え、世界を揺り動かしたのだ。

アンファンテリブルによるデジタル時代の冒険物語

髪を緑色に染めた印象的な風貌のクリストファー・ワイリーは、カナダ・ブリティッシュコロンビア州に生まれ、小学校で難読症（ディスレクシア）とＡＤＨＤ（注意欠陥・多動性障害）と診断され、11歳のときには歩行障害を起こす難病になって車椅子生活を余儀なくされた。これらの障がいのために学校ではいじめの標的にされ、授業に出ずに校内のコンピュータ室に籠もってプログラミングを独学で習得した。

そんなワイリーは、15歳のとき、両親の勧めでインターナショナルスクールのサマーキャンプに参加し、ルワンダ虐殺の生存者と友人になったり、イスラエルとパレスチナの学生の討論を聞くなどしたことで政治に興味をもつようになる。この頃には、自分がゲイ（男性同性愛者）だと自認していたようだ。

16歳で高校をドロップアウトしたワイリーは、地元政治家の集会に参加し積極的に発言したことで、「車椅子で髪を染め、ゲイをカミングアウトしたハッカーの若者」として目立つ存在になっていった。このとき知り合ったカナダ自由党関係者から誘われ、18歳のときに政党本部のアシスタントになり、2008年米大統領選でのバラク・オバマの選挙活動の視察メンバーに選ばれたことで、ビッグデータとSNSを駆使した選挙キャンペーンに衝撃を受けることになる。

カナダに戻ったワイリーは、有権者の個人情報を活用する政治運動を実践しようとするが、その急進的な手法が強い反発にあったことで、21歳でイギリスに渡り、名門ロンドン・スクール・オブ・エコノミクスで法律を学ぶことにする。ところがそのワイリーを、イギリスの政治関係者は放っておかなかった。オバマのキャンペーンを間近で見たテクノロジーに詳しい若者は、選挙の専門家にとって貴重な人材だったのだ。

学業の傍らイギリス自由民主党のデータ構築を手伝ったワイリーは、ロンドン芸術大学の博士課程に進むことにしたが、そのときアレクサンダー・ニックスから誘いを受けた（この頃には足を引きずりながら歩けるようになっていた）。

ワイリーは2014年夏にケンブリッジ・アナリティカを離れ、EU離脱の国民投票とトランプ大統領誕生のあと、内部告発者として英紙『ガーディアン』と『ニューヨークタイムズ』に自らの体験を語った。イギリスのテレビ局チャンネル4と組んでニックスを罠にかけ、スリランカの富豪に偽装した男に賄賂や性的な陰謀を含むさまざまなサービスを吹聴するところを撮影させてもいる（この場面が放映されたことでSCLは解散に追いやられた）。

とはいえニックスは、祖先が東インド会社で財をなした億万長者の家に生まれ、上流階級のスポーツとされるポロが縁でノルウェーの億万長者一族の女性と結婚したので、会社が消滅しても経済的にはなんの影響もなかった。ニックスにとって仕事は、「たんなる金持ちのボンボンではない」ことを証明するためのものだった。生まれながらにしてなにひとつ不自由ない暮らしを約束された男の「自分さがし」が、イギリスのEU離脱やトランプ大統領誕生で現代史を変えたのだ。

ワイリーの証言に対してはどこまで真実なのか疑問視する声もあり、「ケンブリッジ・アナリティカからデータを持ち出してトランプの選挙に関与したのではないか」との批判もある。しかしそれでも、ワイリーがケンブリッジ・アナリティカでの出来事を驚異的な記憶力で再現していることは間違いなく、（当然のことながら一定の誇張や隠蔽があるとしても）そのリアリティはきわめて高い。20代半ばの若者がわずか1年半のあいだに、アレクサンダー・ニックス、スティーブン・バノン、ロバート・マーサーなど「異形」の人物と次々と出会った体験はそれだけでも驚くべきものだ。

そのワイリーにSNSを使った心理プロファイルを教えた旧ソ連生まれのアレクサンドル・コーガンは、ケンブリッジ・アナリティカがフェイスブックの大規模データを入手したあと、ロシア政府から研究助成金を得てサンクトペテルブルク大学で共同研究を行なうようになった

（ワイリーは、フェイスブックのデータをロシアの諜報機関が入手したと主張している）。トランプ勝利にロシアの介入が疑われるなか、疑惑の渦中にいたコーガンはシンガポールに逃れ、映画『007 スペクター』からとった「アレクサンダー・スペクター」という偽名で隠れ住むようになった。そのコーガンには、中国政府から研究資金が出ているとの噂もある。

ケンブリッジ・アナリティカが収集した8700万人分の心理プロファイルはフェイスブックの要請によって廃棄されたことになっているが、ワイリーによればそれ以前にパランティア・テクノロジーズ（シリコンバレーの起業家でトランプを支持したことでも知られるピーター・ティールが設立したデータ分析企業）が購入しており、顧客である米軍、国防総省、NSA（国家安全保障局）、FBI、CIAなどの政府機関に渡った可能性があるという。

この2人だけでなく、ワイリーに続いて内部告発者となったブリタニー・カイザーや、フェイスブックのデータを使った心理分析プログラムを開発したミハル・コシンスキーも、当時はみな20代から30代前半だった。ケンブリッジ・アナリティカ事件は、そんな「アンファンテリブル（恐るべき子供たち）」によるデジタル時代の冒険物語でもあった。

〈追記〉ケンブリッジ・アナリティカは米大統領選に影響を及ぼしたのか

ケンブリッジ・アナリティカの「行動マイクロマーケティング」「サイコグラフィクス」については、2016年のトランプの大統領選やEU離脱の国民投票の結果にほとんど影響力はなかったし、そもそもまともに使われることすらなかったとの批判がある。[*4] 理由のひとつには、アレクサンダー・ニックス（マンチェスター大学で美術史の学位を取得し、メキシコで英系投資銀行の融資の仕事をしていた）にＩＴや心理学、統計学の知識がほとんどなく、そのセールストークはすべて受け売りで、新興国の政治家や有力者などを酒と女で接待して仕事を取っていたことがあるようだ。

だがケンブリッジ・アナリティカがコーガンに接触し、コーガンが同僚であるコシンスキーの研究について詳しい知識をもっていたこと、そのコーガンが８７００万人のフェイスブックユーザーのプロファイルを入手したケンブリッジ・アナリティカに参加したこと、大富豪のロバート・マーサーから15億～20億円もの資金を提供されたこと、そのマーサーがヘッジファンドの元幹部で数学とコンピュータの天才だったこと、トランプ陣営の選対幹部だったスティーブン・バノンがＳＮＳを使った心理操作に強い関心をもっていたことなどはすべて事実だ。それにもかかわらず、心理操作の強力なツールになるコシンスキーの研究を選挙に利用しなかったなどということがあるだろうか。

偽名で香港に潜伏中とされるコーガンに研究者がメールで問い合わせたところ、返信が来たとの話もある。そこでコーガンは、ケンブリッジ・アナリティカではコシンスキーのモデルは使っていないと回答したという。[*5]

このやりとりは興味深いが、コーガンはコシンスキーからアルゴリズムを盗んだと批判されているのだから、それを認めるようなことをいうはずはないだろう。

ケンブリッジ大学はケンブリッジ・アナリティカやコーガンとの関係を公式に否定しているが、その歴史を見ればこれは容易には信じがたい。

1989年、ナイジェル・オークスという貴族出身のビジネスマンが、ケンブリッジ大学の心理学研究者などといっしょに非営利のシンクタンク「行動ダイナミクス研究所（BDI／Behavioral Dynamics Institute）」を設立した。その趣旨は「コミュニケーションを通じて人間の行動を理解し、その行動に影響を与える方法を研究する」ことと、行動心理学、社会心理学、脳科学などの最新の知見をマーケティングに活用して商業利用する可能性を探ることだった。

1993年、オークスは「心理学者や人類学者によってもたらされた学術的な洞察を使って従来の広告手法をより実り多いものにする」ために「戦略的コミュニケーション研究所（SCL／Strategic Communication Laboratories）」を設立した。BDIはSCLの非営利の外郭団体（約60の学術機関と数百人の心理学者からなる共同事業体）となり、エリザベス女王のいとこが理事に名を連ねた。

＊4―サミュエル・ウーリー『操作される現実　VR・合成音声・ディープフェイクが生む虚構のプロパガンダ』（白揚社）など。
＊5―マシュー・ハインドマン『デジタルエコノミーの罠』NTT出版

ＳＣＬ創設者オークスの友人かつ同社の株主だったのがアレクサンダー・ニックスの父親で、２０１０年にオークスはニックスに経営を任せることにする（ニックスが投資銀行を辞めてＳＣＬに参加したのは２００３年）。そのＳＣＬのアメリカ法人が、スティーブン・バノンを代表とするケンブリッジ・アナリティカなのだから、コーガンやコシンスキーが所属したケンブリッジ大学の心理学部門とは事実上一体だったのだ。

なお、フェイスブックがケンブリッジ・アナリティカのたんなる被害者でないことは、同社が『ソーシャルネットワークシステムでのコミュニケーションや特徴から個人の性格を決定する方法』という特許（US20140365577A1）を保有していることからわかる。その概要にはこう書かれている。[*6]

ソーシャルネットワークシステムは、同システム上での利用者のテクストコミュニケーションから言語的データを獲得する。たとえば、さまざまな種類のコミュニケーションで単語の発生数を調べることができる。各ユーザーにかんする言語的および非言語的データは、同ユーザーの性格を予測するモデルに利用される。推測された性格は、ユーザープロファイルに保存され、ターゲティング、ランキング、製品の選択などの目的に利用される。

＊6―ペーテル・エールディ『ランキング　私たちはなぜ順位が気になるのか？』日本評論社

spirituals

the mystery of me

PART 3

外向的／内向的

レモンの搾り汁、綿棒、糸を用意して、次の簡単な実験をやってみてほしい。

①唾を4回飲み込んだあとに、舌の一点に綿棒の片方の端を当て、そのまま20秒間待つ
②綿棒を外したあとに、舌にスポイトでレモンの搾り汁を5滴落とし、唾を4回飲み込む
③先ほどと同じ舌の一点に、こんどは綿棒の反対側の端を当て、同じように20秒間じっとする
④取り出した綿棒の中心に糸を結び、どちらか一方に傾くかどうかを調べる

レモンの刺激に対して強く反応すれば唾液がたくさん出るので、あとから舌に当てた側が重くなって綿棒のバランスが崩れる。レモンの刺激に反応しなければ唾液の量は変わらず、綿棒のバランスは保たれる。

このとき、綿棒のバランスが崩れれば（唾液がたくさん出れば）あなたは内向的、バランスが崩れなければ（唾液が出なければ）外向的だ。[*1]

図2 ●唾液と覚醒度の関係

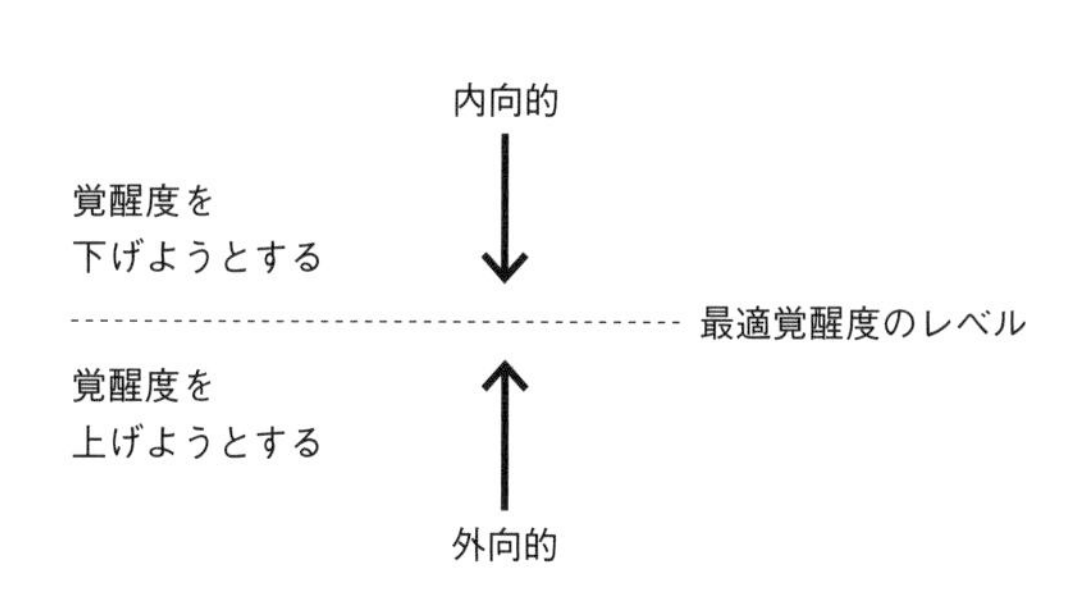

ここまで読んで、「唾液と性格になんの関係があるのか」と不思議に思ったにちがいない。それをこれから説明していこう。

外向的な鈍感、内向的な敏感

生き物は、「快／不快」「覚醒／鎮静」という「感じ」をもつように進化した。感覚器官が快を感じると中枢神経は覚醒し、その方向に筋肉＝身体を動かす指示を送る。逆に不快を感じると、逆の方向に身体を動かそうとする。これが「動く生き物」の基本だ。

この覚醒の度合には個体ごとに一定の範囲ではらつきがあるが、脳＝中枢神経系が快適に感じる覚醒度は（ほぼ）決まっているようだ。するとこの「最適覚醒度」に対して、それぞれの個体の生

＊1―ブライアン・R・リトル『自分の価値を最大にするハーバードの心理学講義』大和書房

得的な初期値がどうなっているかで2つのタイプの反応が生じるだろう（P83**図2**）。

①刺激に対して鈍感なひとは、覚醒度を上げようとして強い刺激を求める→外向的
②刺激に対して敏感なひとは、覚醒度を下げようとして強い刺激を避ける→内向的

最適覚醒度に対してふだんの覚醒度が低い個体は、そのことを「不快」と感じるから、覚醒度を上げようとする。逆にふだんの覚醒度が高い個体は、そのことが「不快」だから、覚醒度を下げようとするはずだ。このとき、「覚醒度を上げようとする傾向」を外向的、「覚醒度を下げようとする傾向」を内向的という。

すでに１９７０年代に、大脳皮質の活動を脳電図で計測した心理学者のアンソニー・ゲイルは、外向的なひとの脳波は興奮が足りない傾向があり、内向的なひとの脳波は興奮しすぎる傾向があることに気づいた。ここからゲイルは、外向的なひとは刺激を求めることで興奮を「最適なレベル」の範囲に押し上げようとし、内向的なひとは過剰に興奮している神経系の活動を押し下げようとして刺激を避けるのだと考えた。[*2] それから半世紀近く経って、この先駆的な研究が「外向的／内向的」の本質だということが心理学者の共通理解になっていく。

「レモンドロップ検査」では味覚に対する覚醒度を調べるが、同様に、視覚、聴覚、嗅覚、触覚にも個人によって覚醒度のちがいがある。これが「外向的／内向的」につながるのは、自分

の覚醒度を最適にしようとする無意識の選択や行動が、他者からパーソナリティ＝性格と思われるからだ。――刺激に対する感度のばらつきがすべての生き物に備わっているとすると、イヌやネコだけでなく、「外向的なムシ」や「内向的なアメーバ」がいるかもしれない。

「外向的／内向的」は「ポジティブな刺激に対する覚醒度のばらつき」すなわち「報酬系の個体差」であり、「欲望へと向かうエンジンの出力の大きさのちがい」だ。これはおそらく、進化の過程で最初に生まれたパーソナリティだろう。

激辛ラーメンか図書館か

なぜ「外向的／内向的」にばらつきがあるのか。これは、「身体のエネルギーは有限である」という制約から説明できる。

外向的な個体は覚醒度を上げようとして刺激に向かって進んでいくから、食べ物や生殖の相手を獲得するなど目的を実現する可能性が高まるが、エネルギーの消耗も激しい。それに対して内向的な個体は、強い刺激を避けようとするからエネルギーを保存できるが、目的を実現する機会は少なくなるだろう。

身体のエネルギーが無限にあるのなら外向的な戦略が最強だし、動かなくても食べ物がいく

＊2―Anthony Gale (1980) *Psychophysiology: A Bridge Between Disciplines*, University of Southampton

らでも手に入るなら内向的な戦略でこと足りる。しかし自然界にそんなウマい話があるわけがなく、生き物は「あちらを立てればこちらが立たず」のトレードオフの状況に置かれている。「外向的／内向的」は、このトレードオフ（ジレンマ）に対する適応なのだ。

環境が多様で不安定だと、生き延びて多くの子孫をつくる（遺伝子のコピーを最大化する）ための最適な戦略はひとつに決まらない。そこで、どのような環境でも一定数の個体が生存・生殖できるように多様なパーソナリティが生じる。

「強い刺激を求める」というのは、外向的なひとのイメージと合致する。大音響で派手なレーザーライトが交錯するクラブで遊んだり、大人数のパーティで知らないひとと知り合い、ときに逢瀬を楽しんだり、バンジージャンプやスカイダイビングに挑戦したりするのがこのタイプだ（激辛ラーメンを食べたりするかもしれない）。

極端に外向性指数が高くなると、手と足のあいだに布を張っただけのウイングスーツで高所から飛び降り、鳥のように飛行したりする。スカイフライング（ウイングスーツフライング）は「世界でもっとも危険なスポーツ」と呼ばれ、死亡率もきわめて高い（インターネットに驚くような動画がたくさんアップされている）。これほどまでに強い刺激を必要とするのは、それだけ（生得的な）覚醒度が低いからで、それを最適レベルに引き上げるにはものすごい刺激が必要になるのだろう。

一方、「強い刺激を避ける」というのは内向的なひとのイメージに合致する。大きな音がする場所（クラブやパチンコ店）が苦手で、図書館のような落ち着いた色調の静かな空間を好み、たくさんのひとが集まるパーティはもちろん、はじめてのひととの会話でもすぐに疲れてしまうのがこのタイプだ（刺激の強いにおいや料理が嫌いかもしれない）。

内向的なひとはネガティブな（不快な）刺激に対しても強く反応するが、外向的なひとは、ポジティブな刺激には強く反応するものの不快な刺激に対してはあまり反応しないようだ。内向性は「敏感」、外向性は「鈍感」なのだ。

性格はベルカーブになる

心理学のクラスでレモンドロップ検査をすると、平均的な学生がもっとも多く、覚醒度が低い方から高い方へ結果は正規分布する。——分布というのは「ばらつき」のことで、正規分布ではそれが釣鐘（ベル）のかたちになるので「ベルカーブ」ともいわれる。

わたしたちはすぐに「あのひとは外向的／内向的」と決めつけるが、実際にはパーソナリティは両極端に分類できるわけではない（1と0のようなバイナリではない）。このことはこれからの話でものすごく重要になるので、すこし詳しく説明しておこう。

正規分布では、標準偏差によってそれぞれの事象が含まれる割合が決まっている（P88**図3**）。学力の偏差値は代表的な正規分布で、平均を50、1標準偏差を10として成績の分布を表わす。このとき、平均からプラスマイナス1標準偏差（偏差値40～60）に全体の事象の約7割（68・2

図３●正規分布（ベルカーブ）

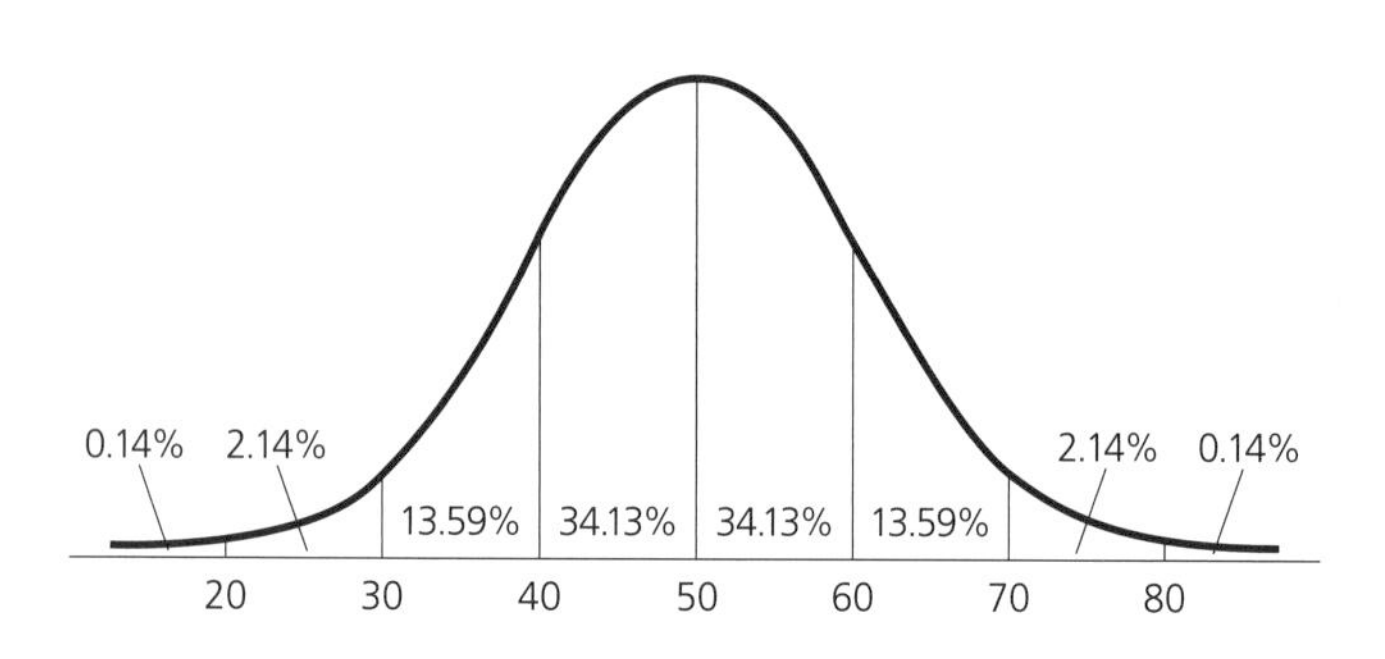

６％）が含まれ、２標準偏差離れると（偏差値60～70あるいは30～40）それぞれ13・59％、３標準偏差（偏差値70～80あるいは20～30）はそれぞれ２・１４％、４標準偏差（偏差値80～90あるいは10～20）はそれぞれ０・１４％になる。——これらをすべて足し合わせると１００％になるから、平均から５標準偏差離れた事象（偏差値90超あるいは10未満）はほぼ存在しないことがわかる。

このとき、平均から＋－（プラスマイナス）１標準偏差のパーソナリティをわたしたちは「ふつう」と感じ、２標準偏差離れると「目立つ」としよう。

地域の子どもたちをランダムに集めた学校の35人クラスを考えると、平均＋－１標準偏差以内に収まる24～25人（７割）の生徒が「ふつう」で、「あるときは外向的で別のときは内向的」になる。平均＋－２標準偏差離れたそれぞれ５人ほど（14％）の生徒が、「彼／彼女はちょっと外向的／

内向的だ」と目立つ存在になる。——これは実感とそれほどちがっていないのではないだろうか。

同じ35人のクラスで、平均＋－3標準偏差離れている生徒は1人いるかいないかで、これは「変わっている」とされる水準だ。平均＋－4標準偏差離れていると1000人のうち1人か2人だから、なんらかの「異常」と見なされる可能性がある。

知能≒学力は数値化して計測しやすいから、それが正規分布することは古くから知られていた。現在では、パーソナリティも知能と同じく、（近似的に）正規分布すると考えられている。「外向的／内向的」だけでなく、これから述べる性格特性でも（同調性を除いて）同じことがいえるはずだ。

心拍数が低いと犯罪者になる？

犯罪心理学者のあいだでは以前から、「反社会的な人間は心拍数（1分間の鼓動の回数）が低い」ことが知られていた。これは動物も同じで、攻撃的で支配的なウサギは、おとなしく従属的なウサギに比べて安静時心拍数が低い。さらに、ウサギの支配関係を実験的に操作すると、支配力（群れのなかでの地位）が上がるにつれて心拍数が下がる。これと同じ相関関係は、サルからマウスまで動物界で広く見られる。[*3]

人間でも、反社会的な学生は安静時心拍数やストレス時心拍数が低いとか、幼少時に測定した心拍数が、成人後の反社会的行動に結びつくなどの研究がある。心拍数の性差は早くも3歳時点で見られ、男子の心拍数は女子より1分間に6・1回少ない。――男の犯罪者が女よりはるかに多いのは、この心拍数の性差が関係していると考える研究者もいる。

心拍数が低いと、なぜ攻撃的になったり、反社会的な行動をするようになるのか。この謎についての有力な説明が、「ひとには最適な心拍数のレベルがある」だ。心拍数が生得的に低いと、つねになんらかの不快感を抱えていて、それを（無意識に）引き上げようとする。犯罪にはリスクがともなうからどきどきするが、このときの心拍数の上昇が「快感」になるというのだ。

この仮説を検証したのが、モーリシャス（インド洋に浮かぶ人口130万人あまりの小島）で行なわれた大規模研究だ。このプロジェクトでは、3歳の同齢集団1795人の心拍数と刺激追求度（おもちゃのある部屋でも母親から離れないか、なんのためらいもなくおもちゃで遊ぶか）が調べられ、その後の経過が20年以上にわたって観察された。

その結果はというと、3歳時点で心拍数が低く刺激追求度が高かった子ども（上位15％）は、11歳になったときに「けんかをする」「人を殴る」「人を脅す」などの攻撃性が高かった。だがこれは、心拍数が低い子どもがみな非行に走るということではない。

この研究でもっとも心拍数が低く、最高レベルの刺激追求度を示した男の子は、成人すると盗み、暴行、強盗などの罪状で複数の有罪判決を受け、「人生は快楽と興奮を求める制限のないゲームだ」と研究者に述べた。

だが同じように心拍数が低く、刺激追求度が高かった女の子は「何でもためしてみよう、世界を探検しよう、みんなの前に積極的に出よう」と考え、その夢をミス・モーリシャスになることで実現した。

ここからわかるのは、覚醒度や心拍数の低い外向型は「リスク志向的」で、覚醒度や心拍数の高い内向型は「リスク回避的」だということだ。リスクを好むパーソナリティはよい方に転ぶと大きな成功に結びつくが（ヴァージン・グループ創設者で冒険家のリチャード・ブランソンはその典型だろう）、悪い方に転ぶと犯罪者として一生を刑務所のなかで過ごすことになりかねない。――覚醒剤のようなアッパー系のドラッグの使用にも、覚醒度や心拍数の生得的な低さが影響している可能性がある。

「外向的だと成功する」はサバイバルバイアス

外向的か内向的かは刺激への覚醒度（感度）のちがいで、それがリスクへの志向性のちがいに結びつく。一卵性双生児と二卵性双生児の研究から遺伝率を推計する行動遺伝学の知見では、

＊3―以下の記述はエイドリアン・レイン『暴力の解剖学　神経犯罪学への招待』（紀伊國屋書店）より。拙著『言ってはいけない　残酷すぎる真実』（新潮新書）でより詳しく論じている。

こうしたパーソナリティのおよそ半分は生得的なものとして説明できる。幼少期の環境の影響もあるとはいえ、「性格は（容易には）変わらない」のだ。

ところが世間一般では、外向的だと「明るい」、内向的だと「暗い」といわれ、子どもを外向的に育てる子育てや教育が重視されている。

その理由は、政治家や起業家、芸能人など社会的・経済的な成功者の多くが外向的なパーソナリティだからだろう。こうした職業は、大衆の注目を一身に浴びるような強烈な刺激をもたらす反面、大きなリスクにさらされたり、激しい緊張を強いられたりする。このような選択をするのは（覚醒度の低い）外向的なタイプで、そのなかから一定の割合で成功者が現われるのは当たり前だ。

それに対して内向的なひとは、強い刺激やリスクを避けるから、誰もが知っているような成功者になるのは難しいかもしれない。この非対称性によって、「成功するためには外向的でなければならない」とのステレオタイプがつくられる。

外向的なひとは世間の注目を集めることに喜びを見出し、名声や富を手に入れるために猛烈に働き、レジャーの追求にも熱心で、セックスと恋愛を楽しむ。そのうえ「鈍感」だから、不快な刺激はあまり気にしない。一方、内向的なひとは刺激的なエンタテインメントをあまり楽しめないし、パーティなどで魅力的なひとたちと知り合う機会も少ないかもしれない。そのうえ「敏感」なので、強すぎる刺激にすぐに疲れてしまう。そう考えると、外向性にはよいことばかりで、内向性にはなにもいいところがないように思える。

「サバイバルバイアス」というのは、集団のなかから成功した(生き残った)わずかなひとだけに注目し、それを一般化する認知の歪みだ。宝くじで1等前後賞合わせて7億円当たる確率は交通事故で死ぬ確率よりずっと低いが、当せん者は必ずいる。ほとんどのひとは損をするという事実を無視して当せん者だけに注目すれば、「宝くじを買えば大金持ちになれる」という認知の歪みが生じ、宝くじ売り場に行列ができることになる。これが「特殊な事例の一般化」という誤謬(ごびゅう)で、経済学では、宝くじは「愚か者に課せられた税金」と呼ばれている。

「外向的な性格は成功できる」というのも、同じサバイバルバイアス(特殊な事例の一般化)だ。現代社会の成功者を見ればほとんどが外向的なパーソナリティかもしれないが、その背後には過剰なリスクをとって失敗したひとたちや、犯罪に手を染めて刑務所に放り込まれた膨大なひとたちがいるはずなのだ。

外向性=刺激を求めることは成功につながるかもしれないが、つねによいものとは限らない。外向性指数は、犯罪だけでなく、アルコールやドラッグの依存症とも関係するし、結婚したあとに不倫をするのも外向的なひとが多い。――週刊誌で政治家や芸能人の不倫が頻繁に取り上げられるのは、外向性指数の高いひとたちだけが選択的に集まっている業界だからだろう。

それに対して内向的だと、首相や大臣、ベンチャー企業の経営者、芸能人などにはなれないかもしれないが、近年になって、「じつは内向的なパーソナリティの方が有利ではないか」といわれるようになった。それは専門職の収入が上がったからで、研究者やエンジニア（プログラマー）は明らかに内向型の方が向いているし、医師（外科医を除く）やカウンセラー、弁護士やコンサルタントにしても、クライアントの表情を敏感に察することで高い評価を得られるだろう。[*4]それに対して外向型に向いている仕事は、経営者（ＣＥＯ）などきわめて限られたものを除けばせいぜい営業職くらいだ。

生得的なものか文化的につくられたものかは別として、「外向的／内向的」には人種（ヒト集団）間のちがいがあるようだ。アメリカの大学では、白人（ヨーロッパ系）の学生が積極的に質問して議論に参加する一方で、アジア系の学生の授業態度が消極的でおとなしいことが問題になったこともある。

ところがアメリカの人種別年収分布（２０１８年）を見ると、「内向的」とされるアジア系が８万７０００ドル（約９００万円）で、全米平均はもちろん、白人の６万６０００ドル（約６７０万円）をも30％以上上回っている（ＩＴ企業の従業員が多いインド系が12万３０００ドルと突出しているが、中国系・日系・台湾系など東アジア出身者も８万ドルを超えている）。いちがいにはいえないものの、このことは「現代社会では内向的な方が経済的に成功できる」傾向を示しているのかもしれない。

同性愛を「治療」しようとした精神科医

あらゆる生き物は、進化の過程で、心地よいもの（食料や性的対象）に引き寄せられ、不快なもの（捕食者や病原菌）から遠ざかるように「設計」されたはずだ。「対象に接近したい」という目標志向性を「欲望」という言葉で表わすなら、目標に対して覚醒しやすい「外向型」は欲望のエンジンの出力が大きく、目標に対して覚醒しにくい「内向型」はエンジンの出力が小さい。

C・エレガンスと呼ばれる土中に生息する線虫は体長1ミリほどで、全身合わせてニューロン（神経系）が302本しかないが、それにもかかわらず「快」へと向かう回路をもっている。この「快感回路」は、ヒトの脳では「報酬系」として知られている。生物学的にいうならば、「欲望」は脳内の報酬系と、それを駆動する神経伝達物質ドーパミンから説明できる。[*5]

大脳生理学における最大の「事件」のひとつは1953年、モントリオールのマギル大学で起こった。博士研究員だったピーター・ミルナーとジェイムズ・オールズが、睡眠と覚醒のサイクルを研究するためにラットの中脳網様体に電極を差し込もうとしたところ、誤ってもう少し前方の中隔と呼ばれる部分に固定してしまったのだ。

＊4―スーザン・ケイン『内向型人間の時代　社会を変える静かな人の力』講談社
＊5―以下の記述はデイヴィッド・J・リンデン『快感回路　なぜ気持ちいいのか なぜやめられないのか』（河出文庫）より。

中隔に電極を埋め込まれたラットは、そこへの刺激を得ようとする顕著な行動を示した。それを見たミルナーとオールズが、レバーを押すと脳に直接、電気刺激が届くようにしたところ、ラットは1時間に7000回ものペースでレバーを押しつづけた。

その後に行なわれた一連の実験では、ラットは空腹でも喉が渇いていてもレバーを押しつづけ、レバーにたどりつくまでに不快な電気ショックを受ける場所があっても、そこを何度も踏み越えてレバーを押しに行った。オスは近くに発情期のメスがいても無視し、子どもを産んだばかりのメスは赤ん坊を放置してレバーを押しつづけた。なかには他の活動を顧みず、1時間に2000回のペースで24時間にわたって自己刺激をつづけたラットもいた。電流の通った網の両端にレバーを設置し、それぞれのレバーで交互に刺激が得られるようにすると、ラットたちはひるむことなく電流の通った網の上を行き来し、足が火傷(やけど)で真っ黒になって動けなくなるまでやめようとしなかった。

次に研究者は、人間の脳にも報酬系があるのかを調べようとした。そのためには、ラットと同じ実験を人間でやってみるのがもっとも確実だ。そんなことが許されるはずはないと思うかもしれないが、1970年代まではこうした実験が堂々と行なわれていた。

ロバート・ガルブレイス・ヒースはニューオリンズのチューレーン大学精神医学・神経学部の創設者で、1949年から80年まで学部長を務めた。ヒースは、精神科の入院患者の頭に外科的に埋め込んだ電極を使い、脳を刺激することでうつ病や統合失調症などの精神疾患症状を軽減しようと試みていた。こうした治療にはそれなりの理由があったが、問題なのは、適切なインフォームド・コンセントなしに「人体実験」を行なったことだ。[*6]

1972年、「同性愛の男性に異性愛行動を起こさせる中隔刺激」というヒースの論文が著名な学会誌に発表された。被験者は平均的な知能をもつ24歳の同性愛の白人男性で、重度のうつ病を患い、10代の頃から何度も自殺未遂と精神科への入退院を繰り返していた。

この患者は、プライバシーを守るためにB-19と呼ばれた。B-19の脳には中隔を刺激する電極が埋め込まれ、後頭部から4本のコードが出て床を這い、分厚いカーテンをくぐって研究者のいる隣の部屋まで延びていた。

殺風景な部屋には白い金属フレームのベッドが置かれ、そこに2時間分の料金を支払われた下着姿の売春婦が待っていた（売春婦に協力してもらうことはルイジアナ州検事総長の承認を得ていた）。B-19がベッドに腰を下ろすと、女は身体を寄せてきてブラジャーを外した。裸の女に手を伸ばしたとき、脳内の電極のスイッチが入れられ、熱情の波が下半身に広がった。誰かに肩をつかまれ、「続けなさい」と指図されているような思いに襲われ、B-19は生まれてはじめて、異性と性交することができた。

有名なパブロフのイヌの実験では、ベルの音を聞かせてからエサを与えることを繰り返され

*6―ローン・フランク『闇の脳科学 「完全な人間」をつくる』文藝春秋

たイヌは、ベルの音だけで唾液を出すようになった。これが「条件付け」だが、ヒースは同性愛者を条件付けして「治療」しようとしたのだ。「この環境と邪魔な（脳波を測る）電線の存在にもかかわらず、彼は（女性の膣のなかに）射精することに成功した」とヒースは淡々と記している。

退院後、B-19はある既婚女性と数カ月にわたり性的関係をもったが、その間、お金を稼ぐために進んで男性客をとっていたともされる。残念なことに、それ以降の長期的な追跡調査は行なわれていない。

脳の中隔に近い視床に電極を埋め込む実験はその後、ひどい慢性疼痛に苦しむ女性に対しても行なわれている。

脳内の電極を自己刺激できるようにしたうえで自宅に戻された女性は、電流の強さを最大にしてボタンを押しつづけると最高の性的快感を得られることにすぐに気づいた。その快感は慢性疼痛を無視できるほど強く治療効果はあったのだが、彼女は夫にも子どもたちにもまったく関心を示さなくなり、身だしなみや衛生状態も無視して一日じゅう刺激装置のボタンを押すようになった。彼女は何度か心房細動を起こし、2年にわたって廃人同然の生活を送り、家族によって強制的に病院に連れていかれたときにはボタンを押していた指に慢性の潰瘍ができていたという。

喜びや幸福は色あせていく

発見された当時、ドーパミンは「快感」を生み出す神経伝達物質（快感物質）だとされたが、いまではそれが「期待」物質だとわかっている。期待というのは「なにかを獲得したい」という感情であり、「欲望／衝動」のことだ。

食べ物であれ性愛の相手であれ、なんらかの「快」を感知すると、脳内にドーパミンが溢れて報酬回路を活性化させ、それを手に入れたいという衝動を生み出す。ドーパミンの分泌量が多いと衝動も大きくなり、分泌量が少ないと衝動は抑えられる。これが神経科学的な「外向的／内向的」の説明だ。

このことを現代の脳科学は、「報酬―予測誤差」で説明する。[*7]

脳（高度に発達した神経系）が適切な選択をするためには、「if～then～（こうしたらこうなる）」のシミュレーションが必要になる。脳の報酬系では、このときのifが「予測」、thenが「報酬」にあたる。

予測に対して報酬が大きいのは「よいこと」であり、報酬が小さいのは「どうでもいいこと」だ。だとすれば報酬―予測誤差が大きいほどドーパミンは活性化して、その「よいこと」

＊7―ダニエル・Z・リーバーマン、マイケル・E・ロング『もっと！　愛と創造、支配と進歩をもたらすドーパミンの最新脳科学』インターシフト

をもっと追求しようとするだろう（空腹のときやっと食事にありつけたのがこのケースだ）。それに対して報酬─予測誤差が小さい（あるいは予測と報酬が一致する）のは「どうでもいいこと」なので、ドーパミンは活性化しない（満腹のときにさらに一皿勧められるのがこのケースにあたるだろう）。

脳にとっての報酬は、身体を理想の状態に近づけるモノや出来事だ。ドーパミン（報酬系）が美味しい食べ物や魅力的な異性に反応するのは、それが「よい方向への驚き」だからだ。大きな驚き（予想外の報酬）は一般に重要なことなので、ドーパミンを活性化させて、「意識を集中せよ。この驚きを覚えておけ」と命じる。ドーパミンは報酬に対する反応ではなく、「実際の報酬から予測した報酬を差し引いたものに対する反応」なのだ。

だとすれば、外向的なひとは「予測の設定値」が低く、そのため報酬─予測誤差が大きくなって、大量のドーパミンが分泌されるのではないか。逆に内向的だと、「予測の設定値」が高いので報酬─予測誤差が小さくなり、ドーパミンの分泌量が少なくなる。

それと同じくらい重要なのは、誤差に合わせて予測を修正（学習）していく機能を脳がもっていることだ。

最初の驚きがもっともインパクトが強く、2回目以降は驚きが小さくなるのは、神経系が予測を学習したからだ。暑い夏の喉がカラカラに渇いたときのビールの一口目がものすごく美味しく、二口目はそれほどでもないのは、脳がその美味しさを予測できるようになったからだ

（経済学ではこれを「限界効用の逓減」という）。

ドーパミンは欲望を喚起するが、それと同時に、予測のレベルを絶えず修正することで誤差を小さくし、自らの活動を抑制している。なぜこのような仕組みになっているかというと、すべてのものごとに対して毎回、初体験のように驚いていては、生存や生殖に不利になるからだろう。――ビールがつねに最初の一口目のように美味しければ、ひたすらビールを飲みつづけてほかのことができなくなる。[*8]

こうして、誰もが知っているように、喜びや幸福は徐々に色あせ、そのあとに喪失感や渇望が残される。これも進化の適応で、欲望が満たされて満足してしまっては、（なにもしなくなるので）「利己的な遺伝子」のコピーを後世に残すことができない。わたしたちはドーパミン（報酬系の学習）によって、ひたすら新しい欲望を追い求めるように「設計」されている。

ここから、「進歩主義」が近代が生み出したイデオロギーなどではなく、ヒト（ドーパミン）の本性であることがわかる。旧石器時代から中世まで人類がたいして進歩していないように見えるのは、そのためのリソース（テクノロジーなど）がなかっただけで、人類は数百万年前から、

＊8―本書では詳述できないが、これは「脳はベイズ統計装置」というパラダイムシフトにつながる。「予測する脳」を最初に唱えたのは19世紀のドイツの生理学者ヘルマン・フォン・ヘルムホルツだが、それがいまでは脳科学の最先端になっている。詳しくは乾敏郎『感情とはそもそも何なのか　現代科学で読み解く感情のしくみと障害』（ミネルヴァ書房）を参照。

渇望と喪失感を抱え、欲望に支配されて、「進歩」へと駆り立てられてきたのだ。

愛はなぜ4年で終わるのか？

脳の腹側被蓋野(ふくそくひがいや)にはドーパミンが大量にあり、これが側坐核とつながるのが中脳辺縁回路、すなわち報酬系（ドーパミン欲望回路）だ。特定のモノ／ひとに欲望を感じるかどうかは、あなたが自分で選んで決めているわけではない。欲望とは、あなたが遭遇した出来事に対する脳内神経伝達物質の反応なのだ。

ドーパミン欲望回路は、「生存・生殖に役立つモノの登場を告げる早期警報システム」でもある。報酬系でドーパミンが分泌されると交感神経が活性化し、強い高揚感に包まれる。この感覚は、「夢」「希望」「熱狂」などとも呼ばれる。これがいかに魅力的かは、高揚感を追い求めることに人生の大部分を費やしているひとが（ものすごくたくさん）いることからもわかる。

だが残酷なことに、期待はしばしば裏切られる。なぜなら、欲望回路は満足感を保証しないから。欲望が満たされることと、その状態を幸福と感じることは脳の別のシステムなのだ。

この脳の仕組みから、「焼けつくような恋」が喧嘩別れに終わる理由を説明できる。熱に浮かされたような恋の衝動は報酬系の役割だが、望みのものを手にすればドーパミンの分泌は止まる。恋愛が成就した瞬間は強い高揚感で夢のような心地がするだろうが、それが幸福につながるにはセロトニン、オキシトシン、バソプレシン、エンドルフィンなどの別の脳内神経伝達物質が必要になる。

女性は、性行為でのオーガズムや出産、授乳などでオキシトシンが分泌され、それが恋人や子どもへの愛着を形成する。男性は（オキシトシンに加えて）「メイト（恋人）ガードの化学物質」と呼ばれるバソプレシンが分泌され、恋人を他の男から遠ざけたり、家族を保護しようとする。

だが、結婚して子どもができたからといってドーパミンの活動がなくなるわけではない。なにかのきっかけで報酬系（欲望回路）が刺激され、それをうまく制御できないと不倫に走ることになる。だがこれは現代社会で違法・不道徳とされているだけで、「利己的な遺伝子」からすれば、複数の異性とのあいだで子どもをつくるのはきわめて合理的だ。

人類学者のヘレン・フィッシャーは、感染症から子孫を守ることを考えれば、子どもたちが遺伝的多様性に富んでいる方がずっと有利だ（同じ遺伝子を共有していると、ひとつのウイルスや細菌で全員が死んでしまう怖れがある）として、「愛は4年で終わるように（進化によって）設計されている」と主張した。男も女も、授乳期間が終わって子育てに手がかからなくなったら（狩猟採集社会では授乳期間はずっと長く3歳まで母乳で育てられる）、別の相手と愛し合うようになるというのだ。[*9]

さまざまな研究で、「大量のドーパミンを産生する遺伝子をもつひとほど性的なパートナーの数が多くなり、性交の初体験年齢も低くなる」ことがわかっている。男も女も外向的な方がつき合っていて楽しいし魅力的だが、その代わり浮気されるリスクも高くなるようだ。

依存症という悲劇的な病

愛はいずれ終わり、高揚感は喪失に変わって、いつしかあきらめに至る。そしてまた、明日を夢見るようになる。これが報酬系（ドーパミン）の仕組みだとすると、なぜ「依存症」が存在するのだろうか。

過食症（食べ物への依存）や恋愛依存症、セックス依存症は現代的な「こころの病」で、それが進化の過程でヒトの脳に埋め込まれた可能性は低い。なぜなら、そのような依存は「利己的な遺伝子」にとってなにひとついいことがないから。――食べ物のことで頭がいっぱいになっていては生殖にエネルギーを割くことができず、恋愛やセックスにばかり夢中だと子育てができないから、自分の遺伝子を後世に残すことができない。

それに対して薬物やギャンブルは、ヒトが進化の過程で出会ったものではないため、予測と報酬の複雑な回路を迂回して、自然でないかたちで報酬系を刺激しドーパミンを分泌させる。その結果、きわめて強い衝動が生じるが、欲望が満たされても満足感を得ることができず、「もっとほしい」という不快な渇望感だけが残る。

渇望感は依存症者が薬物を使いつづけているかぎり消えることはないが、脳は徐々に高揚する能力を失っていく。報酬系の反応は次第に弱くなり、しまいには薬物を塩水に置き換えても変わらない程度にまで低下するが、それでも薬物をやめられないのは、ドーパミンが機能を停止すると強い不快感（憤りや不満）が生じるからだ。こうして、不快感から逃れるためだけに薬物を渇望するようになる。依存症者はアルコールや薬物などが「好き」なわけではなく、脳の報酬系を刺激する行動を止められないのだ。

依存症が悲劇的なのは、症状が進むにつれて薬物耐性や禁断症状が強まる一方で、得られる多幸感が徐々に弱まっていくことだ。これは薬による快感だけでなく、セックス、食事、運動などから得られる快感も低下させるらしい。依存症の恐ろしさは、あらゆる幸福感を得られなくしてしまうことにある。

それればかりでなく、ある程度の期間薬物をやめていた依存症者は、ごく少量を摂取しただけで最初に感じたよりも激しい快感を覚える。これが「感作（かんさ）」と呼ばれる現象で、依存症からの社会復帰をより困難にしている。

最近の研究で、習慣的に薬物を使用すると脳が長期的な変化を起こす可能性が明らかになった。[*10]

海馬は記憶に関係する脳の部位で、1968年に、刺激を繰り返すことでシナプスの連結強

＊9―ヘレン・E・フィッシャー『愛はなぜ終わるのか　結婚・不倫・離婚の自然史』草思社
＊10―リンデン、前掲書。

度が持続的に高まることが発見され、記憶の謎を解く糸口が開かれた。「長期増強（ＬＴＰ）」では学習によってシナプスの連結が強まるが、「長期抑圧（ＬＴＤ）」はこの逆で、学習によってシナプスの連結が弱まっていく。

当初、長期増強や長期抑圧は脳の記憶中枢である海馬だけで起きていると考えられたが、その後、ほぼすべてのシナプスに現われる性質だということがわかってきた。ヒトで大きく発達した前頭葉はもちろん、脊髄反射や呼吸、体温調整、睡眠・覚醒のサイクルを司る（かつては「爬虫類の脳」と呼ばれた進化的に古い）部位でも長期増強や長期抑圧が働いており、経験によって変化し得るのだ。

コカイン依存症になったラットでは側坐核の樹状突起が過剰に成長し、中型有棘ニューロンが文字通り棘だらけになって、興奮しやすくなっている。依存症者の報酬系はニューロンの棘の増加と長期増強という二重の永続的変化を受けていて、断薬後のわずかな刺激で劇的な反応が起こる。これが薬物感作の神経学的基盤だと考えられている。

薬物以外にも、インターネットポルノやオンラインゲームなどが、報酬系を刺激するよう巧妙につくられている。ユーザーの反応はビッグデータとして集められ、ＡＩによって解析され、より効果的に「依存」させるよう改善されていく（ロールプレイングゲームで、宝箱に宝石が入っている理想的な割合は25％だ）。こうした技術革新の結果、アメリカ人はゲームに年間２００億ドル以上を費やし、カジノのフロアの80％という途方もないスペースがスロットマシンに割かれるようになった。最先端の「依存テクノロジー」を使ったスロットマシンが、いまではカジノの収入の大部分を生むようになったのだ。[*11]

繊細さんとスーパーテイスター

内気（シャイ）というのは、次に述べる「神経症傾向」にかかわるパーソナリティで、内向的なひとが内気だとは限らない。内向的なひとは強い刺激が苦手で、パーティのような社交の場は好まないかもしれないが、だからといって人間嫌いだったり、他人に興味がなかったりするわけではなく、適度な刺激を与えてくれる相手とはむしろ積極的につき合いたいと思うだろう。重要なのは対象の好き嫌いではなく、あくまでも刺激の強度なのだ。

刺激に対して感度が極端に高いひとをＨＳＰ（Highly Sensitive Person）といい、カウンセラーの武田友紀さんはこれに「繊細さん」という卓抜な日本語をあてた。武田さんによると、ひとによって「繊細」の対象は異なり、視覚（スーパーに入るとモノやラベルがいちどに目に飛び込んできて目が回る）、聴覚（ベッドに入ってもお風呂の換気扇の音が気になる）、嗅覚（満員電車の臭いがダメ）、触覚（苦手なひととすれ違うと電流が走ったように身体がピリッとする）、味覚（添加物の多い食べ物は舌がピリピリする）などの「個性」があるという。[*12] 五感は（相対的に）独立していて、

＊11―ナターシャ・ダウ・シュール『デザインされたギャンブル依存症』青土社

内向的だからといってすべての感覚が一様に敏感になるわけではないようだ。

甲状腺疾患の治療で、プロピルチオウラシル（ＰＲＯＰ）と呼ばれる化合物に浸した小さな紙片を被験者の舌の上に置くことがある。ＰＲＯＰに対する反応には個人差があり、苦みや味覚刺激全般についての敏感さを示す遺伝学上優れた指標とされている。[＊13]

少量のＰＲＯＰが舌に触れただけで苦痛なほど苦く感じるのは「スーパーテイスター」で、なにも感じないのが「ノンテイスター」だ。その中間で、苦みを感じるもののなんとか我慢できるのは「テイスター」と呼ばれる。

味覚にはヒト集団によるちがいがあり、白人では約60％がテイスター、40％がノンテイスターかスーパーテイスターだが、アフリカ系やアジア系はテイスターやノンテイスターよりスーパーテイスターがずっと多い。野菜が苦くて食べられないのは「スーパーテイスター」である可能性が高い。

遺伝学的には、２つの顕性遺伝子（ＰＡＶ／ＰＡＶ）が第五染色体上にあると、スーパーテイスターになることがある。そのアレル（対立遺伝子）である潜性遺伝子が２つそろう（ＡＶＩ／ＡＶＩ）とノンテイスターになる。テイスターはＰＡＶとＡＶＩの組み合わせだ。

スーパーテイスターは体質的に味蕾(みらい)を多くもち、それ以外にも味覚を識別する能力に恵まれている。和食が「繊細」なのは、日本人がヒト集団としてスーパーテイスターが多いことから説明できるかもしれない。

スーパーテイスターは味覚に優れているだけでなく、テイスターやノンテイスターよりも嫌悪刺激に敏感だ。これは日本人がきれい好きなことと関係するかもしれないが、「隣人から物を盗む」といった道徳的な嫌悪とは関連性がない。苦みの敏感度は、道徳的な嫌悪感ではなく身体的な嫌悪感と強く関連しているようだ。

これは一例だが、五感の敏感性は今後、遺伝学的・生物学的に解明されていくことになるだろう。

仙人やフィクサーは内向的？

過度の敏感性は日常生活を困難にするかもしれないが、逆に職業上のアドバンテージになることもある。聴覚が敏感なひと（絶対音感）は音楽家や音響技師として、味覚が敏感なひと（絶対味覚）はシェフや料理評論家として活躍している。

政治家や大企業の経営者は外向的なひとに多いが、内向的なひとが権力とは無縁というわけでもない。内向的だとあまり欲望に影響されないため、周囲から「超然としている」と思われ、そのことによって集団のなかで大きなちからをもつこともある。こういう「世捨て人タイプ」

＊12―武田友紀『「気がつきすぎて疲れる」が驚くほどなくなる「繊細さん」の本』飛鳥新社
＊13―レイチェル・ハーツ『あなたはなぜ「嫌悪感」をいだくのか』原書房

は古来、仙人や聖人として崇められた。表舞台には出ないものの大きな権力をもつフィクサーも、内向性パーソナリティの持ち主かもしれない。

マウスを遺伝子操作してドーパミン活動の有効レベルを高めると、異常に興奮し、空っぽのケージのなかを狂ったように走り回る。一方、ドーパミンをつくる能力を欠くマウスは、人工のドーパミン前駆物質を注射されないかぎり、空腹でも食べ物や飲みものに近づこうともしない。

現代社会では外向的なパーソナリティの方が有利に思えるが、極端に外向的だと依存症になる。ドーパミン濃度の低い内向的なパーソナリティは依存症になりにくいが、極端に内向的だと無快感症（アンヘドニア）と診断される。これは、「通常は快である事項に快を感じない状態」のことだ。

そう考えると、平均よりすこし外向的だったり、すこし内向的だったりするくらいがちょうどいいのかもしれない。

spirituals

the mystery of me

PART 4

楽観的／悲観的

「外向的／内向的」とならんで、もっともよく知られているパーソナリティのちがいが「楽観的／悲観的」だ。これはビッグファイブでは「神経症傾向」とされ、「精神的安定性」と呼ばれることもある。「君は楽観的／悲観的だね」は、誰もが口にしたことや、いわれたことがあるだろう。

「外向的／内向的」が報酬系の個体差なら、「楽観的／悲観的」は損失系の個体差で、これも進化の過程で最初に生まれたパーソナリティだろう。それは「ネガティブな刺激に対する覚醒度のばらつき」であり、「自己」をもつヒトの場合、「シミュレーションがネガティブに向かう傾向のばらつき」でもある。

といっても、これではなにをいっているのかわからないだろうから、順に説明していこう。最初に登場するのは幻覚剤（ＬＳＤ）で、これによって「脳はシミュレーション・マシン」だとわかるはずだ。

幻覚剤によってうつ病が治る

欧米では「幻覚剤ルネサンス」とでもいうべき、サイケデリックス（幻覚剤）の再評価が進んでいる。イギリスの「幻覚剤協会」なる団体が主催する「幻覚剤週末体験会」では、参加者は幻覚作用のあるサイロシビンを含むマジックトリュフ（マッシュルームではなく、地面のなかでつくられる菌糸のかたまり）25グラムを与えられ、精神を変容させる旅（トリップ）に出る。[*1]

これだけならたんなるサイケデリック・パーティだが、興味深いのは参加の動機だ。ジェイクという30代半ばのアーティストは不安神経症とうつに苦しみ、向精神薬の依存症になったが、「幻覚剤が僕の命を救ってくれた」という。幻覚剤はイギリスでは違法だが、オランダはトリュフを乾燥させたものなら合法だ。そこで、訓練されたインストラクターが「幻覚体験」を誘導するイベントが開催され、そこにヨーロッパじゅうから「治療」を求めるひとたちがやってくるのだという。

LSDやサイロシビンなどの幻覚剤はいま、終末期の患者の不安をやわらげたり、うつ病や依存症の治療薬として「真っ当な」医療関係者からも大きな注目を集めている。

アメリカにおける幻覚剤ルネサンスは2011年、がん患者の不安をサイロシビンで抑制するカリフォルニア大学ロサンゼルス校のパイロット実験で始まり、それがニューヨーク大学（NYU）とジョンズ・ホプキンズ大学のより規模の大きな臨床試験につながった。[*2]

＊1―ジェイミー・バートレット『ラディカルズ　世界を塗り替える〈過激な人たち〉』双葉社

２０１６年、両大学が『ジャーナル・オブ・サイコファーマコロジー』誌の特別号に共同で論文を発表すると、『ニューヨークタイムズ』がそれを1面で報じた。なぜこれほど注目されたかというと、その結果が驚くべきものだったからだ。

ＮＹＵとホプキンズ大どちらの試験でも、約80％のがん患者について、不安障害やうつ病の一般基準で臨床的に有意な減少を示し、しかもその効果はサイロシビン・セッションのあと少なくとも6カ月は継続した。どちらの試験でも、神秘体験の強さと症状がやわらぐ度合とのあいだには密接な相関関係があった。「これほど劇的かつ継続的な結果が出た精神医学的治療は、これまであったとしてもごくわずかだった」とされ、アメリカ精神医学会の２人の元会長を含む精神医学界主流派の権威らが発見を祝うコメントを寄せた。

ただし試験数は両大学合わせても80例とごくわずかで、アメリカ政府がサイロシビンを指定薬物から外し、治療を認可するにはより大規模な臨床試験を繰り返す必要があった。そこで２０１７年はじめ、ＮＹＵの研究者が食品医薬品局（ＦＤＡ）に第三相試験の許可を求める書類を提出すると予想外のことが起きた。臨床試験のデータに驚愕したＦＤＡの担当者が、研究の対象をうつ病に拡大してみないかと提案したのだ。

じつは期せずして、同じことがヨーロッパでも起きていた。２０１６年、終末期の患者の不安や抑うつ症状の治療にサイロシビンを使う許可を研究者たちが欧州医薬品庁（ＥＭＡ）に求めると、「もっと大規模に複数地点で試験してみてはどうか」と逆に促されたのだ。

このときＥＭＡが参照したのは、イギリスのインペリアル・カレッジ・ロンドンの研究室が行なった小規模な研究で、２０１６年に『ランセット・サイキアトリー』誌に掲載された。この試験では、「治療抵抗性うつ病（すくなくとも2種類の治療を試したが効果がなかった）」の男女6人ずつにサイロシビンが投与された。

その結果は、「（投与から）一週間後、被験者全員に症状の改善が見られ、三分の二は抑うつ症状がなくなり、こんなことは数年ぶりだと話す者もいた。一二人のうち七人は、三ヵ月後もかなりの改善が持続していた。（中略）調査は規模もそう大きくないし、ランダム化比較試験でもなかったが、対象の被験者たちにサイロシビンは有害な副作用もなく許容され、大部分に明確かつ迅速な効果をあげた」とされる。

この研究では、新薬の効果を調べるときに必須とされるランダム化や二重盲検が行なわれていないが、これは幻覚剤の特性による制約で、服用したとたん、どちらが幻覚剤でどちらがプラセボ（偽薬）か、患者本人にも治験者にもわかってしまうのだ。

「分断」や「遮断」からの解放

アメリカとヨーロッパでほぼ同時に幻覚剤によるうつ病治療の可能性が注目されたのには理

＊2―以下の記述はマイケル・ポーラン『幻覚剤は役に立つのか』（亜紀書房）より。

由がある。欧米ではうつが深刻な社会問題になっているのだ。

アメリカでは10人に1人がうつ病に苦しみ、毎年4万3000人ちかい自殺者がいる（乳がんや交通事故の死亡者より多い）が、そのうちわずか半数しか治療を受けていない。世界保健機関（WHO）によれば、ヨーロッパの約4000万人がうつ病を患い、そのうち80万人以上が治療抵抗性うつ病に苦しんでいる。

それにもかかわらず、うつ病の治療薬はいまや手詰まりの状態になっている。1980年代に「奇跡の薬」と騒がれたSSRI（選択的セロトニン再取り込み阻害薬）は効果が薄れはじめ、それに代わる新薬も見つかっていない。SSRIの当初の良好な治療成績は、多くの医薬品同様、目新しさによるプラセボ効果のためだと考えられており、日常的に処方されるようになったことで、今日、その効果は偽薬をわずかに上回る程度にまで低下した。その結果、うつ病に苦しむひとの多くは、医療費の高さや、飲んでも効かない薬（吐き気やめまいのほか勃起障害などの性機能異常が現われる場合もある）に失望し、あきらめてしまっているのだ。

そんなとき、突如として、抑うつや不安を抑える画期的な薬物が「再発見」されたのだ。「レクリエーショナルドラッグ」の使用に慎重な専門家も、その効果を無視することはできなかった。

LSDやサイロシビンを使った「サイケデリック療法」を体験した被験者に定性面接を行なうと、抑うつを「分断」と「遮断」の状態だと感じていたことがわかった。

分断の対象は他者、以前の自分、自分の感覚や気持ち、核となる信念や価値観、自然界などさまざまだが、被験者はこの感覚を「心の監獄で暮らしている」とか、「同じことをいつまでも反芻して堂々巡りのなかに閉じ込められている」、あるいは「精神的な交通渋滞」などと表現した。

遮断というのは、ある種の手の届きにくい感情と切り離されてしまうことだ。「うつ病患者は絶え間なく過去を反芻するため、しだいに感情のレパートリーが限定されていってしまう」のだという。

被験者の多くは、サイケデリック体験によって、たとえ一時的であっても、こうした「分断」と「遮断」から解放された。彼ら／彼女たちは次のように語っている。

「脳内の監獄から休暇をもらったみたいな感じでした。私は自由になり、何も心配がなくなり、エネルギーで満たされた」

「真っ暗な家で急に照明のスイッチが入ったみたいでした」

「はまり込んでいた思考パターンから解放され、コンクリート製のコートを脱いだ感じ」

自然や他者とつながれるようになったと語る被験者もいる。

「目にかかっていたベールが取り払われて、急に周囲がくっきり見えるようになったんです。輝いて見えました。植物を見て、きれいだと感じたんです。今もランを見ると美しいと感じられます。これは長く続いている変化のひとつです」
「通りを歩く人を見て、よく考えました。『人間って本当に面白い。みんなとつながっている感じがする』」

過去と未来から自己が生まれた

サイケデリック治療は、なぜうつを寛解させるのか。ここではそれを、「うつとは自己が強すぎる病である」と考えてみよう。

脳が報酬―予測誤差によって生存・生殖に有利な目標（食べ物や異性）を発見すると、報酬系からドーパミンが分泌され、「どうすれば手に入るだろうか」というシミュレーションが始まる。これは、プログラミングでいう「if～then～」の条件式だ。

単純なシミュレーションなら、チンパンジーのような一定以上の知能をもつ哺乳類でもできるだろうが、ヒトの脳には際立った特徴がある。記憶（自伝的記憶）に基づいて、「過去」と「未来」を構築するのだ。

「if～then～」の条件式を過去の自伝的記憶にあてはめれば、「あのときこうしていたら、こんなことにはならなかっただろう」というシミュレーションになる。一般にこれは「反省」や

「後悔」と呼ばれる。

これを未来に延長すると、「いまこれをしたらこんなことが起きるだろう」というシミュレーションになる。これが「予測」で、ポジティブな予測が「期待」、ネガティブな予測は「不安」と呼ばれる。

いまのところ、過去を反省し未来を予測するのはヒトだけだとされている。現代人は忍耐力が足りないといわれるが、マカクザル（ニホンザルはその一種）はもちろんチンパンジーですら訓練で自制心を教えるのは困難だ。同様に、チンパンジーが過去の行動を反省する証拠は見つかっていない。

脳のシミュレーション機能がヒトで極端に発達したのは、それが進化の適応だったからだ。過去の失敗を覚えておけば、似たような状況で同じ失敗を繰り返すことはなくなる。過去の成功体験を未来にあてはめれば、似たような状況でうまくやることができるだろう。

木に登って果実をとるとか、捕食動物が隠れていそうな場所を避けるくらいのことなら、経験から学習できる動物はたくさんいる。だがヒトが生きているのは、それよりずっと複雑な環境だ。なんといっても、自分と同じくらい高い知能をもつライバルがまわりにたくさんいて、なにかあったら足を引っ張ろうと機会を窺っているのだから。

「マキャベリ（『君主論』で知られる15世紀イタリアの政治思想家）のような権謀術数を駆使するためにヒトは高い知能を進化させた」とするのが「マキャベリ的知能（社会脳）仮説」だ。それによれば、遺伝と文化の相互作用でランナウェイ的な共進化（進化の暴走）が起こり、とてつもなく高度なシミュレーション能力を発達させなければ、ヒトは「社会」という危険な環境で生き延びることができなかったとする。[*3]

過去を「反省」し、未来を「予測」するためには、時間の経過にかかわらず同一の「主体」が必要になる。現在の自分が、過去や未来の自分となんの関係もないのなら、そもそもなぜそんなことを気にしなくてはならないのか。

脳というシミュレーション・マシンが高度化することによって、「自己」が必然的に要請された。このようにしてわたしたちは、過去から未来へと向かう「物語」を生きることになったのだろう。

幻覚神経科学に挑戦した若い研究者

30代の神経科学者ロビン・カーハート＝ハリスは、インペリアル・カレッジ・ロンドン（ハマースミス・キャンパス）の精神医学センターで2009年から、サイケデリック体験の「神経相関」、つまり脳における対応部位を明らかにする研究を続けていた。[*4]

カーハート＝ハリスは大学院で精神分析学を学んだが、フロイトやユングの理論に科学的厳密性が乏しいことが不満だった。無意識を探る方法が夢と自由連想法しかないとしたら、袋小路にしか思えなかったのだ。

そんな疑問をゼミの教授に伝えると、トランスパーソナル心理学の創始者の一人であるスタニスラフ・グロフが1975年に書いた『人間の無意識領域　LSD研究からの観察』なる本を薦められた。図書館でこの古い本を読んだカーハート＝ハリスは衝撃を受けた。そこには、幻覚剤を使って無意識に至る方法が示されていた。夢や自由連想法が路地裏の細い道だとすれば、幻覚剤は高速道路のように思えた。

カーハート＝ハリスは「幻覚神経科学」を支援してくれそうな協力者を探し、アマンダ・フィールディングという女性と出会う。フィールディングはハプスブルク家とチャールズ二世の非嫡出子の血を引くイギリス貴族で、変性意識状態に強い関心をもち、脳内の血流を改善するために頭蓋骨に穴を開ける穿孔術（せんこう）を行ない（施術してくれる専門医がいなかったため、彼女は電動ドリルで自らの額の真ん中に小さな穴を開け、その一部始終をドキュメンタリーフィルムに収めた）、薬物法改正を訴えるロビー活動のためにベックリー財団を設立していた。

フィールディングは野心あふれた若い科学者と昼食をともにすると、LSDとフロイトを結びつける研究を有望だとすぐに見抜き、デイヴィッド・ナットを紹介した。ナットは薬物依存の専門家で、薬物濫用に関する政府の諮問委員会の委員長を務めていたが、「大麻よりアルコ

＊3―リチャード・バーン『考えるサル　知能の進化論』大月書店
＊4―ポーラン、前掲書。

ールの方が危険だし、エクスタシーの使用は乗馬より安全だ」と述べて罷免された（ちなみにこれは薬物の専門家ならみな知っていることだ）。

カーハート＝ハリスは2人の支援を受け、被験者にＬＳＤやサイロシビンを注射し、ｆＭＲＩ（機能的核磁気共鳴断層画像）やＭＥＧ（脳磁図）などで脳内の変化を観察することで、幻覚が起きているときの脳の変化を観察する研究を始めた。彼は当初、夢を見ているときのように幻覚剤が脳の活動を刺激し、とくに前頭葉を活発化させると予想していた。

最初のデータを見てカーハート＝ハリスは驚いた。被験者の脳の血流は、予想とは逆に少なくなっていたのだ。

この奇妙な結果は、酸素消費量の変化で脳活動が活発化した場所をピンポイントで特定する二度目の検査でも再現された。こうして、幻覚剤が脳内の特定のネットワーク機能を低下させることがはじめて示された。それがデフォルトモード・ネットワーク（ＤＭＮ）だ。

「自己」がなくなっても「意識」は残る

ＤＭＮは２００１年にワシントン大学の神経学者マーカス・レイクルによって偶然に発見された。典型的なｆＭＲＩ検査は、装置のなかに横たわった被験者の「安静時」の神経活動を標準データとして記録するが、なにかに注意を向ける必要がなく、精神的タスクがなにもない、つまり脳の「デフォルトモード」のときに活発化する部位があることにレイクルは気づいた。

これは「私たちの心がふらふらとさまよう——白日夢を見る、思いを巡らす、過去を振り返る、反省する、不安を抱く——場所」だ。

デフォルトモード・ネットワークに対応するのが、外界から注意喚起されるたびに活性化するアテンショナル（注意）・ネットワークだ。この2つのネットワークはシーソーのような関係にあり、一方が活性化しているときは他方は沈黙する。

外界からの刺激に対応する知覚から離れて機能するDMNは、大脳のなかの進化的に新しい部位である大脳皮質から生じ、内省など高次の「メタ認知」プロセスでもっとも活発化する。このDMNは、子どもの発達段階でも後期になるまで完成しない。

このことは、脳のシステムがヒエラルキーになっていることを示している。進化の遅い段階で発達した大脳皮質にある「上位」の領域は、感情や記憶に関係する大脳辺縁系の「下位」の領域に対して抑制的に働くのだ。

より重要なことは、DMNが自己の構築に関係しているらしいことだ。そのため一部の神経学者はこれを「ミー・ネットワーク」と呼ぶ。「自伝的記憶」は自己を過去・現在・未来と結びつける一貫した物語だが、それはDMNのなかにあるノード（中継点群）のつながりで構築されるのだという。

カーハート＝ハリスの実験でもっとも衝撃的だったのは、DMNの活動が急低下したときと、被験者が「自我の溶解」を経験したと訴えた時点が一致していたことだ。DMNでの血流量と酸素消費量が急落すればするほど、被験者が自我の消失感を訴える傾向が高かった。

「ＤＭＮの活動を示すデータが急落するときに自我が一時的に消え、ふだん私たちが認識している自己と世界、主観と客観といった区別が消えてしまう」らしいのだ。

だがこれは、自己が「if～then～」のシミュレーションだと考えれば、不思議でもなんでもない。

抑うつというのは、過去のシミュレーションがネガティブな方向に極端に偏ることだ。そうなるとＤＭＮは、「あのときこうしていれば、こんなことにはならなかったのに」という後悔ばかりをえんえんと反芻するようになる。

不安障害というのは、未来のシミュレーションがネガティブな方向に極端に偏ることだ。ＤＭＮは、「いまのままだと、将来、悲惨なことが起きるにちがいない」という不吉なことばかり考え、その無限ループから逃れられなくなる。

抑うつや不安は脳というシミュレーション・マシンの傾向がネガティブに偏ることで、それによって「自己という檻」に閉じ込められてしまう。幻覚剤が過剰なシミュレーションを抑制するのなら、自己は後景に退き、抑うつや不安は消えるだろう。

サイケデリック体験では、自己が消えても意識は残る。だとしたら、「自己」は「なくてはならない」ものではない。カーハート＝ハリスはこれが、神秘体験で「啓示」が得られる理由だという。ある種の洞察を自分が考えたことだと判断するには、そもそも主観がなければならない。だが幻覚剤による神秘体験ではその主観が消失するのだから、洞察はどこか別の「超越的」な場所からやってくる以外にあり得ないのだ。

ＬＳＤやサイロシビンのような幻覚剤は、うつ病だけでなく、余命宣告されたがん患者などにも大きな効果があることがわかっている。これは、終末期の患者を苦しめるのが「(死という)未来への不安」だからだ。サイケデリックによって「自己の檻」から解放された患者は、自分が「宇宙」や「自然」と一体化するイメージを体験し、死への不安がやわらぐのだという。

幻覚剤は依存症の治療薬としても期待されている。これは依存症が、アルコールやドラッグなどの依存の対象に「自己」がとらわれることだからだ。サイケデリックで自己が後退すると、依存をより客観的に見ることができるようになる。――この体験は、宇宙飛行士が宇宙船から地球を眺める「概観効果(オーバービュー・エフェクト)」になぞらえられる。

ニコチン(タバコ)依存はもっともやめるのが難しいが(ヘロインより困難とされる)、サイケデリック治療のあと6カ月経過しても禁煙を続けていた被験者は80%にのぼり、1年後には67%に落ちるものの、それでもニコチンパッチなど、現在もっとも有効とされる治療より成功率が高い。ここでも末期がんの患者と同様、完全な神秘体験をした被験者ほどよい結果が出たという。

脳は楽観主義者

わたしたちはつねに、過去や未来についてシミュレーションしている。DMNのこの活動が日常の大半を占めていると考える神経科学者もいる。

精神的に安定しているひとは、このシミュレーションが「楽観」の方向に傾いている。それに対して神経症的なひとは、「悲観」の方向に傾いている。これが、「楽観的／悲観的」のパーソナリティが生じる理由だ。

心理学の研究では、脳は基本的に「楽観主義」であることが繰り返し示されている。[*5] 恋愛や仕事での成功の見込みであれ、わが子の才能であれ、あるいは車の運転技術でも、「平均と比べてどうですか？」と質問すると、大多数のひとが「自分は平均以上だ」と答えるのだ。これは論理的に矛盾しているので（当然のことながら「平均以上」のひとは5割しかいない）、「レイク・ウォビゴン効果（平均以上効果）」と呼ばれている。――アメリカの小説に出てくるレイク・ウォビゴンという町では、すべての住民があらゆることで自分は平均以上だと信じていた。

「自分は平均以上だ」というのは、「なにもかもうまくいくだろう」という楽天的な気分につながる。この「楽観主義バイアス」は人種や民族を問わずすべての社会・文化で顕著に見られるヒトの特徴（ヒューマン・ユニヴァーサルズ）で、知的能力とも無関係だ。アメリカの大学教授のほとんどは自分が同僚の平均より賢く、授業がうまいと信じているらしい。

ひとはなぜ楽観主義者なのか。それは「楽観的な方がうまくいく」からだ。

さまざまな調査で、「楽観的なひとは健康で長生きし、悲観的なひとは病気がちで短命だ」ということが確認されている。もちろんこれは因果関係が逆で、健康なひとが楽観的に、病気がちなひとが悲観的になるのかもしれない。

とはいえ、悲観的なひとは事故や暴力（自動車事故、水難、労働災害、殺人）で早死にする可能性が高いというデータもあり、これは逆の因果関係では説明しづらい。なぜこんなことになるかというと、悲観主義者は失うものがたいしてないと思っていて、それがリスクを冒す行動を助長するようなのだ。

楽観性の効果は「予言の自己成就」で説明される。「虚構の状況設定によって新しい行動が呼び起こされ、その行動が当初の虚構の考えを現実のものとする」と説明されるが、ようするに「ひとは自分の見通しに合うような行動をする」ことだ。

健康で長生きするという楽観的な見通しをもつひとは、運動や節制を心掛け、煙草を吸わず、健康的な生活をしようと思うだろう。こうした効果で、「健康で長生きする」という予言は自己成就する。

とはいえ、楽観的な見通しがつねに好ましい結果をもたらすわけではない。

ニューヨーク大学の心理学者ガブリエル・エッティンゲンは、欲しいものを夢に思い描くだ

＊5―ターリ・シャーロット『脳は楽観的に考える』柏書房

けで実現の可能性が高まるかどうかを確かめるために、成績でAをもらうことをイメージした学生（実験群）と、試験とは無関係なことを思い浮かべた学生（対照群）を比較してみた。すると、よい成績を「強く願った」学生は、常識とは逆に、なにも願わなかった対照群の学生よりも成績が悪かった。[*6]

エッティンゲンは、それ以外にも「予言が自己成就しない」実例をたくさん見つけている。理想の就活に成功することを夢見ていると出願書類の数が減り、その結果、自然と内定をもらえる数も少なくなる。ダイエット後のほっそりした姿を「強く願った」女性たちは、ネガティブなイメージを思い浮かべた女性たちに比べて体重の減り方が10キロ（！）も少なかった。

なぜこんなことになるかというと、ヒトの脳はフィクションと現実を見分けることが不得意で、夢の実現を強く願うと、脳はすでに望みのものを手に入れたと勘違いして、努力するかわりにリラックスしてしまうからのようだ。

楽観的なエゴイスト、悲観的な利他主義者

後悔や不安は、生存や生殖にとって不利な出来事を避けるための進化のプログラムだ。いったんネガティブな感情を記憶すると、それを繰り返そうとはしなくなるから、この仕組みは大きなメリットになったはずだ。神経症傾向をもたない生き物は危険を避ける学習ができず、生き延びて子孫をつくるのは困難だろう。

「楽観的／悲観的」は説明スタイルのちがいでもある。

「楽観的な説明スタイル」は、自分以外のひとが不都合な状況を引き起こしていると思い、自分の状況は変わるだろうと考え、私生活の失敗をほかの領域に広げて一般化しない。一方「悲観的な説明スタイル」は否定的な出来事について自分を責め、この状況が永久に続くと思い、ひとつの失敗からほかの人生の領域まで推断してしまう。

ここからわかるように、楽観的なひとは他人に責任を転嫁する「エゴイスト（自分中心）」で、悲観的なひとは自分で責任を引き受けようとする「利他主義者」だ。人類がその大半を過ごしてきた旧石器時代の親密な共同体では、ジコチューは真っ先に排除されただろうから、適度な悲観は社会のなかでうまくやっていくスキルだったのだろう。

とはいえ、自分の責任でやっかいな問題を解決しようとしても、いつもうまくいくとは限らない。こうして悲観的なひとは、ポジティブ心理学でいう「学習性無力感」の罠にはまってしまう。――電気ショックから逃れられないように拘束されたイヌは、「なにをしてもムダだ」という無力感を学習し、拘束を解かれても電撃を避けようとしなくなる。[*7]

＊6―エリック・バーカー『残酷すぎる成功法則 9割まちがえる「その常識」を科学する』飛鳥新社
＊7―C・ピーターソン、S・F・マイヤー、M・E・P・セリグマン『学習性無力感 パーソナル・コントロールの時代をひらく理論』二瓶社

図4 ●楽観的／悲観的の分布

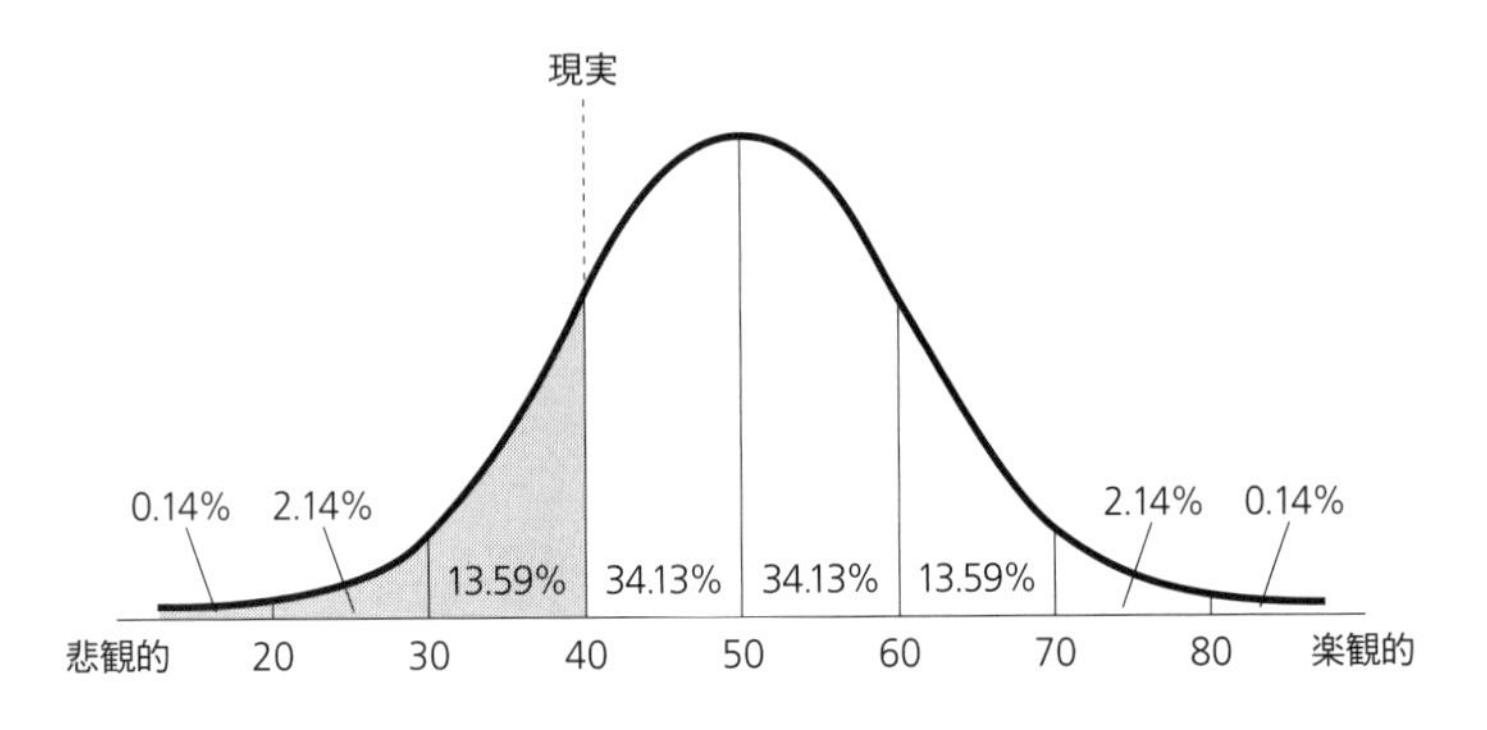

楽観主義バイアスが「現実を自分に都合よく解釈する」ことだとすると、神経症傾向の高いひとにはこのバイアスがないのだから、「現実を正しく解釈している」ことになるはずだ。

これはじつはそのとおりで、さまざまな課題において、うつ病患者は健康な被験者に比べて状況を正しく理解できるらしい。そのためこれは、「抑うつリアリズム」と呼ばれる。うつ病は現実をネガティブに評価する病気だとされているが、じつは「ふつう」のひとが「楽観のメガネ」で現実を歪めて見ているのだ。

「楽観的／悲観的」のパーソナリティが正規分布するとして、平均から1標準偏差、悲観的なところに「現実」のラインを引いてみよう（**図4**）。そこから右側が「楽観的」で、左側が「悲観的」だ。

この設定だと、偏差値40以上の約85％のひとが現実を「楽観のメガネ」をかけて見ていて、約15％の悲観的なひとはメガネなしで現実を正しく把握している。右に行くほど「メガネ」の度数が合わなくなって現実が歪んでくる（ジコチューの度合が上がって誰からも相手にされなくなる）が、悲観の度合が強いとやはり社会生活をうまくやっていくことができないだろう。

脳に強い「楽観主義バイアス」があることで、悲観主義者はつねに少数派になる。この非対称性が神経症傾向の高いひとにとって、「自分以外の誰もが楽観的でうまくやっている（ように見える）」という孤独や絶望感につながるのではないだろうか。

とはいえ、悲観主義になにひとついいことがないわけではない。「抑うつリアリズム」は、知的専門職としての成功を予測する要因になる（ただし大きな効果ではない）。悲観的なひとは、楽観主義バイアスから自由なことで、課題に対してより正確な答えを導き出せるのだ。[*8]

外向的でも悲観的なひとたち

「外向的なひとは楽観的だ」「内向的なひとは悲観的だ」と思われている。このステレオタイプはきわめて強固で、性格を語る際の当然の前提とされることが多い。

だが、パーソナリティ心理学では「ビッグファイブの性格特性は（相対的に）独立している」

＊8――ネトル、前掲書。

図5●「外向的／内向的」と「楽観的／悲観的」

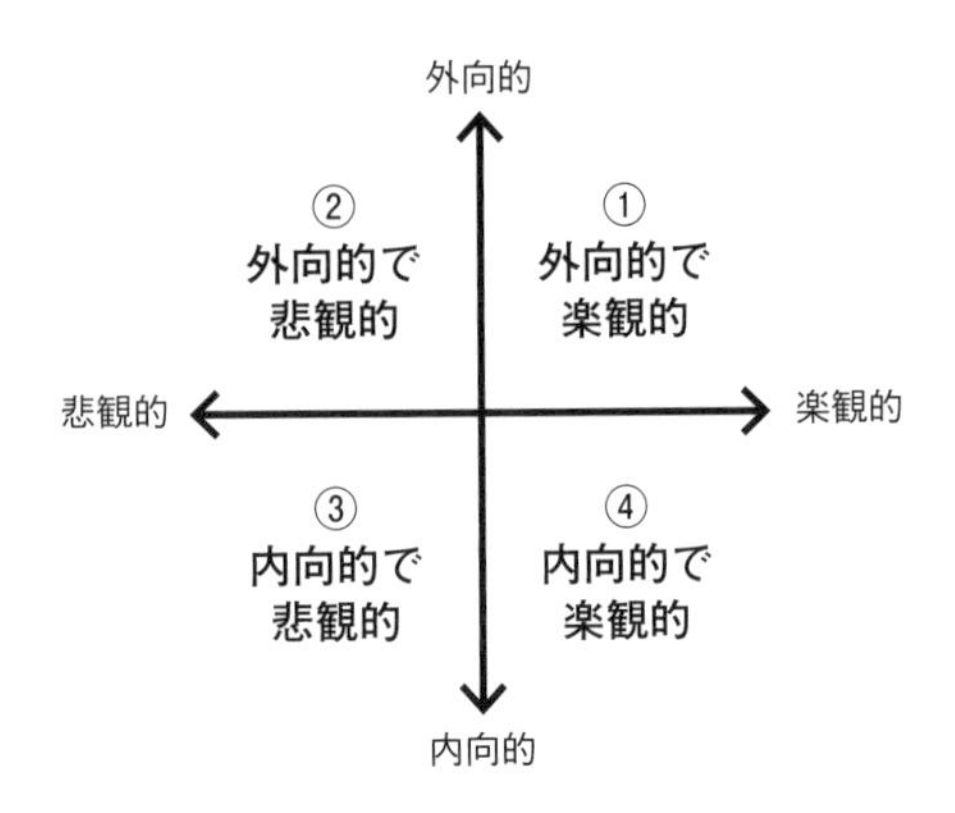

と考える。これは、「外向的／内向的」と「楽観的／悲観的」でパーソナリティの組み合わせが4つあるということだ（**図5**）。

このうち「①外向的で楽観的」と「③内向的で悲観的」は、だれでもすぐにイメージできるだろう。小説でも映画でもこの典型的な人物がかならず登場する（前者が男に、後者が女に割り当てられる性的ステレオタイプも顕著にある）。

だがビッグファイブの特性が独立しているとするならば、「②外向的で悲観的」や「④内向的で楽観的」なひとも同じ割合だけいるはずだ。

これを奇異に感じるかもしれないが、ちょっと考えれば、「アグレッシブだけど神経質」なひとや、「ものしずかで落ち着きがある（精神的に安定している）」ひとはすぐに思いつくのではないだろうか。

強い刺激を求める外向的パーソナリティの職業

の典型が芸能人だ（刺激を避ける内向的なひとは、人前に出ようなどとは思わないだろう）。ところが芸能人のインタビューでは、「舞台に上がるときは死ぬほど緊張する」「吐きそうになって、こんなことは二度とやりたくないと思う」などという発言がたくさん見つかる。これは神経症傾向の高いひとに典型的な反応だ。

芸能人以外では政治家やスポーツ選手も外向的な職業の典型だが、うつ病に苦しむひとが一定数いるようだ。外向性と楽観性がつねにセットだとするなら、なぜコロナ禍で芸能人の自殺が相次いだのかを説明できない。華やかに見えるひとたちのなかにも「外向的で悲観的」なタイプはかなりいるのだろう。

内向的なひとは強い刺激が苦手だが、それがつねに悲観主義と結びつくわけではない。人前で派手なパフォーマンスをしないから目立たないだけで、専門性の高い仕事をしながら楽観的に暮らしているひとはたくさんいるはずだ。

「外向的で楽観的」なタイプは「明るい」とされ、「内向的で悲観的」なタイプは「暗い」と思われる。ここから「外向的＝明るい」「内向的＝暗い」というステレオタイプが生まれるが、「明るい／暗い」という印象をつくっているのはじつは「楽観的／悲観的」のパーソナリティなのだ。

「女は神経質」はほんとうか

「楽観的／悲観的」のもうひとつのステレオタイプが、「女は神経質」だ。心理学の本でも、「神経症傾向には性差があり、女性は男性に比べてスコアが高い」と書いてある。

国や文化にかかわらず、女のうつ病罹患率は男の約2倍だ。うつ病が神経症傾向の極端なケースだとするならば、このちがいはパーソナリティの性差でうまく説明できる。「女は怖がりで神経質だから、うつ病になりやすい」のだ。

だがよく考えてみると、あなたのまわりにも「楽観的な女性」や「神経質な男性」はたくさんいるはずだ。「男は楽観的」と決めつけられ、納得できないものを感じる男性も多いのではないだろうか。それとも、これはたんなる勘違いなのだろうか。

じつはもうひとつ興味深いデータがあって、国や文化にかかわらず、男の自殺率は女の約2倍なのだ。

一般に、うつ病が悪化すると（あるいは重度のうつ病の回復過程で）自殺が増えるとされる。だとすれば、うつ病にかかりやすい女の方が自殺率が高いはずだが、なぜ男女で逆転するのだろうか。

このもっとも説得力のある説明は、「男の神経症傾向は、うつとは異なる表現型をもつ」だ。アルコールや薬物依存症は、うつ病と強い相関関係にあることがわかっている。元プロ野球選手の清原和博さんは、その著作でうつの苦しさから逃れるために覚醒剤にはまっていった経緯を率直に語っている。[*9]

うつ病の罹患率は、たしかに女の方が男より高い。だがその一方で、依存症への罹患率は男の方が女より高い。そして、うつ病にアルコール・薬物依存症や衝動的暴力で問題を起こした男の数を加えると、男女の比率はほぼ同じになって性差は消失する。――アメリカやカナダで自給自足の伝統的な生活をする（原理主義的プロテスタントの）アーミッシュは飲酒も暴力も禁じられているが、興味深いことに、うつ病の罹患率に性差はないという。[*10]

男女の性差があるのは攻撃性で、神経症傾向の高い男は衝動が外（薬物や暴力）に向かうが、女は内（自分）に向かいやすい。これは定説ではないものの、女にうつ病が多く男に自殺が多い理由をうまく説明できそうだ。

悲観的でなおかつ攻撃性が高い男は、犯罪者として社会から疎外されたり、アルコールやドラッグで生活が破綻し、行き詰まって死を選ぶほかなくなる。それに対して神経症傾向の高い女は、悩みを内に抱え込む（自分が悪いと思う）のでうつ病になりやすい。だが神経症傾向そのものには、男と女でちがいはないのだろう。

＊9―清原和博『薬物依存症』文藝春秋
＊10―Daniel Nettle (2002) *Strong Imagination*, Oxford

「逃走／闘争」と「死んだふり」

生き物が敵（不快なもの）に遭遇したときの様子を観察すると、そこには3つのパターンがある。このうちの2つは交感神経が関与していて、「Fight（ファイト／闘争）かFlight（フライト／逃走）か」で知られる。もうひとつが副交感神経の作用である「Freeze（フリーズ／凍りつき）」で、これを合わせて「3F」と呼ぶ。

だがさらに考えてみると、すべての生き物はエネルギーコストを最小化するように（進化の過程で）設計されてきたはずだ（同じことをするのにライバルより大きなエネルギーを消費する個体は自然淘汰で脱落していった）。だとすれば、嫌悪や恐怖は必要とされるエネルギー量から次の順で分類できるだろう。

捕食される生き物は、不快な気配がするとその場で動かなくなる（エネルギー消費量ゼロ）。動くことは余分にエネルギーを消費するし、捕食者に見つかるリスクを上げるから、「停止」が第一選択肢になるのは当然だ。

さらに嫌悪感が強まると、その場から離れようとする（エネルギー消費量小）。これは「回避」だ。

捕食者が目の前に現われるような緊急事態では、嫌悪は恐怖に変わる。このとき交感神経がはげしく活性化して「逃走」モードになる（エネルギー消費量大）。

敵に死活的な距離まで侵入されると、「逃走」から「闘争」モードに切り替わる（エネルギー消費量最大)。逃げられないなら闘うしかないのだ(「逃走」が先で「闘争」は後になる)。

だがこれが最後の手段ではなく、逃走も闘争も不可能な絶体絶命の状況に追い込まれたときは「死んだふり」状態になる。これが「シャットダウン」で、失神するだけでなく、胃のなかのものを吐いたり、失禁したり糞便を垂れ流したりして「死体」を偽装する。この戦略が効果的なのは、腐食性動物を除いて、ほとんどの捕食者は、すでに死んでいる獲物は食べたがらないからだ。

危険を察知して交感神経が活性化すると、大脳辺縁系(脳の古い部分)にある扁桃体が反応して視床下部を刺激し、下垂体からノルアドレナリンなどの神経伝達物質が放出される。これが血管内を伝わって腎臓の上にある副腎を活性化し、「ストレスホルモン」として知られるコルチゾールが血中に分泌される。こうして心拍数や呼吸数が上がり、血液が四肢の筋肉に送り込まれて「逃走/闘争」態勢になる。

交感神経のこの仕組み(HPA系)はよく知られているが、ストレスによって副交感神経が活性化してアセチルコリンが分泌されると、これとは逆に心拍数や呼吸数が下がり、血管が拡張して血圧が低下する。これによって硬直や死んだふり、すなわちフリーズが起こる。強いストレスを受けたとき、心臓がどきどきするのではなく、気持ち悪くなったり、場合によっては意識を失ったりすることがある。これは交感神経ではなく副交感神経が活性化しているのだ。

興味深いのは、このストレス反応にかなりの個人差があることだ。同じ不快/恐怖刺激を受けても、あるひとはその場を離れる(回避)だけですませ、別のひとはより強く反応する。その反応も、交感神経が活性化した「逃走/闘争」かもしれないし、副交感神経が活性化した「シャットダウン」かもしれない。神経症傾向というのは、生物学的には、「ストレスに対する個体ごとの交感神経・副交感神経の反応のばらつき」と定義できそうだ。

副交感神経は多重になっている

ところで、ここまでの説明に違和感を覚えたひともいるだろう。ストレスのない生活をするには自律神経を整えることが大事で、そのためには交感神経の活動を抑え、副交感神経を刺激することが大事だといわれているからだ。しかし副交感神経を活性化させれば、リラックスするのではなく失神してしまう。

この謎を解いたのがアメリカの精神医学者ステファン・ポージェスで、副交感神経(迷走神経)には2本の神経系があるとする「ポリヴェーガル理論(多重迷走神経理論)」を提唱した。[*11]

迷走神経(Vagus)は副交感神経の8割を占める主要な神経系で、脳から声帯、心臓、胃腸や消化腺など腹部内臓にまで複雑に広がっている(ここから初期の解剖学者によって「(ラテン語の)迷走」と名づけられた)。ポージェスによれば、この迷走神経には、髄鞘(ずいしょう)に覆われていない古い部分(髄鞘というカバーで電気的に絶縁されていない神経細胞)と、髄鞘に覆われた進化的に新しい部分の2系統がある。無髄の(古い)迷走神経は横隔膜より下の内臓の制御を行ない、有髄の（新しい）迷走神経は横隔膜より上の臓器を制御している。

死んだふり反応を起こす「古いシステム」に、なぜ「新しいシステム」が併存しているのだろうか。迷走神経の多重（ポリヴェーガル）は哺乳類にしか見られず、そのなかでもとくに社会的な動物で発達していることがわかっている。

ヒトは徹底的に社会的な動物だが、交感神経と（古い）副交感神経だけしかないとすると、見知らぬ相手と出会ったときの反応は①逃げ出す、②襲いかかる、③失神する、の3つしかない。この相手は敵かもしれないが、もしかしたら交易や同盟、性愛などで大きな利益をもたらしてくれるかもしれない。これは社会的な動物にとってきわめて重要なので、なんらかの方法で「逃走／闘争」系と「シャットダウン」系の反応を抑制し、社会的な交流ができるようにしなければならなかった。

だがこのために、交感神経や（古い）副交感神経とは別の神経系をつくるのはものすごく時間がかかる。進化には物理的な制約があり、不都合が起きたときは最初から設計し直すのではなく、いまあるものを使いまわして複雑なことができるようにしていくしかない。社会生活のための抑制機能が必要になったときに、「シャットダウン」系の副交感（迷走）神経にもう1本の新しい神経を付け加えるのは理にかなっている。このようにして社会的な動物が「ポリヴ

＊11―ステファン・W・ポージェス『ポリヴェーガル理論入門　心身に変革をおこす「安全」と「絆」』春秋社

エーガル」になったのだろう。

髄鞘に覆われた（新しい）迷走神経の活動が高まると、心臓の鼓動や呼吸が穏やかになるなど、心を落ち着かせる効果がある（視床下部―下垂体の活動が低下してストレスホルモンの分泌が減少する）。この「リラックス効果」によって「逃走／闘争」系を抑制し、他者と社会的な交流ができるようにしているのだ。――瞑想（マインドフルネス）は、（新しい）迷走神経を活性化することで身体を穏やかな状態にし、安心感や落ち着きをもたらし、分かち合いや傾聴、心地よさ、信頼を促すとされる。

この仮説は迷走神経が、社会的な交流に関連した身体の部分を調節する神経と脳内で相互に結びついていることからも支持される。顔の筋肉を微妙に動かすことは、相手に感情を伝えるのにものすごく重要だ。たんなる雑音と人間の声を聞き分けるための内耳の能力や、発声に抑揚をつけ、自分の思いを誤解なく伝える喉頭の筋肉なども社会生活には必須だが、これらの筋肉はすべて（新しい）迷走神経が強くかかわっている。ポリヴェーガル理論は、脳だけでなく、自律神経系も含めてパーソナリティを考える可能性を切り開いたきわめて野心的な理論なのだ。[*12]

扁桃体は「恐怖中枢」ではない

従来の脳科学では、扁桃体は危険を知らせる「火災報知器」で、「神経症とはストレスに対して扁桃体が過敏なことだ」とされてきた。「恐怖中枢」である扁桃体が過敏なひとは「火災報知器」がすぐに鳴りはじめ、それによって「3F」の状態になりやすい。だがいま、この常識は書き換えられつつある。

ウルバッハ・ビーテ病は非常にまれな遺伝性脳疾患で、これまで400ほどしか報告例がないが、この病気は脳の一部を石灰化させてしまう。多くの場合、石灰化によって死滅するのは扁桃体で、その結果、正常なIQをもち、喜びや悲しみなどあらゆる感情を得られるが、唯一、恐怖だけはもたなくなる。

この病気になった3歳児の母親「S・M」はホラー映画やヘビ、クモなどに怖れの感情をまったく覚えなかったし、恐怖学習（写真を見せた直後に警笛を鳴らすなどして恐怖を条件づける）もできなかった。怖れ以外に対しては、正常に自分の感情を経験し、他者の感情を知覚することができた。

これは脳の特定の部位（扁桃体）が特定の感情（恐怖）と結びついていることを示す強力な証拠とされたが、じつは「S・M」は、二酸化炭素を過剰に含む空気を吸わせることで恐怖を感じた（酸素の含有量が低下すると彼女はパニックに陥った）。相手の身体の姿勢に恐れを見出したり、声に恐れを聞き分ける能力ももっていた。

＊12―ポージェスはポリヴェーガル理論でPTSD（心的外傷後ストレス障害）や自閉症を治療できるとするが、これについては完全に納得できたわけではないので判断を保留したい。

扁桃体を欠いても、特定の状況のもとでは恐怖を感じたり、相手の恐怖を知覚できることは、ウルバッハ・ビーテ病の一卵性双生児の研究でも明らかになっている。遺伝的に同一の2人はいずれも扁桃体が活動していなかったが、一方は怖れを感じず、もう一方は基本的に正常な反応を見せたのだ。これは、脳の他のネットワークが失われた扁桃体の機能を代替できることを示している。

だとしたら、扁桃体の役割とは何なのか。それはたとえば、「怖れている顔であろうが無表情な顔であろうが、それが新奇なものでありさえすれば（つまり被験者が一度も見たことがなければ）、いかなる顔を見せられても活動を高める」ことだ。扁桃体の活動は、怒り、嫌悪、悲しみ、幸福など恐怖以外の研究でも報告されているし、痛みを感じる、なにか新しいことを学習する、見知らぬひとと会う、判断を下すなど、通常は情動的とは見なされないことを行なっているあいだにも高まる。[*13]

これは従来の情動理論を覆す主張だが、工学的には当然のことでもある。新奇性すなわち「予測とはちがうことが起きる」のは、生存や生殖にとってきわめて重要だ。環境が複雑になって新たな適応が必要になったとき、新奇性のタイプごとに新しい感情を一つひとつ脳の特定の部位に対応させていくのはものすごく効率が悪い（悲しみの部位、共感の部位、幸福の部位などが必要になる）。そんな面倒なことをするよりも新奇性のあるすべての出来事に反応する汎用性を扁桃体にもたせ、その評価を脳内のネットワークに委ねた方がずっとシンプルで効率的だろう。「狡猾(こうかつ)な進化」は扁桃体を「恐怖中枢」などにせず、もっといろいろなことに使えるようにしたはずなのだ。

脳に電極を埋め込むうつ病治療

アメリカの神経科医ヘレン・メイバーグは、重篤な慢性的うつ病患者の治療に脳深部刺激(ロバート・ヒースが同性愛者の「治療」を試みたのと同じ手法)をはじめて応用したとする論文を2005年に発表し、大きな衝撃を与えた。被験者は投薬や心理療法はもちろん電気ショックも効かない重度のうつ病患者だったが、誰もがさじを投げた患者6名の症状が劇的に改善したというのだ。[*14]

メイバーグは1990年代に、うつ病が(扁桃体のある)大脳辺縁系だけでなく、進化の新しい部位である前頭前皮質にもかかわっているという研究を知り、うつ病の「中枢」は脳内のネットワークの別の場所にあるのではないかと考えるようになった。

MRI検査によってメイバーグが発見したのは、感情の形成や社会的認知に関係する前帯状皮質(ACC)の膝下野(しつかや)(ブロードマン25野)だった。ここは海馬、扁桃体、視床下部などがあ

*13―バレット、前掲書。
*14―フランク、前掲書。

る大脳辺縁系と、前頭前野や前頭葉など認知・行動のコントロール領域の接点になっている。うつ病患者ではこのブロードマン25野が過活動になっており、治療によって活動が鎮静化することがわかったのだ。——うつ病患者のブロードマン25野は健常者より小さく、そのことによって刺激に対して活動が亢進するのではないかという。

メイバーグは自らの仮説を検証するために、脳深部刺激でパーキンソン病の治療を行なっていたカナダの神経外科医アンドレス・ロザーノに助力を求め、懐疑的な精神科医を説得して重いうつ病患者を紹介してもらった。第一号の被験者は元看護師の女性で、電極治療になんの期待ももっていなかったが、それまであらゆる治療法を試していたので「やってみてもいい」と応じたのだ。

メイバーグとロザーノは最初、ブロードマン25野の最深部に位置している神経束の接点に9ボルトの電流を流してみた。なんの変化も起こらなかったので電圧を上げてみたが、それでもなにも起きなかった。

そこで0・5ミリ浅い位置にある別の接点に電流を流してみたところ、わずか6ボルトで、「今、何かしましたか?」と患者が尋ねた。「突然、とても、とても穏やかな感じがしました」

「穏やか」とはどういう意味か訊かれて、彼女は自分の変化をこう語った。

「表現しづらいです。〈微笑む〉と〈笑う〉の違いを表現するような感じです。突然、気分が上向いたような感じがしました。軽くなったような。冬の間ずっと寒い日が続いていて、もう寒いのはたくさんだと思いながら外に出てみたら、新芽が出てきていた。それを見て、ああやっと春が来るんだと感じたときみたいな、そんな感じです」——電流を切られたとたん、春が来た感じは消えてしまった。

その後、脳深部刺激によって他の患者たちも「気分が上向く」のを感じることがわかった。ある患者は「自分のまわりの雲が消えたようだ」といい、別の患者は「周囲が突然カラフルになり明るくなったように感じる」といったが、それは多幸感とは別物だった。いちどこの体験をすると、多くはうつ症状が緩和し、職場復帰できるようになった患者もいた。

メイバーグは、うつ病とは「片足でアクセルを、もう片方の足でブレーキを同時に踏んでいるようなもの」だという。脳深部刺激はブレーキを踏んでいる方の足を離す効果があり、前に進むことができるようになるというのだ。[*15]

メイバーグの野心的な実験とその驚くべき効果は、幻覚剤がうつ病を軽減させるのと同じ理屈で説明できそうだ。

うつ病は扁桃体という脳の局所的な部位に特化した症状ではなく、(扁桃体の活動をきっかけ

＊15—メイバーグとは別に、うつ病を「失快感症」だとして、報酬系を刺激して快感を得られるようにする脳深部刺激治療がドイツの精神科医と外科医によって精力的に行なわれており、やはり素晴らしい成果を出している。

とする）シミュレーション・ネットワークがネガティブな方向に偏ってしまう症状で、その結果、思考が「後悔（過去）」や「不安（未来）」の無限ループにはまりこんでしまう。幻覚剤や脳深部刺激は、「自己」を後退させたりシミュレーションの流れを変えることで、ネガティブな偏りを修正するのだろう。

悲観的だと不幸を引き寄せる？

わたしたちが日々無事に生きていくことができるのは神経症傾向という「恐怖の報酬」のおかげだが、脳の基本設計がつくられた旧石器時代に比べて現代社会はきわめて平和で安全になった。人類はずっと暴力や戦争、感染症、捕食動物などのリスクに脅かされて生きてきたから、それらがほとんどなくなってしまった状況にわたしたちの脳はうまく対処できない（感染力は強いが弱毒性のウイルスに過剰に反応するのもそのためだ）。

その結果、わたしたちは多かれ少なかれ強すぎる神経症傾向にわずらわされている。それでもなんとか大過なくやっていけるのは、脳の仕様が「楽観主義」の側に大きく傾いているからだ。

異論はあるものの、さまざまな研究でうつや神経症傾向に脳内の神経伝達物質であるセロトニンがかかわっている証拠が積みあがっている。セロトニンを運搬する遺伝子（セロトニントランスポーター遺伝子）には長いL型と短いS型があり、脳内のセロトニン濃度はLL型で高く、

ＳＳ型で低くなる（ＬＳ型はその中間）。

トランスポーター遺伝子のタイプのちがいについては多くの研究が行なわれており、ＬＬ型は楽観的な性格で、ＳＳ型だとうつ、不安障害、恐怖症、心的外傷後ストレス障害（ＰＴＳＤ）、強迫性障害などが起きやすくなる。これが「サニーブレイン／レイニーブレイン」説だ。

さらに、トランスポーター遺伝子のタイプはヒト集団（大陸系統）でちがいがあり、アフリカ系やヨーロッパ系はL型が多く、東アジア系はS型が多い。とりわけ日本人は、世界のなかで飛びぬけてL型が少ないことがわかっている。

日本人に多いといわれるメランコリー親和型うつ病は、高い神経症傾向に加えて外向性が低い（内向的な）場合にとくになりやすい。日本人は内向的なだけでなく、セロトニントランスポーター遺伝子が短いことで対人関係に過敏になり、「風土病」と呼ばれるほどにうつが蔓延するのかもしれない。

パーソナリティについて解説したものを読むと、「神経症傾向の高いひとは、ネガティブな出来事に強く反応するだけでなく、反応すべきネガティブな出来事自体が多く起きる」などと書いてある。心臓発作を起こした後、楽観的な予想をした患者に比べて、死期が迫っていることを素直に受け入れた患者は早めに死ぬという。楽観的な予言と同様に、悲観的な予言も自己成就する可能性がある。

さらに不吉なのは、未来に対して悲観的だと、避けようとしている結果を反対に引き寄せてしまうかもしれないことだ。

結婚したばかりのカップル計228組（456人）を集め、3年間にわたって6カ月、あるいは1年ごとに調査票を送り、自分と相手の浮気について答えてもらった研究がある。その結果はというと、妻の神経症傾向が高いときにだけ、夫の浮気を統計的に有意に予想できた（夫の神経症傾向と妻の浮気は関係がなかった）。研究者は、パートナーに捨てられることを極端に恐れていると、そのことが（面倒なやつと思われて）相手に捨てる理由を与えてしまうのだろうという。[*16]

高い神経症スコアは低い自尊感情につながり、自己概念が不安定になるとの研究もある。ネガティブな情動が活発になると、自分が間違った生き方をしているのではないかとたえず疑いつづけ、これがさらに悪化すると境界性パーソナリティ障害と診断される。

「望みを低くもてば、実際に失敗したときの痛みが少ない」といわれることがある。これは「防衛的悲観主義」と呼ばれるが、大学のテストで自分の成績に低い期待しかもっていなかった学生を調べると、予期したとおりの悪い結果になったときに感じた嫌な気持ちは、良い成績を期待した学生が同じ点数を取ったときと変わらなかった。[*17] こうしてみると悲観主義にはほとんどいいことがない。

だとしたら、セロトニントランスポーターの短い遺伝子をもっているほとんどの日本人（私もその一人だろう）はどうすればいいのか。これについてはオックスフォード大学感情神経科学センターのエレーヌ・フォックスがとても興味深い研究をしていて、他の本でも紹介したが、これはどうしても外すことはできないので簡単に述べておきたい（既読の方は読み飛ばしてほしい）。きっと勇気をもらえるはずだ。

楽観的なタンポポ、悲観的なラン

エレーヌ・フォックスは、「悲観的」なパーソナリティになんのアドバンテージもないのなら、なぜそのような遺伝子型が存在するのか疑問に思い、次のような実験を行なった。[*18] 被験者はポジティブな画像とネガティブな画像を同時に見せられ、それが消えたあとにどちらかの側に印が現われる。被験者はこの印をできるだけ素早く見つけ、反応しなければならない。

この実験にはちょっとした細工がほどこされていて、何人かの被験者には嫌悪をもよおす画像のあとに印が現われ、別の被験者には幸福そうでポジティブな画像のあとに印が現われるよ

＊16―Emma E. Altgelt et al. (2018) Who is sexually faithful? Own and partner personality traits as predictors of infidelity, *Journal of Social and Personal Relationships*
＊17―シャーロット、前掲書。
＊18―エレーヌ・フォックス『脳科学は人格を変えられるか?』文春文庫

うになっている。これによって被験者は、ネガティブもしくはポジティブな方向への偏りをもつようになる。印がいつもネガティブな画像のあとに現われたら、被験者の注意はすぐにポジティブな画像よりもネガティブな画像に集まるようになるのだ。

ネガティブな方向に被験者を誘導すると、S型の遺伝子をもつタイプは恐怖を感じさせる画像を素早く探し当てられるようになった。神経症傾向が高いと恐怖や不安に対してより強く反応するのだから、これは当然だろう。

だがフォックスは、被験者をポジティブな方向に誘導したときに不思議なことに気づいた。L型の遺伝子が「楽観的な脳（サニーブレイン）」をつくるなら、彼らはポジティブな画像に素早く注意を向けるにちがいない。当然、フォックスはそう予想したが、実際はポジティブな画像を素早く探し当てたのはS型の遺伝子をもつ「悲観的な脳（レイニーブレイン）」のグループだった。これまでの常識とは異なって、神経症傾向の高いひとは、ネガティブな画像だけでなくポジティブな画像にも敏感に反応したのだ。

この結果を受けて、フォックスはセロトニントランスポーター遺伝子についての新しい仮説を提唱した。「神経伝達物質に作用するいくつかの遺伝子の発現量が低いひとは、よい環境と悪い環境のどちらにも敏感に反応しやすい」というのだ。

遺伝子と環境の相互作用を調べたこれまでの実験では、被験者に起きたネガティブな出来事やそれがもたらす悪影響にばかり焦点を当てていたため、S型はストレスに弱く、「脆弱」で

「感じやすい」とのレッテルが貼られることになった。だがフォックスの実験は、この陰鬱な宣託に新しい光を当てた。それは、「悪いことが起きたときに非常に不利に働く遺伝子型が、よいことが起きたときには非常に大きな利益をもたらす」ことだ。逆にいうと、ストレスに強く楽観的な性格に見えたL型は、たんに「鈍感」なだけなのだ。

フォックスは、S型は「逆境に弱い」脆弱遺伝子ではなく、「可塑的な」遺伝子だという。セロトニン濃度が低いとまわりの刺激に敏感に反応するので、素晴らしい環境に恵まれればそこから大きな利益を引き出せるが、虐待やいじめ、職場でのハラスメントなどで強いストレスにさらされると深刻な負の影響を被る。セロトニントランスポーター遺伝子のS型というのは、人口稠密(ちゅうみつ)な農耕社会の緊密な人間関係のなかでうまくやっていくために、相手の表情や仕草に素早く反応するように進化した結果なのだろう。――こうしたヒトの進化は「自己家畜化」と呼ばれている。[*19]

これを、「タンポポ」と「ラン」の比喩で説明しよう。

L型のタンポポはストレスのある環境でもたくましく育つが、その花は小さく目立たない。その一方でS型のランは、ストレスを加えられるとすぐに枯れてしまうが、最適な環境では大輪の花を咲かせる。

＊19―詳しくは拙著『もっと言ってはいけない』（新潮新書）を参照されたい。

世界でもっともS型の多い日本人は、「神経症傾向が高くうつ病になりやすい」という宿命を背負っているが、それと同時に、ささいな変化やちょっとした出来事を敏感に感じとって優れた文化や芸術作品を生み出し、つましくも満ち足りた人生を送ることもできるのだ。

spirituals

the mystery of me

PART 5

同調性

パーソナリティ心理学のビッグファイブのひとつに「Agreeableness」がある。これは相手に同意（agree）することであると同時に、「感じがいい」「愛想がいい」などの意味がある。満面の笑みで自分の言葉にうなずいてくれる、というイメージだろうか。日本語では「協調性」「調和性」などの訳語があてられ、「やさしさ、寛大さ、思いやりなどをもつこと」とされる。

だが私は、従来の定義は「同調性（synchrony）」と「共感性（empathy）」を混同していると考える。標準的なビッグファイブ検査の「協調性」の質問項目のなかで、「みんなで決めたことはできるだけ協力する」「いつも他人の立場になって考えるようにしています」などが「同調性」を、「私は思いやりがある方です」「どちらかというと人情にあつい方です」などが「共感力」を測る項目になる。そして、この2つは明らかに異なるパーソナリティだ。

このことは、同調性は高いが共感力が低いひと（会社にはたくさんいそうだ）や、同調性は低いが共感力が高いひと（フリーランスとして活躍する女性に多いのではないだろうか）をいくらでも思いつくことからわかるだろう。

図6●アッシュの同調実験

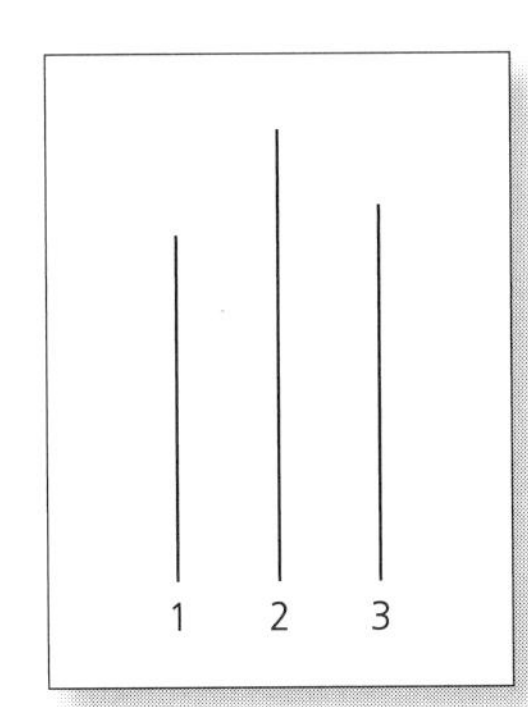

出典：Asch.1955より作成

同調圧力によって視覚が変容する

同調性のパーソナリティとはなんだろうか。それは「集団の圧力に対する反応のばらつき」のことだ。

あなたが部屋に入ると、先に来ていた6人がすでにテーブルを囲んでいる。空いている席にあなたが座ると、2枚の紙が渡された（**図6**）。

1枚には1本の線（基準線）が、もう1枚には長さが明らかにちがう3本の線が描かれている。課題はとても簡単で、基準線と同じ長さの線を2枚目の紙から選ぶだけだ。

「バカバカしい」と思っただろう。これはそのとおりで、単独でやれば99%が正答する（というより、100人のうち1人が正答できないことが驚きだ）。

ところがここで予想外のことが起きる。あなた以外の6人全員が、そろって長さのちがう線（1

あるいは3）を選んだのだ。このとき、あなたはいったいどうするだろう？

社会心理学では1950年代から、人間の同調性について精力的な研究が行なわれてきた。その背景には第二次世界大戦のホロコーストがあった。ひとつの民族（ユダヤ人）をまるごと地上から消し去ろうとする恐るべき事態を引き起こしたファシズム（全体主義）を理解しなければ、同じことが（より大規模に）ふたたび起きるかもしれない。同調性と権威主義の解明は、時代が心理学に課した最大の使命だった。

ここで紹介したのは、ナチスから逃れてアメリカに亡命した心理学者ソロモン・アッシュが1955年に発表した有名な「同調実験」だ。――男子大学生が被験者で、6人のサクラが同調圧力をかけた。

線の長さが微妙ならともかく、正解は火を見るより明らかなのだから、他人がどういおうと関係ないと思うにちがいない。だが実際には、50人の被験者のうち37人、約75％が集団の圧力で誤答したのだ。

より正確には、アッシュは線の長さを変えながら実験を18回行ない、6人全員がわざと間違った回答をしたのは12回だった。このうちすくなくとも1回、サクラに同調して誤答した被験者が4人に3人いた。

その後、同調の条件がわかってきた。重要なのはサクラの全員が誤答することで、1人でも正解を答える者がいると同調率は大幅に下がった（8人集団で行なわれた実験では、正解者が1人いるだけで被験者の誤答率は5・5%になった)。

また、常識とは異なって、人数が増えたからといって同調圧力が強くなるわけではなかった。多数派が3〜4人までは人数に応じて誤答が増えるが、5人以上になると人数を増やした効果はほとんどなくなる。同調圧力は少人数でもじゅうぶんな効果があるのだ。

私的な場面ではなく、観客がいるような公的な場面の方が誤答が増えるとか、仲のよいグループの方が疎遠なグループより同調圧力が強くなるなどの結果も出ている。

なぜこんなことが起きるのか。誰もが思いつくのは、被験者は正解がわかっていながら、ほかの全員が別の選択肢を選んだことで不安になって、間違っていると知りつつ同じ答えを思わず口にしてしまったという説明だろう。

ところが2005年、神経科学者のグレゴリー・バーンズがfMRIで被験者の脳を観察することで驚くべき事実を発見した。[*1]

バーンズらは、19歳から41歳の男女32人を被験者に、コンピュータ画面で2つの異なる三次元の物体を見せ、最初の物体を回転させると2番目と同じになるかを訊ねた。その後、アッシュの実験と同様に、サクラを使って誤答するよう同調圧力を加えた。

＊1―Gregory S. Berns et al. (2005) Neurobiological correlates of social conformity and independence during mental rotation, *Biological Psychiatry*

この実験では、被験者が1人で判断した場合の誤答率は13・8％だった。それに対して、自分以外の全員が間違った答えを選んだ場合、誤答率は41％まで跳ね上がった。

バーンズは、被験者が間違っていることを知りながら誤答したとしたら、意思決定を司る前頭皮質が活発化するはずだと考えた。だがｆＭＲＩでは、同調圧力を加えられたときに活性化したのは視空間認知にかかわる部分だった。

このことは、集団によるプレッシャーを受けると、視覚の認知そのものが変化することを示している。アッシュの実験の被験者は、間違っていると知りながら仲間外れを恐れて誤答したのではなく、同調圧力によって視覚が変容し、線の長さが同じに見えたのでそのように答えただけだったのだ。

ヒトの同調性はどのように分布しているのか

アリやミツバチは大きなコロニーをつくる社会性昆虫だ。哺乳類のなかにも群れをつくるものは多く、サル（ニホンザル）や類人猿（チンパンジー）ははっきりとしたヒエラルキー（序列）をもつことがある。

生物学者や動物学者はずっと、生き物の社会性に強い関心を抱いてきた。それはいうまでもなく、ヒトが徹底的に社会化された動物だからだ。人間は共同体（コミュニティ）のなかでしか生きることができず、ヒエラルキーをつくって社会を統治する。こうした社会性は進化の過程のなかで脳に組み込まれたものだから、社会的な生き物を観察することで「人間の本性」を理解できるのではないかと考えたのだ。――そのなかでもっともよく知られたのが、イギリスの動物学者デズモンド・モリスの「(人間は)パンツをはいたサル」説だ。

社会性昆虫にとって、「社会性」というのはコロニーの一個の部品となるように組み込まれたプログラムのことだ。これはたんなる比喩ではなく、昆虫のような単純な神経系をもつ生き物の行動はコンピュータのプログラムとして正確に記述できる。

人間はもちろん昆虫よりずっと複雑な神経系(脳)をもっているが、社会的な生き物であることは同じだ。「社会的」というのはコロニー(共同体)の一部になることだから(そうでなければ「社会」は成立しない)、当然のことながら、アリやミツバチと同じようにそのためのプログラムが脳に組み込まれているにちがいない。

同調性がパーソナリティとして現われるのは、個人によってそのレベルに強弱があるからだろう。アッシュの実験でも、4人のうち3人は同調圧力によって視覚の認知が変容したが、これは4人に1人はそうならなかったということでもある。誤答の回数もちがうように、同調性はひとによってばらつきがある。

同調性の強いひとは組織に従順で、「長いものに巻かれる」などと揶揄される。同調性が低いと組織に反抗し、「はぐれ者」になる。これはたしかに同調性パーソナリティの説明としてわかりやすいが、ここにひとつ疑問がある。

図7●ベキ分布では平均値と中央値が異なる

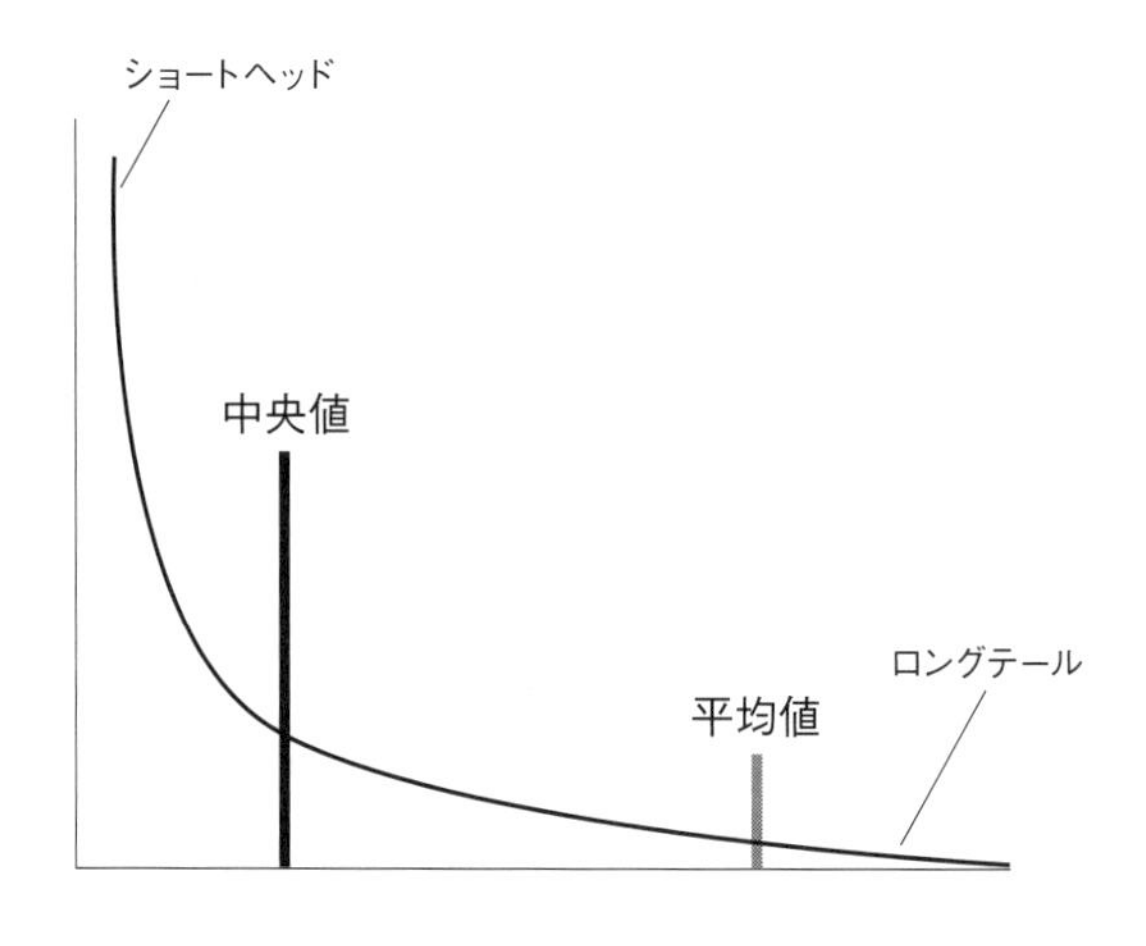

「外向的／内向的」や「楽観的／悲観的」のパーソナリティは正規分布（ベルカーブ）になっていたが、同調性も同じと考えていいのだろうか？

社会性昆虫の生態を見ればわかるように、同調性は社会的な生き物の前提だ。働きアリは、遺伝子のプログラムにのっとって、整然とコロニーに同調して行動する。なかにははぐれ者もいるかもしれないが、それはごく少数で、コロニーから離脱すれば生きていくことができない。働きアリは生殖をしないから、こうしたはぐれ者の遺伝子が次の世代に伝わることもない。そう考えれば、これはたんなるプログラムの故障で、同調性が正規分布しているわけではないことがわかる。

だとしたら、哺乳類のなかでもっとも社会化されているヒトの同調性はどのように分布しているのか。

小人の群衆のなかに巨人がいる奇妙な世界

ここで「ベキ分布」について簡単に説明しておこう。これは「ロングテール」として知られ、正規分布（ベルカーブ）とならぶ自然界の代表的な分布（ばらつきのかたち）だ。

ベルカーブは平均を中心にばらつきの頻度が決まっているが、ベキ分布の世界では、ほとんどのことは「ショートヘッド」と呼ばれる左側に集まる一方で、恐竜の尻尾のようなテールがどこまでも右に延びていって、ロングテールでは「とてつもなく極端なこと」が起こる（**図7**）。

身長は典型的なベルカーブで、日本人の成人男性なら170センチを平均として、およそ7割が1標準偏差の164センチから176センチに、95％が2標準偏差の158センチから182センチのあいだに収まり、それより背が高かったり低かったりするひとはそれぞれ2％程度しかいない。

これがベキ分布になるとどうなるだろうか。そこは、身長1メートルの小人の群衆のなかに、身長10メートルや100メートルの巨人がいる奇妙な世界だ。

正規分布では、中央値（データを小さい順に並べたときに中央に位置する値）と平均値が一致する（どちらもベルの頂点になる）が、ベキ分布の場合、平均値はロングテールの「巨人」に引きずられて大きく右に寄り、中央値はショートヘッドの「小人」たちがたくさんいることで左に寄ることになる。

このような分布は奇妙に思えるかもしれないが、よく観察すると、ベキ分布はわたしたちのまわりにいくらでもあることに気づくはずだ。その典型がインターネットで、大半のホームページはたいしてアクセスがない「ショートヘッド」に集まる一方、Yahoo!やGoogle、Facebookのような少数の「ロングテール」に膨大なアクセスが集中する。

それ以外でも、銀河の星の配置から脳のニューロンの接続、資産の分布や株式の価格の変動に至るまで、複雑な相互作用があるところでは必ずベキ分布ができる。20世紀最大の知識人の一人で、ベキ分布を「フラクタル」と名づけた数学者のベノワ・マンデルブロは、ベキ分布こそが世界の普遍的な法則で、ベルカーブは要素同士の影響が限定された特殊なケースだと考えた[*2]。

正規分布の特徴は、そのばらつきを数学的に記述できることだ（未来を統計的に予想できる）。それにたいしてベキ分布は、テール（尻尾）がどこまでも延びていくのだから記述する方法がない（未来になにが起きるか誰も予測できない）。これが正規分布に比べてベキ分布に言及される機会が圧倒的に少ない理由だが、世界のあり方を考えるうえで、じつはベキ分布＝複雑系の方がずっと重要なのだ。

ヒトが徹底的に社会的な動物だとするならば、同調性もベキ分布しているかもしれない。これが私のたんなる思いつきでないことを示すよい方法はないだろうか。

ミルグラムの「アイヒマン実験」

同調圧力についての社会心理学の記念碑的な実験といえば、アメリカの社会心理学者スタンレー・ミルグラムの「アイヒマン実験」（1963年）をおいてほかにない。

アドルフ・アイヒマンはアウシュヴィッツ強制収容所へのユダヤ人の大量移送を指揮したナチスの高級官僚で、戦後、アルゼンチンで逃亡生活を送っていたが、1960年にイスラエルの諜報機関モサドによってイスラエルに連行され、「人道に対する罪」などで裁判にかけられた。

この「世紀の裁判」は、ナチスから亡命したユダヤ人の政治哲学者で、20世紀の大哲学者マルティン・ハイデガー（ナチスを支持してフライブルク大学学長に就任）の愛人でもあったハンナ・アーレントが傍聴し、アイヒマンを「悪の陳腐さ」と評して大きな論争を巻き起こした。

ミルグラムもこの裁判に衝撃を受け、職務に忠実な平凡な公務員が、ほんとうに数百万人を絶滅収容所に送り込むような「とてつもない悪」になれるのかを実験で検証しようとした。

――ただし近年の研究では、アイヒマンは筋金入りの反ユダヤ主義者で、逃亡先のアルゼンチンでも旧ナチスと定期的に会合を重ね、ユダヤ人の大量殺戮（さつりく）をなにひとつ後悔していないと語っていたことが明らかになった。アイヒマンは「凡庸な小役人」などではなく、仕事で実績を

＊2―ベノワ・B・マンデルブロ『フラクタリスト　マンデルブロ自伝』早川書房

あげて注目を浴びたいという功名心に駆られた有能な官僚で、裁判で見せた卑小な姿は死刑判決を免れるための芝居だとされている。[*3]

ミルグラムは「記憶と学習に関する科学研究」として新聞広告などで募集した20歳から50歳までのさまざまな学歴・職業の被験者500人（当初は白人男性のみ、その後、女性を加えた追加実験が行なわれた）を「教師」役として、「生徒」役を演じる男性（47歳の会計士で、温厚で人好きのするアイルランド系アメリカ人）に電気ショックを与えるよう指示した。「教師」役の被験者には、「実験の目的は学習に罰がどのような効果を与えるかを検証すること」と説明し、電気ショックのレベルは被験者を斜め後ろで監督する「実験者（31歳の生物学教師）」から伝えられた。[*4]

被験者はまず、45ボルトのサンプル電撃を体験して、電気ショックが本物であることを確認した。その後、被験者は「教師」役になり、「生徒」役の男性が間違えるたびにいかめしい雰囲気の「実験者」から電撃の強度を上げるよう指示された。

電気ショックのレベルは15ボルトから450ボルトの9段階で、5段階（255ボルト）には「激しい衝撃」、7段階（375ボルト）には「危険で苛烈な衝撃」などのラベルが貼られていた（8段階の435ボルトと9段階の450ボルトは意図的にラベルなし）。

当初の実験では、「生徒」役の男性は椅子に縛られて壁の向こう側に座らされ、その様子は「教師」役の被験者からは見えず、声だけが聞こえるようにされていた。被験者が「実験者」の指示で電撃のレベルを上げると、（実際には通電していない）「生徒」役は、「痛くてたまらないと叫ぶ（180ボルト）」「壁を叩いて実験中止を求める（300ボルト）」などと決められた演技をし、330ボルトになると無反応になった。

「実験の先生、出してくれ！　もうこの実験には参加しない。これ以上は続けないぞ！」と「生徒」役が叫ぶ150ボルトから、「教師」役の被験者は「実験者」の指示を仰ぐようになるが、「続けてもらわないと実験が成り立ちません」「ほかに選択の余地はないんです。絶対に続けてください」などと強く促される（それでも被験者が拒否したら実験は終了）。

この実験が衝撃的だったのは、最初の被験者40人のうち25人（3人に2人）が実験者の指示に従って、最大の450ボルトまで電気ショックのレベルを上げたことだ（実験はこの電撃を3回加えた時点で終了となる）。

ミルグラムはそれ以外にもさまざまな条件で実験を行なったが、「生徒」役の男性が同じ部屋にいて苦悶の演技をする近接条件でも、40人中16人（4割）が最高レベルまで電撃を上げた。ミルグラムはこの独創的な実験によって、ごくふつうの良識あるひとであっても、権威に直面すると「同調圧力」によって、アイヒマンのような「怪物的行為」をすることを明らかにした

＊3―ベッティーナ・シュタングネト『エルサレム〈以前〉のアイヒマン　大量殺戮者の平穏な生活』みすず書房
＊4―以下の実験の説明はスタンレー・ミルグラム『服従の心理』（河出文庫）より。

図8●アイヒマン実験

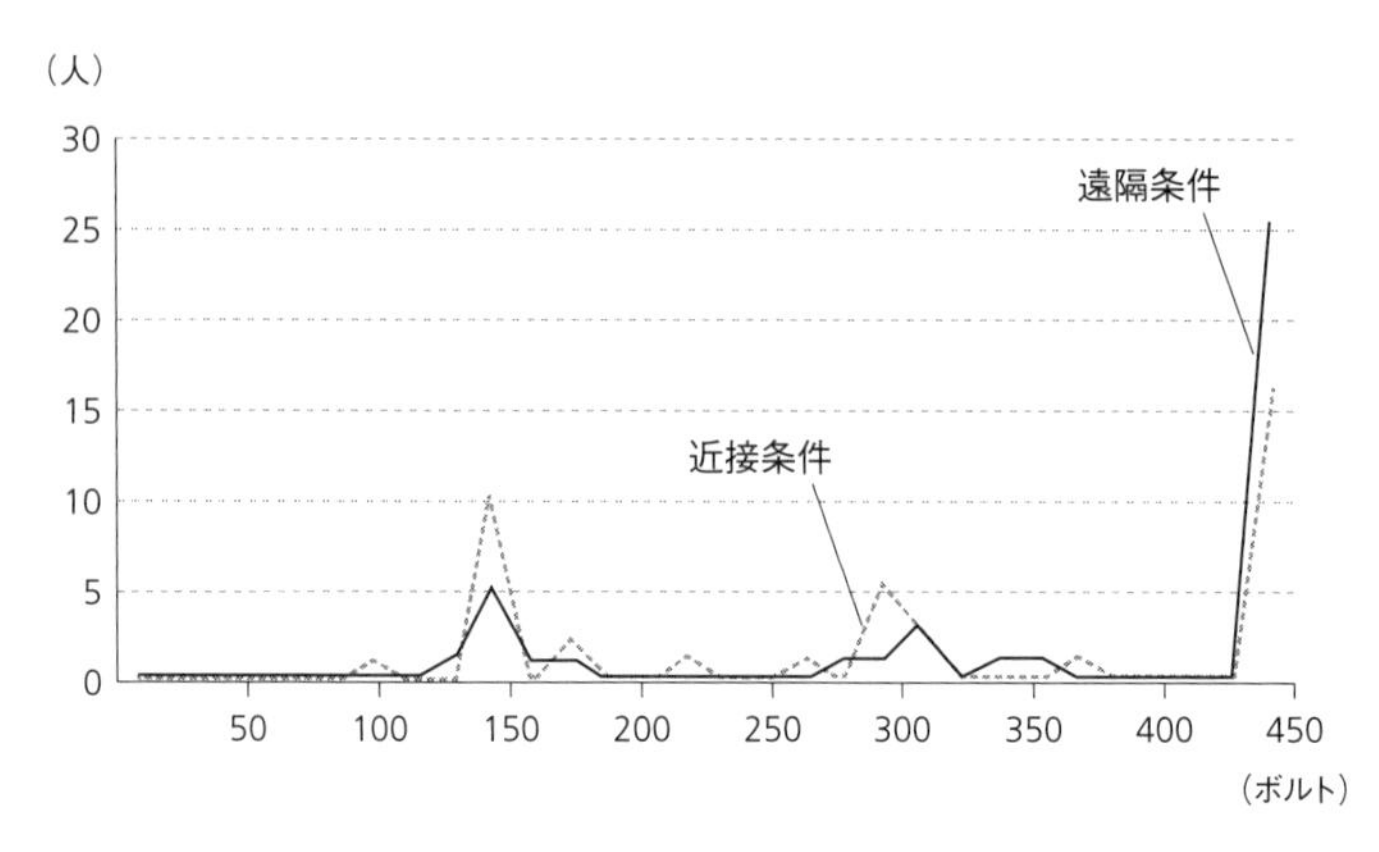

出典：ミルグラム『服従の心理』より作成

のだ――とされている。

共感力が高くても権威に従う

ここまではよく知られているアイヒマン実験の概要だが、より詳細に見ていくと、「生徒」役が隣にいる近接条件では6割、壁に隔てられた遠隔条件でも3人に1人が「実験者（権威）」の指示に逆らって途中で実験から離脱している。すなわち、同調性（権威への従順さ）にはばらつきがある。**図8**では、遠隔条件と近接条件で、被験者がどこで実験から離脱したかを示した。

これを見れば明らかなように、「アイヒマン実験」で示された同調性の分布はベルカーブではなく、明らかにロングテール（ベキ分布）になっている。図で150ボルトと300ボルトのところに小さな山ができているのは、ここで「生徒」役の演技が変わるからだ（150ボルトで実験中止を求め、300ボルトで壁を叩いて実験をやめてくれと叫ぶ)。330ボルトで無言になると、それ以降はほとんどの被験者が最高レベルの450ボルトまで電撃レベルを上げている。

同調性のパーソナリティは、「外向的/内向的」や「楽観的/悲観的」のように正規分布するのではなく、強い圧力を加えられると大半は権威に従い、実験から離脱する(同調しない)ひとはごく少数しかいない。

同調性が低いのはどんなタイプだろうか? 真っ先に思い浮かぶのは、「共感力の高いひと」だろう。壁の向こうで叫んでいたり、隣で苦悶にのたうちまわっていたら、その苦痛に共感するひとはそれ以上の電撃を加えることなどできないだろう。

43歳の水質検査員は、実験が終了してドアを開けるまで(ここで種明かしがされる)「生徒」役が死んだものと信じていたが、「でも本当に死んでても、わたしは別に平気だったでしょう。わたしは仕事をやっただけです」と語った。妻から「でももしその人が死んでたら?」と訊かれたときは、「死んでたらどうだってんだ。おれは自分の仕事をしただけだ!」と答えた。共感力が低く、自分には責任がないとわかっているのなら、相手がどうなろうが気にしないのだろう。

だがその一方で、共感力が高いからといって実験から離脱するわけではないようだ。

50歳の失業中の男性は、「実験者」に何度も中止を懇願し、最後は「生徒」役に正解を伝え「解答をお願いします」といいながらも、450ボルトまで電撃レベルを上げた。彼は「生徒」

役の苦痛に強く共感し、実験をやめたがったが、それでも最後まで同調した。
より興味深いのは、男性よりも共感力が高い女性被験者の反応だ。
次に紹介するのは、大卒の主婦で、週にいちど不良少年のボランティア活動をし、地元のガールスカウト組織やPTAでも活躍している女性の実験後のインタビューだ。彼女は不良少年に罰を与えることは意味がなく、愛情によって勉強を続けるよう導くべきだと述べるが、実験では「生徒」役に450ボルトの電気ショックを3回与えた。その理由を問われて、彼女はこう述べている。

「わたくしは、非常事態ではきわめてすばらしい人物ですのよ。だれを傷つけようがおかまいなしに、やるべきことをやります。身震いもしません。でも何も考えずにやります。ためらいもしません」

「実験なんでしょう。理由があってわたくしはここにいるんです。だからやるしかなかったんです。あなたがそう言ったから。わたくしはやりたくありませんでした」

彼女は高い共感力をもち、実験中は「ごめんなさい、もうできません」と自分にいいつづけていたが、それは同調性＝権威の圧力をはねのけるのになんのちからにもならなかった。[*5]——共感力が同調圧力にほとんど抵抗できないことが、この2つが「協調性」パーソナリティにまとめられてしまった理由だろう。

ステレオタイプ脅威

同調性の本質とはなんだろうか。ここではそれを「アイデンティティ」から説明してみよう。

「ステレオタイプ脅威 Stereotype Threat」は近年の社会科学でもっとも注目されている心理効果のひとつで、「黒人」の社会心理学者クロード・スティールが1980年代に提唱し、たちまち広く知られることになった。――スティールはその後、カリフォルニア大学バークレー校副学長、コロンビア大学副学長などを歴任し、現在はスタンフォード大学心理学教授を務めるアメリカを代表する「黒人」知識人だ。

なぜここでわざわざ人種を強調するかというと、ステレオタイプ脅威が、女性や黒人などのマイノリティ（少数派）が学校・職場で実力を発揮できない理由を説明する理論だからだ。アメリカのアカデミズムは人種的にはほぼ白人で占められており、黒人であるスティールは大学

＊5―ミルグラムのこの実験に対しては、実験手法の倫理性（被験者への心理的影響）だけでなく、「3人のうち2人が最大値まで電撃レベルを上げたのはさまざまな条件の実験のうちのひとつ（遠隔条件）だけで、総計700人以上の被験者の大半が痛みを与えることを一貫して拒否した」などの批判がある。Gina Perry (2012) *Behind the Shock Machine: the untold story of the notorious Milgram psychology experiments*, Scribe

院に入って以来、つねにごく少数の黒人研究者の一人だった。マイノリティへのステレオタイプがどのようなものか身をもって知っていることが、画期的な研究に結実したのだ。

とはいえ、ここであらかじめ述べておかなくてはならないのだが、この「ステレオタイプ脅威」も再現性についてはげしい論争の渦中にある。これは一部の（あるいはものすごくたくさんの）メディアや知識人が、「女は男より数学が苦手だ」とか「黒人（アフリカ系アメリカ人）は白人より学力が低い」などの偏見はすべてステレオタイプ脅威で説明できる（本来は両者になんのちがいもない）と主張しているからだ。

ステレオタイプ脅威についてはその後、多くの再現実験が行なわれたが、それらを集めて検証したメタアナリシスでははっきりとした傾向は確認できていない（多くの実験は、人種差よりも設定が容易な性差で行なわれた）。２００８年から16年にかけて発表された５つの主要なメタアナリシスでは、ステレオタイプ脅威の効果量はごくわずかで、研究者の政治イデオロギーによって、それを「ステレオタイプ脅威だ」とする者（リベラル）と「出版バイアスだ」とする者（保守）に分かれた。

出版バイアスは「目立つ研究結果は学術誌に掲載されやすい」ことで、「ステレオタイプ脅威がない」という研究よりも「ある」という研究の方が好まれるので査読に通りやすくなる。このバイアスを調整すると、一般に思われているような大きなステレオタイプによる心理効果は存在しないらしい。[*6]

それにもかかわらずなぜここで取り上げるかというと、スティールの本を読むかぎり、「性差や人種差はステレオタイプで説明できる」などとはいっていないからだ。スティールは、「ステレオタイプ脅威とはアイデンティティへの脅威だ」と述べている。[*7]

同じ能力なのにちがいが生じるのはなぜ？

「女は男より論理・数学能力が劣る」という論文を読ませるなどしてステレオタイプを意識させてから、男子生徒といっしょに女子生徒に数学の試験を受けさせると、それだけで点数が大きく下がる。――これがステレオタイプ脅威だが、（多くのひとが誤解しているように）「男女の数学能力にはなんのちがいもない」ことを証明したわけではない。スティールは、「脅威（ストレス）を加えなければ同じ結果になることがわかっている2つの集団」を比較したときに、ステレオタイプがどのように結果に影響するかを調べたのだ。

このことをよく示しているのが、プリンストン大学の研究者が行なった、白人と黒人の大学

＊6―Charles Murray (2020) *Human Diversity: The Biology of Gender, Race, and Class*, Twelve

＊7―クロード・スティール『ステレオタイプの科学 「社会の刷り込み」は成果にどう影響し、わたしたちは何ができるのか』（英治出版）。ただし、ステレオタイプによって性差や人種差の多くが説明できると述べている箇所はある。

生に10ホールのミニチュアゴルフをさせる実験だ。このとき、「運動神経を測定する」といわれた白人学生は、そういわれなかった白人学生よりずっとスコアが悪かった（黒人学生にこの効果はなかった）。ところが、「これはスポーツ・インテリジェンス（運動知能）を測定する実験だ」と告げると、こんどは黒人学生のスコアが悪くなった（白人学生にこの効果はなかった）。黒人学生のスコアは、白人学生よりも平均4打以上多くなったのだ。[*8]

なぜこんなことになるかというと、「運動神経を測定する」といわれた白人学生は「白人は黒人と比べて運動神経が鈍い」というステレオタイプ脅威にさらされ、「運動知能を測定する」といわれた黒人学生は、「黒人は白人と比べてインテリジェンス（知能）が劣る」というステレオタイプ脅威にさらされたからだ。

この実験が高い説得力をもつのは、なんの脅威にもさらされていない場合、白人学生と黒人学生のゴルフの成績にちがいがないことをあらかじめ確認しているからだ。つまり、「本来なら同じ結果になることがわかっている2つの集団」に異なるステレオタイプ脅威を与えて比較しているのだ。

同様に、スティールがミシガン大学で女子学生へのステレオタイプ脅威を調べたときは、「数学が得意な男子学生と女子学生」を集めて実験を行なった。スタンフォード大学で黒人学生のステレオタイプ脅威を調べたときは、入学時のＳＡＴ（大学進学適性試験）で得点を標準化している。男性と女性、白人と黒人をランダムサンプリングしたのではなく、ゴルフの実験と同様に、もともと両者の成績が同じになる（と想定される）サンプルで実験を行なったのだ。

当然のことながら、ここから「男と女の数学能力に性差はない」とか、「白人と黒人の学力＝知能は本来同じだ」などの一般則が導けるわけではない。ステレオタイプ脅威でヒト集団間のちがいの一部を説明できるとしても、あくまでも「同じ能力なのになぜ結果がちがってしまうのか」を説明する理論なのだ。

人種という強力なアイデンティティ

教育者としてスティールが関心をもったのは、アメリカの大学で黒人学生の成績がなぜかんばしくないのかだった。黒人学生の成績不振は英語から数学、心理学まであらゆる科目に共通して見られ、「大学から医科大学院、法科大学院、経営大学院、さらには、しばしば幼稚園から高校まで、つまり教育システム全体で見られる現象」なのだ。

ここで、「アメリカではアファーマティブ・アクション（積極的差別是正措置）によってマイノリティの学生が優遇されており、そもそも基礎学力が低い学生が入学しているのではないか」と思うひともいるだろう。これは保守派の主張の定番で、そういうことはあるかもしれな

＊8―Jeff Stone, Christian I. Lynch, Mike Sjomeling, John M. Darley (1999) Stereotype threat effects on black and white athletic performance, *Journal of Personality and Social Psychology*

いが、スティールが問題にしているのは、SATの点数を人種別にグループ化しても、黒人学生の成績が、同じ点数グループの他の学生の成績を一貫して下回っていることだ。

そこでスティールは、ミシガン大学の黒人学生たちに大学生活について訊いてみた。学生たちはスティールに、大学という小さな社会でもマイノリティであると実感していることや、「教員や助手や他の学生、そして教授陣までもが自分のことを『学力が乏しい』と思うのではないか」という不安、教室の外での生活が人種、民族、社会階級によって分断されていることをスティールに訴えた。「その分断を超えた親しい友達はほとんどおらず、黒人のスタイルや好みや関心は、キャンパスで無視されるか、ダサいと思われている気がするといった。黒人などマイノリティの教授陣が少ないことも指摘していた」。黒人学生は、自分が（名門の）ミシガン大学にふさわしくないのではないかと心配していたのだ。

事実、スティールが調べたところ、黒人学生も白人学生も、もっとも親しい友人6人中、異なる人種は平均1人未満だった。黒人学生の場合、6人のうち白人の友人は平均0・6人だった。「人種が統合されている」はずの大学ですら、黒人学生の2人に1人は白人の友だちがいない。

大学と同様に、アメリカの高校も人種によって分断されている。

「人種が統合された」高校のカフェテリアでは、白人生徒が黒人生徒と同じテーブルに座ると、「クールになろうと必死すぎ」とか「わざとらしい」「人種に鈍感」などと思われる。黒人生徒が白人生徒と同じテーブルに座れば、他の黒人生徒から裏切り者だとか、白人になりたがっていると見なされる。高校生たちの日常生活にも、アメリカの人種の歴史が投影されているのだ。

このことは、アメリカにおいて人種が強力なアイデンティティになっていることを示している。アイデンティティというのは「社会的な私」の核にあるもので、自分がどの社会に属しているかの〝しるし〟のことだ。人種問題とは、アイデンティティを表わす〝しるし〟が肌の色になっていることをいう。

スティールは、ステレオタイプ脅威は「人種差別」ではなく、アイデンティティの問題だとする。以下はあくまでも私の理解だが、「場違い」をキーワードに、これを進化論的に説明してみたい。

場違いだと「殺されてしまう」

ヒトは徹底的に社会化された動物で、共同体（コミュニティ）に属していないと生きていくことができない。旧石器時代から何百万年もこのような環境で暮らしていれば、自分が正しい共同体に属しているか、それとも属していないかの鋭敏な感覚が脳に組み込まれたのは間違いない。私たちは無意識のうちに、つねに自分が「場違い」でないかどうかを検証しているのだ。

アイデンティティは「集団への帰属意識」などと説明されるが、それは「正しい共同体に所属している（場違いでない）」という感覚のことだ。それに対して、正しい共同体に所属していないと（場違いだと）、無意識は全力で警報を鳴らす。なぜなら、場違いな共同体に紛れ込んだことは、トラやライオンなど肉食獣と遭遇するのと同じように、生存への重大な脅威だからだ。

とはいえ、自分が少数派（マイノリティ）であることがつねに脅威となるわけではない。多数派（マジョリティ）に対して優位性があるのなら、生存への脅威はなくなるはずだ。このことは、植民地時代の白人がアジアやアフリカで圧倒的な「少数派」だったことを考えればわかるだろう。

このように考えると、ステレオタイプ脅威がシンプルに説明できる。はげしく警告のアラームが鳴るのは、自分が少数派で、なおかつ優位性がない（劣っている）とスピリチュアルが感じる場合なのだ。

理系の女子学生は少数派で、「女は男より数学の成績が悪い」というステレオタイプを意識すると成績が下がる。同様に黒人は大学では少数派で、「黒人は白人より知能が低い」というステレオタイプを意識すると成績が下がる。なぜなら、「ここは場違いで、このままだと殺されてしまう！」という強烈な不安に（スピリチュアルが）襲われるから。

だがその一方で、意識の上では、こうした「脅威」が現実のものではないこともわかっている。テストを途中で投げ出してしまえば、落第して学業、ひいては人生の大きな損失を招きかねない。だからこそ意志のちからでスピリチュアルの警告を無理矢理抑え込んで、難しい問題を解こうとする。

この状況は、なにかに似ていないだろうか。そう、VRゲームの「高所恐怖SHOW」で地上200メートルの板の上に立たされることだ。それと同じ状況でテストを受けることを想像すれば、ステレオタイプ脅威によって成績が大きく下がる理由がわかるだろう。

試験中の学生の血圧を測る実験では、「人種的に対等」と告げられたテストでは、黒人学生の血圧は白人学生と同様に、テストに集中するとともに下がっていった。だが「知的能力を測定する」と告げられると、白人学生の血圧が同じように下がったのに対して、黒人学生の血圧は劇的に上昇した。

ステレオタイプ脅威を与えると、脳のワーキングメモリーの活動が妨げられるという研究もある。生き延びるために必死になれば、そのことで脳のリソースは大量に消費されてしまうのだ。

仲間外れは殴られるのと同じ

ステレオタイプ脅威が明らかにしたのは、同調性の本質はアイデンティティ（正しい場所に所属していること）だということだ。スピリチュアルは集団から排除されることを極端に恐れるので、ほんのわずか圧力を加えられるだけで脳の視覚野が変容するし、ごくふつうのひとが、死の危険があるとわかっているレベルの電気ショックを他人に加えるようになる。

このことをよく示しているのが、オンラインゲームを使った巧妙な実験だ。

飼い犬と公園でくつろいでいるとき、見知らぬ2人が投げ合っていたフリスビーが近くに落ちてきた。それを拾って投げ返すと、2人はこちらに向かってフリスビーを投げてきた。こうして二、三度、3人でフリスビーを投げ合ったが、なんの理由もなく、2人は自分たちだけでフリスビーをするようになり、仲間外れにされた。——社会心理学者のキプリング・ウイリアムズは、このささいな体験から悲しみ、恥ずかしさ、怒りなどの強い負の感情を抱いたことに驚いて、サイバーボールというオンラインゲームを思いついた。[*9]

サイバーボールはオンライン上のフリスビーで、被験者を含め顔写真が表示された3人が画面上で円盤を投げ合う。じつは被験者以外の2人はコンピュータのアバターで、ウイリアムズが体験したように、2、3分みんなでゲームしたあと被験者を締め出す（2人だけでフリスビーを投げ合う）ようにプログラムされていた。

予想どおり、仲間外れにされた被験者は疎外感や無力感、気分の落ち込みを覚え、生きる意味さえ薄れるなど、さまざまな悪影響が観察された。この影響は被験者のパーソナリティに左右されず、自分をのけ者にしたメンバーに親近感を覚えているかどうかにも関係なかった。

より興味深いのは、このときの被験者の脳画像を撮影すると、前帯状皮質背側部の活動が活発になっていたことだ。この部分は肉体的な苦痛によって活性化する。仲間外れにされると、脳は殴られたり蹴られたりするような身体的な暴力を加えられたときと同じ反応をするのだ。

それ以外の実験でも、学生に「いまは友人や恋人がいたとしても、20代半ばまでにはそのほとんどと疎遠になっている」などと孤独を意識させると、数学的能力、空間把握能力、言語的推論能力などの認知機能が低下することがわかっている。それに対して、「交通事故などで大きなケガをする」といった孤独以外の不幸を意識させても、認知機能はほとんど落ちなかった。さらに、社会的に孤立するという予想は、暗記や想起など機械的にこなせばいいだけの課題には影響はなく、統合や調整を行なう高次のプロセスにだけ害を与えた。[*10]

社会的な動物であるヒトにとって共同体に包摂されていることは決定的に重要なので、スピリチュアルは社会的孤立（仲間外れ）の徴候を察知すると、全力でそれに対処しようとする。孤立から逃れることに認知資源の大半を費やしてしまうため、試験（認知的課題）の成績が下がるのだろう。

仲間外れの〝痛み〟は、徹底的に社会的な動物であるヒトが、共同体から孤立する潜在的な危険を避けるための適応として進化してきた。これがいまでは、学校でのいじめによって登校拒否になったり、自殺に追い込まれる原因になっている。

やっかいなのは、「アイデンティティの確立」はヒトが社会化するもっとも重要な作業だが、

＊9—Kipling D. Williams and Blair Jarvis (2006) Cyberball: A program for use in research on interpersonal ostracism and acceptance, *Behavior Research Methods*

＊10—ジョン・T・カシオポ、ウィリアム・パトリック『孤独の科学　人はなぜ寂しくなるのか』河出文庫

それは「誰かを排除する」ことでしか達成できないことだ。ある共同体に属するためには、誰がメンバーで誰がメンバーでないかを確定しなければならない。「排除（仲間外れ）」はその境界を決める必須の手続きで、「排除されていない」ことが共同体に属していることの唯一の証になる。

誰もが学校時代に体験したように、仲間外れという「社会的な落とし穴」から身を守るためには、誰かをその穴に突き落とすほかないのだ。

「支配と服従」は親子関係から生まれた

社会心理学で研究されてきた「権威主義的パーソナリティ」や「社会的支配志向性（SDO／Social Dominance Orientation）は自身が属する集団（アイデンティティ）に固執し、支配－服従の関係を受け入れることだが、これは、「支配のパーソナリティ」と「服従のパーソナリティ」があるということではない。ひとは誰もが他者を支配したい（優位に立ちたい）と思い、それと同時に権力をもつ者に服従する。さらには、ヒエラルキー（権力の階層構造）のなかでは、目上の者に服従し目下の者を支配しようとする。――わざわざこんな説明をしなくても、学校や会社で毎日目にしている光景だろう。

ヒトのこのような傾向が生得的なものであることは、脳画像を使った研究で明らかになった。自分を下の階層と比較するときには、腹内側前頭前皮質という部位が活発化する。この部位は、金銭的報酬を考えるときにも活発化する。それに対して上の階層と比較するときは、前帯状皮質背側部が活発化する。この部位は、身体的苦痛や金銭的損失のような負の出来事を処理するとされている。脳にとっては、自分より劣った者は「報酬」、優れたものは「損失」で、他人の失敗を喜び、成功を妬むように進化の過程で「設計」されてきたのだ。[*11]

支配と服従が、生き物のなかでは異例なまでに長期にわたる養育期間、すなわち子ども時代の親子関係から強い影響を受けていることは間違いない。約600万年前にチンパンジーやボノボとの共通祖先から分かれたあと、脳を極端に発達させた人類は、子宮のなかで脳＝頭蓋骨を大きくしすぎると産道を通ることができないため、「未熟児」状態で生まれてくるしかなくなった。

ウマの子どもは出産後1時間もすると自力で立ち上がるし、大型動物のゾウでも1～2年の授乳期間が終わると独り立ちする。それに対してヒトの子どもは、3年程度の授乳期間（現代では離乳はずっと早くなったが、伝統的社会ではこれがふつうだ）のあとも親や年上のきょうだい、近しい親族などの世話がなければ生きていくことができない。この特殊な環境から、同調＝服

＊11―Yi Luo, Simon B. Eickhoff, Sébastien Hétu and Chunliang Feng (2018) Social comparison in the brain: A coordinate - based meta - analysis of functional brain imaging studies on the downward and upward comparisons, *Human Brain Mapping*

従がヒトの本性になったのだろう。親の権威に従わない子どもは養育を受けられないのだから、その遺伝子を後世に伝えることができないのだ。

狩猟採集の伝統的社会は平等主義で、農耕が始まって穀物を備蓄できるようになったことでヒトは不平等と権威主義の悪弊に染まるようになったとの主張があるが、これは疑わしい。[*12] いかなる共同体でも、すべての構成員が平等に扱われるなどということはあり得ない。なぜなら、思春期に入ったとたんに性愛をめぐるはげしい競争に巻き込まれるから。たとえ社会が階層化されていなくても、競争に勝った者がより多くの称賛とよりよい性愛の相手を獲得できたことは間違いない。

伝統的社会が平等主義なのは、環境の制約によって競争を抑制せざるを得なかったからだ。定住と農耕によってその枷（かせ）が外れれば、当然、「競争（支配―服従）」という人間の本性が前面に出てくる。

そもそも農耕の開始から現在まで1万年ほどしかたっていないのだから、遺伝子の基本的なプログラムはほとんど変わっていない。行動遺伝学ではパーソナリティの（ほぼ）半分は遺伝の影響で説明できるとされており、この短い期間に人間の本性が「平等」から「競争」へと根底から変わったとするのはあまりにも無理がある。

わたしたちはみな長い進化の過程のなかで、「支配と服従」のパーソナリティを脳に埋め込まれてきたのだろう。

「社会的な私」と「個人的な私」

ヒトは自分を社会（共同体）と一体化させると同時に、社会のなかで（同性の）ライバルより目立とうとする。こうしてアイデンティティは、「社会的な私」と「個人としての私」に二重化する。

集団のなかで一番になることを目指しながら、自分が所属する集団を一番にするというのは、ものすごく複雑なゲームだ。集団内でトップの座に立てるのは1人だけなので、「主君に忠誠を誓う」という「服従の道徳」も必要になるだろう。これが戦国時代劇で繰り返し描かれている「国盗り」と「天下取り」で、ギリシア神話から「友情・努力・勝利」の少年マンガまで、すべての物語の原型になっている。

リベラルな社会では「個人としてのアイデンティティ（自分らしさ）」が重視され、「社会としてのアイデンティティ」は軽視されるか、気にしてはならないものとされる。これはジェンダーブラインドやレイスブラインドと呼ばれ、大学への入学や会社での採用・昇進などの際に性別や人種をいっさい考慮しないことをいう。ブラインド、すなわち「目を見えなくする」こ

＊12―ジェームズ・C・スコット『反穀物の人類史 国家誕生のディープヒストリー』みすず書房、クリストファー・ライアン『文明が不幸をもたらす 病んだ社会の起源』河出書房新社

とによって、社会的なアイデンティティを「存在しないもの」として無視するのだ。

他者のアイデンティティを見ないようにすることは差別や偏見をなくしていくための当然の前提とされているが、その一方で、「自らのアイデンティティに自尊心をもち、他者のアイデンティティを尊重する」ことが重要だともされてきた。こうして、「社会的なアイデンティティをつねに意識しながらも、それが存在しないように振る舞わなければならない」というリベラルな社会に特有のPCな（政治的に正しい）態度が強要されるようになる。――本書ではこのやっかいな問題は扱わないが、このやり方がうまくいかないことは、アメリカで起きたBLM（ブラックライヴズマター／黒人の生命も大切だ）の運動や、ヨーロッパで頻発するイスラーム過激派によるテロと極右勢力の移民排斥運動を見ても明らかだろう。

誰もが自由に加入・脱退できるのなら、それは「共同体」ではない。近代になって国家がもっとも重要な共同体＝アイデンティティになったのは、他者（外国人）が国民・市民になることがきびしく制限されているからだ。白人至上主義者が肌の色にこだわるのは、それが生得的で変更不可能なものだ（とされている）からだろう。宗教は入信や改宗が可能だが、だからこそ原理主義者は聖典に書かれた一字一句に忠実であることを求め、改宗者を拒絶するばかりか死に値するとして脱退のハードルを限りなく上げている。――ナショナリズム（国家主義）、レイシズム（人種主義）、マスキュリズム（男権拡張運動）、宗教原理主義などはみな、「俺たち」があらかじめもっていて、「奴ら」がそれを手に入れることができないアイデンティティの上に成り立っている。

徹底的に社会化された動物であるヒトは、「社会的なアイデンティティ」がないと生きていくことができない。「差別のない世界」は人類の理想かもしれないが、それを実現するには、人間であることをやめなくてはならない。

もうひとつ、同調性のパーソナリティで指摘しておく必要があるのは、これまでの研究が性差を無視してきたことだ。

社会心理学は権威主義的社会の独裁者を詳細に研究してきたが、ヒトラー、スターリン、毛沢東など、歴史に名（悪名）を残す独裁者はみな男ばかりだ。なぜなら、権威を求めて競争に駆り立てられるのは男だけだから。だがこのことを強調すると、「男が支配して女が服従する」という性役割分業のステレオタイプと見なされるので、「女は小さな（あるいは劣った）男」とすることでこのテーマをずっと避けてきた。

ミルグラムのアイヒマン実験が示すように、男も女も同調性の傾向にちがいはないが、集団内での競争の仕方は明らかに異なる。これは男女の性愛の非対称性から来るもので、精子と卵子のコストの大きな差から「男は競争し、女は選択する」ように進化してきた。

もちろん女も集団内で資源や性愛をめぐって競争しているが、それは暴力を使って明確なヒエラルキーをつくる男の競争とはルールがちがっている。１９９０年代になってようやく「女の競争」が注目されるようになり、現在は女性の社会心理学者を中心に精力的に研究が進められている。[13]

「日本人は集団主義」はほんとうか

アメリカ人は個性的で同調性が低く、日本人は集団主義的で同調性が高いといわれる。コロナ禍で「自粛警察」が流行語になったことで、「日本人＝集団主義」の常識はより確固としたものになったようだ。

経済学者の大竹文雄さんらは、同調性パーソナリティと会社での成功（年収）の関係を調べ、アメリカでは同調性が低いことが出世と有意に相関するが、日本では逆に同調性が高いことが出世の条件になっていることを見出した。[14]――より正確には、従業員１０００人以上の大企業ではアメリカでも高い同調性が出世に結びつく弱い効果が見られたが、中小企業では同調性が低い方が年収が高かった。

これは「日本人は没個性的で、アメリカ人は個性的」というステレオタイプの証明にも思えるが、逆の因果関係も考えられる。アメリカは同調性が低いことで成功する社会で、だからこそアメリカ人は非同調的に振る舞う。それに対して日本は同調性が高いことで成功する社会なので、日本人は同調的に振る舞っているだけかもしれないのだ。

日本を代表する社会心理学者の故山岸俊男さんは、巧妙な実験によってどちらが正しいかを確かめようとした。[15]

この実験では、参加者はアンケートに答えて、お礼にボールペンをもらう。ボールペンは5本で、そのうち1本だけ色がちがう。参加者は、好きなペンを1本選んでいいと告げられる。日本とアメリカでこの実験を行なうと、アメリカ人は少ない方の色のペンを取ることが多いが、日本人は同じ色のペンを取る傾向が強い。すなわち日本人は多数派に同調し、アメリカ人はユニークさを好む——。まさにこれまでの「常識」が証明されたかのようだ。

だが山岸さんは、この解釈に疑問をもった。日本では、文房具から家電製品に至るまで、〝ユニーク〟さを競うさまざまな商品が氾濫している。日本の消費者が多数派に同調することを求めているのなら、なぜこのような多様な商品が開発されるのだろうか。

そこで次に実験の設定を変えて、参加者全員の前でペンを選ぶようにしてみた。するとこんどは、アメリカ人もたくさんあるペンを選ぶようになった。アメリカ人も他人が見ている前では同調するのだ。

山岸さんはさらに、他の参加者がすべて選び終わって、最後に選択するという設定も試して

＊13—詳しくは拙著『女と男　なぜわかりあえないのか』(文春新書)を参照されたい。
＊14—Sun Youn Lee and Fumio Ohtake (2016) Is Being Agreeable a Key to Success or Failure in the Labor Market?, *ISER Discussion Paper No. 960*
＊15—山岸俊男、メアリー・C・ブリントン『リスクに背を向ける日本人』講談社現代新書

みた。するとこんどは、日本人の参加者も1本しかないペンを選ぶようになって、やはり日米の差がなくなった。

ここから山岸さんは、日本人とアメリカ人の同調性に本質的（生得的）なちがいがあるのではなく、それぞれのデフォルト戦略が異なるのだと考えた。デフォルトというのはOSなどの初期設定のことで、不特定多数のユーザーにとってもっとも無難な選択肢だ。

日本人は、あいまいな状況に置かれると、無意識のうちにリスク回避的な選択を行なう。だが状況が明確であれば（自由になんでもやっていいのだとわかれば）、アメリカ人と同様に自己主張をする。

アメリカ人は逆に、あいまいな状況では自己主張をすることがもっとも有利な選択だと考える。だが過度な自己主張が顰蹙（ひんしゅく）を買うような場面では、ちゃんとその場の空気を読んで、自分を抑える（遠慮する）こともできるのだ。[*16]

「伽藍とバザール」のゲーム

組織に同調するかどうかで、なぜ日本人とアメリカ人でデフォルト戦略が対照的になるのか。それはひとびとが生きている社会すなわち環境が異なるからだ。

アメリカ社会では、自己主張しない人間は存在しないのと同じだと見なされる。このような環境では、「迷ったら自己主張をする」というのが生存のための最適戦略になる。それに対して日本では、下手に目立つとロクなことがないとされている。このような社会では、「迷ったら他人と同じことをしておく」のが最適戦略になるだろう。

置かれた環境によって同調性が変化することは、ポジティブゲームとネガティブゲームで説明できる。これは何度か書いた話だが、簡単に説明しておこう。[*17]

伽藍（がらん）というのは、お寺のお堂とか教会の聖堂のように、壁に囲まれた閉鎖的な場所だ。それに対してバザールは、誰でも自由に商品を売り買いできる開放的な空間をいう。そして、伽藍かバザールかによって同じひとでも行動の仕方が変わる。

バザールの特徴は、参入も退出も自由なことだ。商売に失敗して、「なんだ、口ばっかりじゃないか」といわれたら、さっさと店を畳んで別の場所で出直せばいい。その代わり、バザールでは誰でも商売を始められるわけだから（参入障壁がない）、ライバルはものすごくたくさんいる。ふつうに商品を売っているだけではじり貧になるばかりだ。

これがゲームの基本ルールだとすると、どういう戦略がいちばん有効だろうか。それは、「失敗を恐れず、ライバルに差をつけるような大胆なことに挑戦して、一発当てる」だ。もちろん、運よく成功するより挑戦に失敗することの方がずっと多いだろう。でも、そんなことを

＊16―詳しくは拙著『（日本人）』（幻冬舎文庫）を参照されたい。
＊17―詳しくは拙著『残酷な世界で生き延びるたったひとつの方法』（幻冬舎文庫）を参照されたい。

気にする必要はない。バザールでは、悪評はいつでもリセットできるのだから。

これを言い換えると、バザールの必勝戦略は「よい評判（「あの店、美味しいよね」「あそこがいちばん安いよ」）をたくさん集めること」になる。これが「ポジティブゲーム」で、成功のためには同調性を低くして、他人よりすこしでも目立つことが大事になる。

それに対して伽藍の特徴は、参入が制限されていて、よほどのことがないと退出できないことだ。このような閉鎖空間だと、ちょっとした悪口（「あの店、態度悪いよね」）が消えないままずっと続くが、新しいライバルが現われることもないのだから、競争率はものすごく低い。どこにでもある商品をふつうに売っているだけで、とりあえずお客さんが来て商売が成り立つ。

これがゲームの基本ルールだとすると、伽藍ではどういう戦略が最適だろうか。それは、「失敗するようなリスクはとらず、目立つことはいっさいしない」だ。なぜなら、いちどついた悪い評判は二度と消えないのだから。これが「ネガティブゲーム」で、同調性を高くして「悪い評判（失敗）」をできるだけ減らし、他人と同じことをするのが生き延びる道になる。

このように、行動や選択がポジティブになるかネガティブになるかは、そのひとの性格とは関係ない。ふだんはポジティブなひとでも、伽藍に放り込まれればネガティブゲームをするようになる。同様にいつもはネガティブなひとも、バザールではポジティブゲームをするだろう。

このことは、アメリカの学校でも日本と同じようにいじめが大きな問題になっていることからも明らかだ。同調性が低い（ように見える）アメリカの若者も、学校という伽藍に閉じ込められれば、集団を「俺たち」と「奴ら」に分け、誰かを排除することで集団の境界をつくる「アイデンティティゲーム」を夢中になって始めるのだ。[*18]

「自分らしく生きる」という奇妙奇天烈な価値観

同調性は社会的な動物であるヒトにとってもっとも基本的な本性で、大多数は高い同調性を生まれながらにしてもっている。だとしたら、なぜ同調性にパーソナリティのちがいが生じるのだろうか？　それはおそらく、同調圧力が弱いときに個性のちがいが現われるからだろう。

内向的なひとは、外からなんらかの圧力を加えられたからといって、いきなり外向的にはならない。神経症傾向も同じで、薬物の使用などを別にすれば、悲観的なひとが人為的な操作で楽観的になるとは考えにくい。だがアイヒマン実験が示すように、同調性パーソナリティでは、一定の同調圧力を加えられるとほとんどのひとが権威に服従するようになる。「外向的／内向的」や「楽観的／悲観的」が正規分布するのに対して、同調性のばらつきはベキ分布するのだ。

それにもかかわらず、なぜビッグファイブのなかに同調性が入ってくるのか。その大きな理由は、現代社会がとてつもなくゆたかで安全になったからではないだろうか。

＊18―日本人の同調傾向が高いのは、内向性や高い神経症傾向などのパーソナリティによって伽藍型の組織（とりあえずそこに入れば安心できる）をつくろうとし、それが同調圧力を生んでいるとも考えられる。

人類はその進化の歴史の大半で、自分（社会的な私）を共同体に一体化させなければ生きていけなかったが、産業革命以降、より正確には第二次世界大戦後の世界的な高度経済成長（1960年代）から、欧米先進国を中心に、人類史上はじめて「共同体に属さなくても生きていける」時代が到来した。それが「自分らしく生きられる」リベラルな社会だ。

ギリシア・ローマはもちろん19世紀の西欧社会ですら、「個性」とか「自分らしさ」は（もしあったとしても）ごく限られた特権階級のぜいたく品だった。それがいまでは、「すべてのひとが自己実現できる社会を目指すべきだ」とされている。これを当たり前だと思うかもしれないが、人類史的に見ればとてつもなく奇妙奇天烈（きてれつ）な価値観だ。

ゆたかで安全な社会では、二重化されたアイデンティティのなかで「社会的な私」が後退し、「個人としての私」が前面に出てくる。こうして一部のひとが同調性の低い行動や選択をするようになり、それがパーソナリティ（自分らしさ）として認識されるようになったのだろう。

だがコロナ禍の「自粛警察」やマスクの買い占め騒動で明らかになったように、致死率の低い弱毒性のウイルスですら社会を同調的な方向に劇的に変えてしまう。こうしてふだんは同調性が低いと思われていたひとも、朝からドラッグストアの長い行列に並ぶことになるのだ。

極端に同調性が低い「正義のひと」

同調性が人間の本性だとしても、生得的にきわめて同調性が低いひともいるだろう。同調性がベキ分布だということは、ロングテールの端では極端なことが起きるはずだからだ。

アメリカの歴史家ティモシー・スナイダーは、東欧においてソ連（スターリン）とナチス（ヒトラー）が衝突したことが大規模なホロコースト（ユダヤ人絶滅）を引き起こしたというきわめて論争的な主張で知られるが、その著書のなかで「正義の少数者」として、時代に抗って逃亡ユダヤ人を助けた市井のひとたちについて書いている。[*19]

当時、ユダヤ人を匿うことは「死」を意味したが、それでも「正義」を行なう者がいた。個々の事例を見ていくと、多くが共感、利己心、欲望などが組み合わさったものだとわかる。

ユダヤ人の若い娘は、結婚を条件に隠れ家を提供された。子どものいない夫婦は、幼いユダヤ人を養子にした。年老いた農夫が、農場の人手が足りないという理由で10歳のユダヤ人の娘を世話することもあった。いずれもなんらかの打算がからんでいるが、見つかれば自分の生命もないのだから、やはり勇気ある「正義の行動」というべきだろう。

だがそのなかでも、なんの利益もなしに逃亡ユダヤ人を助けた者がいる。

一斉検挙を逃れて夫とともに沼沢地に逃れたイレナ・リプシツは、数日間、ベリーとキノコだけを食べて過ごしたのち、意を決して外の世界に出てみた。イレナは、最初にぶつかった道路に立ち、最初に見かけたひとに助けを求めることに決めた。

＊19―ティモシー・スナイダー『ブラックアース　ホロコーストの歴史と警告』慶應義塾大学出版会

そこに現われたのは、肩に二連式のショットガンを担いだ男で、瞬時を置かずイレナの頼みを引き受けた。その場面はこう描写されている。

その男は生まれついての反逆者だった。どんな権力の中心からも遠く離れて密輸と酒の密造で生計を立て、彼に対し権限を持つと主張するどんな政治体制にも反発していた。戦間期のポーランドでは、彼は共産主義者を匿ったし、ソヴィエトが侵攻してくると、ポーランド人にＮＫＶＤ（スターリン政権下の秘密警察・内部人民委員部）による移送からの隠れ場所を提供した。そして今やドイツが来ていたので、彼はユダヤ人を助けているのだった。救助に区別なんぞつけられるか、と思っているのは明らかだった。

この男との奇跡的な出会いによって、イレナと夫はナチス支配下で生き延びることができた。戦後、イレナはこの体験を話したが、男の名を明かすことは拒んだという。

これが、ロングテールの端にいる「極端に同調性の低い者」だ。彼／彼女は組織に従属することがまったくできないので、「偏屈」として社会の片隅に追いやられるか、犯罪者として刑務所に収監されるかして、その存在が私たちの目に触れることはほとんどない。

だが戦争や内乱のような極限状況では、彼らはその同調性の低さによって、なにひとつ利益がなくても自らの「正義」を貫き、出会った者に深い印象を残すのだ。

spirituals
the mystery of me

PART 6

共感力

「共感力」とはなんだろう？　それは、「相手と感情を一致させる能力」のことだ。映画やテレビドラマを観ていて、俳優の泣き顔に自然と涙が出てくることがあるだろう。これが「共感（エンパシー）」で、この能力によってわたしたちは相手の「気持ち」を自分に重ね合わせることができる。

共感パーソナリティが「相手の〝気持ち〟を感じる能力のばらつき」だとすると、「メンタライジング」は「相手の〝こころ〟を理解する能力」だ。共感力とメンタライジングはしばしば混同され、さまざまな場面で無用な誤解を招いている。

共感力には明らかな性差（男女のちがい）があり、女は共感力が高く、男は共感力が低い。メンタライジングはヒトの社会性の基本だが、一部にはこの能力の低いひとがいて困難な人生を歩むことになる――という話をここではするつもりだ。

アカゲザルの「共感」

共感力はヒトだけでなく、社会性の高い哺乳類にもあるようだ。

1960年代に行なわれた古典的な実験では、アカゲザル（インド北部から中国南部に分布するマカク属で、ニホンザルの近縁種）15匹に、2本の鎖のいずれかを引くと異なった報酬が得られることを学習させた。ここでは鎖Aが報酬10、鎖Bが報酬5としよう。当然のことながら、すべてのアカゲザルはすぐに鎖Aばかり引くようになる。[*1]

次に研究者は、ミルグラムのアイヒマン実験と同様に、別のアカゲザルに電極を装着し、鎖Aを引くと通電するようにした（人間相手の実験とはちがい、「犠牲者」のアカゲザルは実際に電気ショックを受けた）。他のサルはその様子を見ることができるから、報酬の多い鎖Aを引くと仲間のサルが電気ショックで苦しみ、報酬の少ない鎖Bで我慢すればそうならないことを学習した。

その結果はきわめて興味深いもので、15匹のアカゲザルのうち10匹は、報酬が半分になっても鎖Bを引くようになった。さらに、残り5匹のうち1匹は5日間、いずれの鎖も引かなくなり、もう1匹は12日間も引かなかった。すなわち15匹のサルのうち12匹（8割）が、共感によって行動を変えたのだ。――逆にいうと3匹（2割）は共感せずに鎖Aを引きつづけたわけで、アカゲザルにも共感パーソナリティのばらつきがあることがわかる。

こうした「共感実験」はラットでも行なわれていて、レバーを押せばヒモで吊るされている

*1―R. E. Miller (1967) Experimental approaches to the physiological and behavioral concomitants of affective communication in rhesus monkeys, *Social communication*

仲間のラットを地面に下ろせることを学習すると、それ以降、吊るされたラットを見るとレバーを押すようになる。[*2]

アカゲザルの実験では、研究者は共感を引き出す3つの条件を発見した。刺激が聴覚ではなく視覚的に与えられること、自分自身が電気ショックを受けた経験があること、電気ショックを受けたサルと親密度が高かったことだ。

聴覚より視覚が重要なのは、サルでは言語コミュニケーションが限定されているため、壁の向こうで仲間のサルが叫んでいてもなにが起きたのかうまく理解できないからだろう。だが実際に苦悶の表情を見ると、それは即座に共感反応を引き起こす。これは、ヒトが微妙な表情の変化にきわめて敏感なのと同じだ。

「自分も電気ショックを受けた経験がある」という条件は、共感にはには相手になにが起きたのかの理解が必要なことを示している。なんだかわからない理由で叫んでいたとしても、それだけでは共感を誘発しない。

3つめの「親密度が高い」というのも重要で、これは共感が、仲間(共同体)のつながりを高める機能をもっているからだろう。逆にいえば、共同体の外の(よく知らない)相手には共感が起こらない。

こうした特徴を見ると、アカゲザルの「共感」はヒトによく似ているようだ。高度な脳をもつ社会的な動物は、近しい者の苦しみを不快だと感じるように進化したのだろう。

共感は有性生殖とともに始まった

共感は向社会的な感情で、そこから信頼や公平などの道徳的な感情が生まれた。相手のことをなにひとつ気にかけていないのなら「大切に扱おう」と思う理由はない。[*3] では、共感力はどのように生き物の中枢神経系に埋め込まれ、進化したのだろうか。

アメリカの心理学者・経済学者ポール・ザックは、〝愛と信頼のホルモン〟オキシトシンの影響を研究し、「共感や信頼は有性生殖とともに始まった」という興味深い説を唱えている。[*4]

無性生殖の生き物は、単独で分身を増やし自らの遺伝子を後世に伝えていくことができるのだから、他者と協力する必要はまったくない。生存と生殖のための最適戦略は、「自分の縄張りを守り、そこに侵入した他者を容赦なく攻撃する」になるだろう。

だがその後、性別の異なる2つの個体の遺伝子を組み合わせた有性生殖の方が、病原体や寄生虫への抵抗力があり、環境の変化にも適応できることが（利己的な遺伝子にとって）明らかに

＊2―ラットのこの行動を共感だとすることは「過度の擬人化」との批判がある。

＊3―メルカリの出品者を「信頼」することはあるが、これは共感ではなく、お互いにルールを守った方が得だという互酬性で説明できる。

＊4―以下はポール・J・ザック『経済は「競争」では繁栄しない　信頼ホルモン「オキシトシン」が解き明かす愛と共感の神経経済学』（ダイヤモンド社）より。

なった。だがここで生き物は、困難な問題に突き当たったはずだ。生存のためには他者を攻撃しなければならないが、生殖のためには他者(異性)を受け入れなくてはならないのだ。

この難問を解決するために、有性生殖ではフェロモンによって生殖のサインを出すのだが、じつはこれだけではじゅうぶんではない。フェロモンの刺激によって「武装解除」するメカニズムが必要なのだ。

ロブスターの求愛行動では、メスがオスの巣穴に魅惑的な香りを振りまいたあと、自分の殻をするりと脱いで無防備になる(インターネットで画像検索すると、大きなハサミや硬い殻のない求愛中のロブスターを見ることができる)。するとオスは、メスの「武装解除」に応えて相手を信頼し、子づくりのパートナーとして受け入れるのだ。これを「道徳的な行動」と呼ぶとすれば、「ほぼ1億年も人間に先行することになる」とザックはいう。

原始的なストレスホルモンの「バソトシン」は9個のアミノ酸でできており、逃走/闘争反応を引き起こす。ところがアミノ酸のうちの2個が偶然に入れ替わって「イソトシン」になると、効果が逆になって一時的に不安を減らす。この突然変異によって求愛時のパートナー同士が「信頼」するようになり、有性生殖が可能になったのだ。

ヒトではイソトシンの一種がオキシトシンに変わり、バソトシンはバソプレシンになった。バソプレシンは「メイトガードのホルモン」とも呼ばれ、男(オス)の性愛行動に大きな影響を与えることがわかっている。

愛は脳内化学物質で決まる？

オキシトシンは小さな分子（ペプチド）で、脳内で信号を送る神経伝達物質と、血液中でメッセージを運ぶホルモンの両方の働きをもつ。１９０６年にヘンリー・デイルが下垂体で発見し、ギリシア語で「すばやい」を意味する単語と「出産」を表わす単語を組み合わせてオキシトシンと名づけた。このホルモンが、陣痛の始まりと授乳時の乳汁の流れを制御していることが最初にわかったからだ。

オキシトシンが親子の愛着（アタッチメント）に関係していることは、ラットを使った実験で確かめられている。

警戒心の強いシロネズミのメスに発情ホルモンのエストロゲンを与えてからオキシトシンの注射を打つと、たまたま近くにいる子どもでもせっせと世話をしはじめる。オキシトシンの影響下では苦痛を感じることも気が散ることも減り、研究者が騒音や光で苛立たせようとしても母親の務めを果たしつづける。だがその母ネズミにオキシトシンの作用を阻害する薬を与えると、自分の子どもすらまったく顧みずに死なせてしまう。

この実験は、「神聖」なものとして描かれてきた母性愛を脳内の化学物質の作用におとしめたと批判されたりもした。だがいまでは、コカインはオキシトシンを抑制する効果があることが知られているし、ドメスティックバイオレンス（ＤＶ）などでストレスホルモンが過剰な場合もオキシトシンの働きが妨げられる。こうした母親は子どもに愛情をもてず、育児放棄しやすいという研究もある。「体内でオキシトシンの適切な分泌がなければ、母性本能などというものは生まれない」のだ。

より決定的なのは、1980年代にプレーリーハタネズミとアメリカハタネズミを対象に行動神経生物学者のスー・カーターが行なった実験だ。この2種のハタネズミは、近縁であるにもかかわらず性愛行動が大きく異なる。プレーリーハタネズミのオスが一夫一妻でかいがいしく子どもの世話をするのに対し、アメリカハタネズミのオスは乱婚で、メスが妊娠するとさっさと別のパートナーを探しに行く。[*5]

カーターは、このちがいにオキシトシンが関係しているのではないかと考えた。そして、脳の「報酬」領域に並ぶオキシトシン受容体の数で、一夫一妻と乱婚のちがいを説明できることを示した。

プレーリーハタネズミは受容体の数が多く、馴染みのメスと暮らすことでオキシトシンが分泌されると快感を覚え、その行動が強化されていく（自分の子どもといっしょにいても、同じ快感を生じさせる化学物質の連鎖が起きる）。それに対してアメリカハタネズミはオキシトシンの受容体が少なくこうした化学反応が起きないため、パートナーや子どもへの愛着が形成できないというのだ。

「愛」を化学的に説明することには強い反発があったが、この仮説は2000年に神経科学者のラリー・ヤングが、オキシトシン「ノックアウト」マウス（遺伝子操作によって遺伝的プログラムからオキシトシンを排除したマウス）によって実証した。たったひとつの遺伝子とそれがつくり出すひとつのホルモン（オキシトシン）を失っただけで、社会的な動物であるマウスは仲間を認識する能力がなくなり、群れから離れて孤独を好む「気難しいマウス」になった。[*6]

オスの性愛行動に影響を与える神経伝達物質バソプレシンの働きは、パートナーや子どもを保護しようとすることだ。もともとは逃走／闘争反応を起こすストレスホルモンだったが、その保護と防御の側面が「親密さ」へと進化したとされる。

オキシトシン「ノックアウト」マウスの成功にちからを得たヤングは、交尾経験のないオスのアメリカハタネズミの脳内に、無害のウイルス媒体を使ってバソプレシン受容体をコードする遺伝子を挿入するという、より大胆な実験を行なった。すると乱婚のはずのアメリカハタネズミが、交尾したメスと寄り添い、巣をつくり、何度も交尾したがった。「遺伝子組み換え」したオスたちは、近くに魅力的なメスがいても目もくれず、最初に出会ったメスに忠誠を誓うようになったのだ。

＊5—C. S. Carter and L. L. Getz (1993) Monogamy and the prairie vole, *Scientific American*

＊6—Zoe R. Donaldson and Larry J. Young (2008) Oxytocin, vasopressin, and the neurogenetics of sociality, *Science*

男と女で共感力がちがう

ヒトをラットやハタネズミと同列に語ることはできないとしても、性愛と化学物質の関係を示す一連の実験は衝撃的だ。情動や社会的な行動と結びついている人間の脳の領域（扁桃体、視床下部、膝下野、嗅球）にはオキシトシン受容体がびっしり並んでいる。このホルモンが迷走神経（副交感神経）の受容体に結びつくと、心臓や消化器官が刺激されて不安が和らぎ、血圧が下がり、頬にはセックスに伴うようなほんのりした赤みがさす。

恋愛や親密さのようなポジティブな社会刺激によってオキシトシンの分泌が促されると、ドーパミンやセロトニンの分泌が誘発される。ドーパミンは目標志向行動や衝動、強化学習にかかわり、セロトニンは不安を減らして気分をよくする。この組み合わせ（脳内の化学物質のカクテル）によって、特定の相手（パートナーや子ども）への愛着が形成されるのだ。

共感はいまやオキシトシン抜きに論じることはできなくなっているが、じつはこのパーソナリティには明らかな男女差がある。

行動経済学などで社会性を研究する際に使われる手法のひとつに公共財ゲーム（信頼ゲーム）がある。プレイヤーは「投資家」と「運用者」にわかれ、それぞれ（たとえば）1000円ずつ渡される。投資家はその1000円のなかから任意の金額を運用者に投資することができ、運用によって投資額は（たとえば）3倍に増える。運用者は、その利益のうちから任意の額を投資家に返却できる。

具体的な例で考えてみよう。双方がもっとも大きな利益を得られるのは、投資家が1000円全額を運用者に投資し、運用者が増えた資産を折半する場合だ。投資した1000円は3倍の3000円に増え、最初の1000円を加えて運用者の資産は4000円。それを分け合うのだから、2人とも最初の1000円が倍の2000円になる。

だが誰でも気づくように、運用者にはもっとうまい方法がある。手元のお金をいっさい投資家に返却しなければ4000円のボロ儲けなのだ。投資家はもちろんこのリスクを承知しているから、投資に際して自分の取り分を確保しておこうとするだろう。だが投資金額が少ないと、そのぶん運用に回すお金は減ってしまい、結果的に2人とも損をすることになる。

この公共財ゲームでは投資家が運用者を信頼することがキーになるが、男の運用者が資金の25％しか投資家に返さなかったのに対し、女の運用者はほぼ折半の42％を返した。さらに、10％未満しか返さない「最低なやつ」は男が24％（4人に1人）もいたのに対し、女は7％（10人に1人以下）だった。[*7] それ以外でも、赤ちゃんのときから男の子と女の子では関心の持ち方がちがう（男の子はモノに、女の子はヒトに関心をもつ）など、男女の共感力の性差を示す研究はたくさんある。[*8]

＊7―ザック、前掲書。
＊8―サイモン・バロン＝コーエン『共感する女脳、システム化する男脳』NHK出版

テストステロンが共感力を抑制する

男女の共感力の性差には、オキシトシンとテストステロンが関係しているらしい。

公共財ゲームで、見知らぬ投資家から多くのお金を受け取った運用者は、お金を受け取れなかった対照群よりオキシトシンのレベルが50％も高くなっていた。それが自分への信頼の印だとわかったからだ。それに応えるように、対照群に比べて運用者が投資家に分け与えるお金が2倍近くになった。

同じ公共財ゲームで、投資家の鼻孔からオキシトシンを吸入させると、プラセボを吸入した対照群より17％多くのお金を運用者に与えるようになった。そればかりか、オキシトシンの影響下にある投資家のおよそ半分が、手元にある資金全額を運用者に預けた。

このことは、オキシトシンが「人間の絆」に反応することを示している。投資家は、お金を受け取った運用者がどのような気持ちになるか想像し（信頼されてうれしいと感じるにちがいない）、より「道徳的」に行動するようになったのだ。

テストステロンの影響は、公共財ゲームに処罰を導入することで明らかになった。

投資家が運用者を信頼してお金を預けたにもかかわらず、運用者からわずかしか返金されなかったら理不尽だと思うだろう。処罰ありのゲームでは、このとき投資家に報復の権利が与えられる。投資家が返金の受け取りを拒否すると、2人ともなにももらえなくなるのだ（自分のコストを受け入れることで相手に仕返しできる）。

この条件で投資家にテストステロンを塗布すると、プラセボの対照群に比べて、拒否する金額が27％も上がった。

男性の投資家は返金額が30％未満だと不公平とみなして受け取りを拒否し報復するが、このときテストステロン値が急増していた。これは被験者が「戦闘モード（カッとする）」になったことを示している。それに対して、男よりもテストステロン・レベルが低い女の被験者にはこうした効果はまったく見られなかった。テストステロンにはオキシトシンを抑制し、共感や信頼を引き下げる作用があるのだ。

なぜこのような仕組みになっているのだろうか。ザックはこれを、「ただ乗り（フリーライド）」や「社会的怠慢」を罰するためだという。自然はテストステロンにオキシトシンの活動を妨害させることで、人口のおよそ半数（男性）の共感能力を適度に弱めるようにした。なぜなら、「罰せられるかもしれない」という脅威を導入するだけで、向社会的な行動が大幅に増えるから。

公共財ゲームに処罰を導入すると、双方が信頼しあって（ずるをしなくなって）全体の利益が増える。自分の利益を犠牲にする（あるいは他者を処罰することに快感を覚える）メンバーが数人いるだけで、集団の向社会的な行動が増して全員が利益を享受できるようになるのだ。

これはたしかに説得力があるが、群淘汰（個体ではなく群れの利益を最大化するように進化した

図9●男らしさ／女らしさの分布

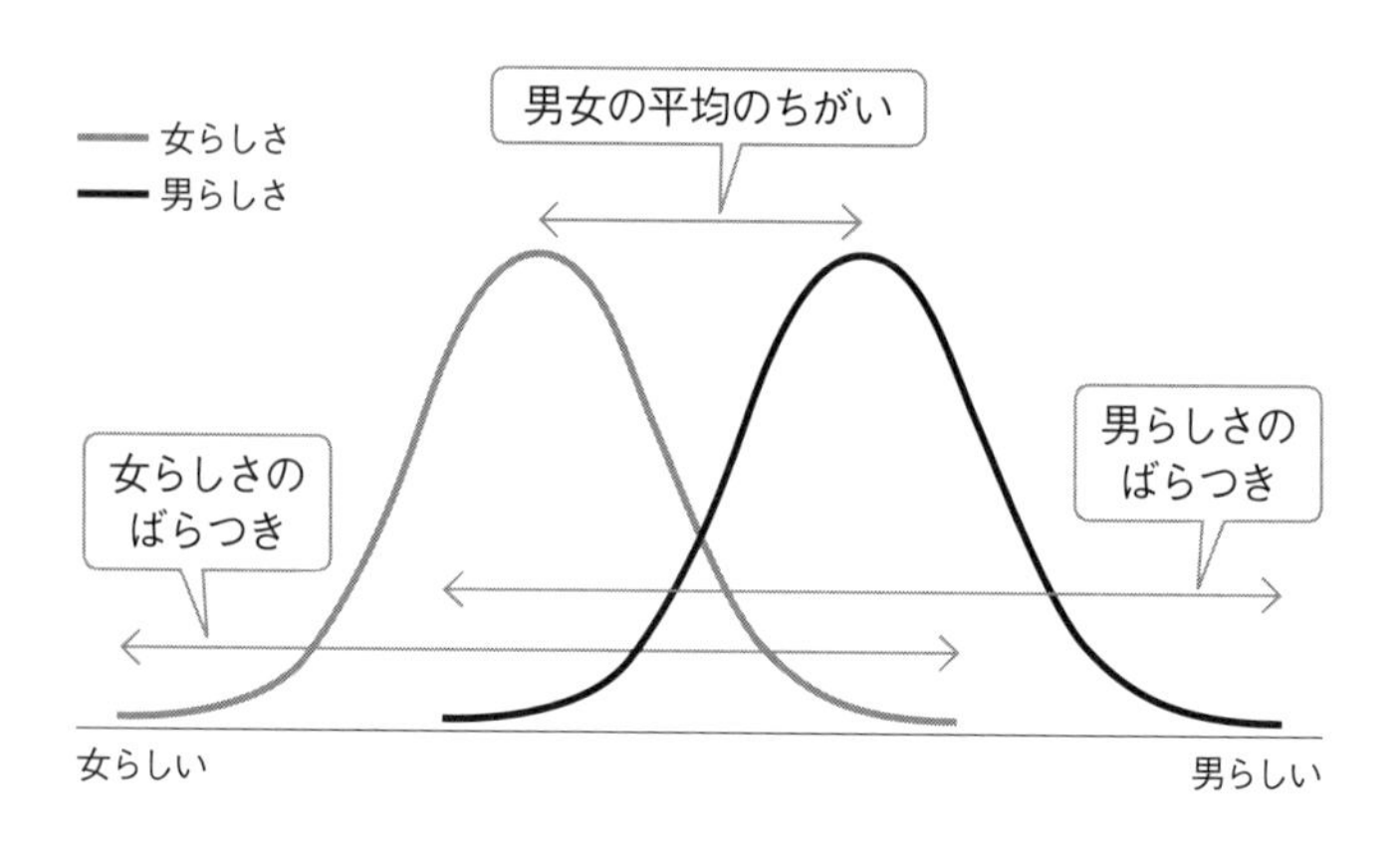

との仮説で、標準的な進化論では否定されている）のようにも思える。それよりも男の共感力が低い理由は、男女の性愛の非対称性から、男がヒエラルキーの上位を目指してつねに競争しているからではないだろうか。ライバルを叩きのめすのに共感は不要なばかりか邪魔でしかない。こうして報復が快感になり、結果として向社会性が高まったとも考えられる。

テストステロンは「男性ホルモン」とされるが、女も卵巣や副腎から分泌し、（妊娠しやすい）排卵の前後にもっとも濃度が高くなる。テストステロンは性欲に関係するから、排卵日が近づくと女性の性欲は高まり、魅力的になっていく。これは進化の適応としても合理的だ。

テストステロンのもうひとつの特徴は、競争や攻撃性と結びついていることだ。男のテストステロン・レベルは女の60～１００倍も高い。ザックのいうようにテストステロンがオキシトシンを抑制するのだとすれば、「共感する女」と「競争する男」の性差はここから説明できるかもしれない。

「男は女の気持ちがわからない」には根拠がある

女は共感力が高く、男の共感力は低い。この性差のステレオタイプは、オキシトシンとテストステロンの濃度によっていまでは神経科学的に説明できる。だがこれは、「男は火星人で女は金星人」ということではない。

共感力が正規分布すると考えれば、性差は**図9**のような関係になっているはずだ。男らしさ、女らしさは0と1のような二項対立ではなく、連続体として重なり合っている。性差というのは、定義上、「平均的な男」と「平均的な女」の統計的な差異のことだ。

その一方で、女集団には「男っぽい女性（右端）」から「女っぽい女性（左端）」まで、男集団にも「男っぽい男性（右端）」から「女っぽい男性（左端）」まで、さまざまな個性がある。「集団内のばらつき（ベルカーブの幅）」の方が、「集団間のちがい（平均値の幅）」よりも大きいのだ。

ここから、男のなかにも一定数、共感力の高いひとがいるし、女のなかにも一定数、共感力の低いひとがいることがわかる。これは一人ひとりの個性なので、「女だから」「男だから」といって、共感力があるとかないとか決めつけるのは間違っている。

しかしその一方で、女に共感力が高い者が多く、男に共感力が低い者が多いことも事実だ。その結果、女から見れば、つき合う男の多く（場合によってはほとんど）が共感力が低いタイプに思えるかもしれない。こうして「男は女の気持ちがわからない」というステレオタイプが生まれるのだが、これは統計的には相応の根拠がある。

その一方で、男からすると、つき合う女の多くから（自分にはない）共感を過剰に求められているように感じられ、「なんだか知らないけどすぐに泣く」とか「わけがわからないことで責められる」と決めつけるようになる。その多くは自分勝手な誤解だとしても、その背景には男女の共感力の性差がある。

このようにして「女と男はわかりあえない」という話になるのだろう。——ここから先は拙著『女と男　なぜわかりあえないのか』（文春新書）を読まれたい。

相手の気持ちを理解する能力

共感はネズミやサルなど社会性の動物に広く見られるが、じつは社会をつくるうえでヒトにしかない（とされている）能力がある。それが「メンタライジング」で、「こころの理論」とも呼ばれる。共感が「相手の気持ちを感じること」だとすれば、メンタライジングは「相手のこころを理解すること」だ。——これを「情動的共感」と「認知的共感」と区別することもある。

共感とメンタライジングは脳の異なる機能だが、しばしばいっしょくたにされて議論が混乱する原因になっているので、ここですこし詳しく説明しておこう。

幼い子どもを被験者に、サリーとアンの指人形を使った有名な実験がある。[*9]

最初にサリーが登場し、カゴにおはじきを入れて舞台を去る。次にアンが登場し、おはじきをカゴから箱に移し替える。もういちどサリーが舞台に戻ってきたときに、子どもたちに「サリーはおはじきを見つけようとしています。どこを探すでしょう？」と質問する。

3歳までの子どもたちは、この課題に「箱のなかを見る」と答える。なぜなら、おはじきはそこにあるから。

だが4歳を超えると、サリーがカゴのなかを探すとわかるようになる。自分たちの知識（おはじきは箱のなかにある）と、サリーのこころの状態（おはじきがカゴのなかにあると思っている）を区別できるようになるのだ。

これが「メンタライジング」で、相手と自分の気持ちを重ね合わせる「共感」とは異なる。乳児は泣いている隣の乳児をなぐさめようと共感するが、その子の気持ち（なぜ泣いているのか）を理解しているわけではない。

メンタライジングは社会生活を送るのに必須の能力だが、他の認知課題にはなんの問題もないにもかかわらず、他者のこころの状態を類推するのが困難なひとたちがいる。これが自閉症

＊9―サイモン・バロン＝コーエン『自閉症とマインド・ブラインドネス』青土社

図10●共感力とメンタライジング

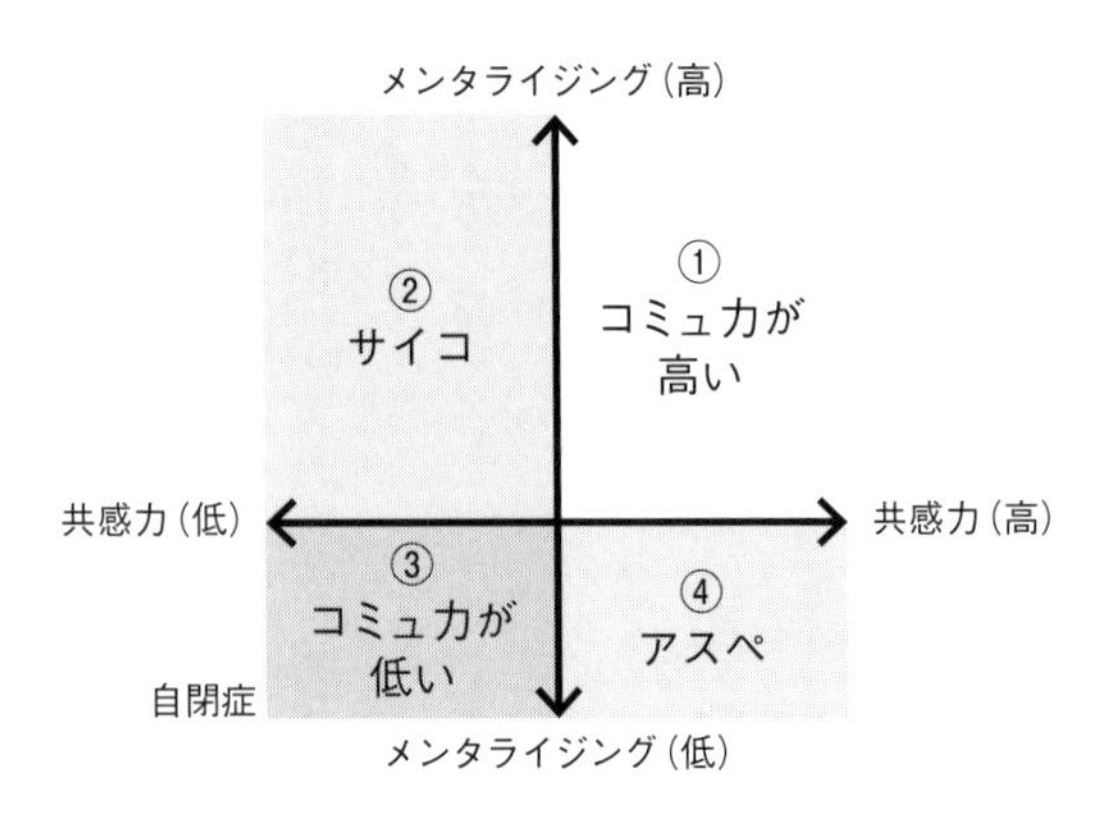

で、イギリスの発達心理学者サイモン・バロン＝コーエンは、自閉症者はメンタライジングの能力が欠けているとして、これを「マインド・ブラインドネス」と名づけた。

バロン＝コーエンはメンタライジングを4つの機能で説明している。「意図の検出（動きから目的を推測する）」「視線の検出（目の動きから相手がなにに注意しているかを推測する）」「注意の共有（相手が見ているものを自分も見ることで注意を共有する）」「こころの理論（これらを統合して相手のこころを推測する）」だ。

自閉症の特徴として、相手の視線をモニタできないことがある。喫茶店で話をしているときに、相手が視線をふと入口に向けると、ごく自然に同じ方向を見る。これが「注意の共有」だが、自閉症者はこうした反応がほとんどない。

目の見えない子どもに「お母さんに自動車を見

せて」というと、右手にもった自動車のオモチャを高く上げる。これは「見る」ということがどういう感覚なのかわからないとしても、「見る」ことがなにを意味しているのかを生得的に知っているからだ。だが自閉症の子どもは、視覚になんの問題もなくても、この課題に正しく対処できない。

「火星の人類学者」の困難な人生

なぜこのようなことになるかは遺伝子や脳の機能からさまざまな研究が進められているが、ここではメンタライジングの個人差だけを取り上げる。そうすると、共感力とメンタライジングで**図10**のような4つのパターンに分かれることになる。

共感力もメンタライジング能力も高い①は、もっとも向社会性に優れている。このタイプは、最近では「コミュ力が高い」と呼ばれている。

その対極には、共感力もメンタライジング能力も低い③がある。こちらはコミュ力が低く、それが極端になると一般的なコミュニケーションすら困難になり社会生活に重大な支障をきたすだろう。これが自閉症だ。――近年では自閉症はスペクトラム（連続体）とされ、後述のように、共感力の高い自閉症者もいる。

この両極端のパターンはわかりやすいが、じつはもう2つ異なるタイプがある。共感力は高いがメンタライジング能力の低いひとたち（④）と、メンタライジング能力は高いが共感力が低いひとたち（②）だ。ここでは前者を「アスペ」、後者を「サイコ」と名づける。[*10]
アスペはアスペルガー症候群の略で、自閉スペクトラム症（ASD）のうち、知能や言語能力に問題がなく（ときには平均より高いこともある）、社会的コミュニケーションのみに困難があるタイプだ。
アメリカの女性動物学者テンプル・グランディンが1986年に出版した『我、自閉症に生まれて』は大きな評判となったが、研究者のあいだでは困惑が広がった。これまで自閉症というのは、映画『レインマン』でダスティン・ホフマンが演じたように、「常人を超えた高い能力をもっているかもしれないが、社会的なコミュニケーション能力がかんぜんに欠落している障害」とされてきたからだ。
だがグランディンは、たしかにそうとう変わっているが、それでも自己や他者を理解し、動物学の研究者として自立した生活を送っていた。これは、当時の「自閉症の常識」では考えられないことだった。
そのことを疑問に思ったのが著名な神経学者オリヴァー・サックスで、グランディンの研究室があるコロラド州立大学まで話を聞きに行く。彼女はサックスを椅子に座らせると、なんの社交辞令もなくいきなり自分の研究（肉牛施設の効率的な設計）についての説明を始めた。[*11]
夕食（午後5時と厳密に決められていた）のあと、サックスはグランディンを散歩に誘った。神話やドラマに感動するのかとサックスが訊くと、彼女は、子どもの頃にたくさんの本を読んだが、ギリシア神話には当惑するばかりで、『ロミオとジュリエット』は彼らがいったいなにをしているのかさっぱりわからず、『ハムレット』になると話が行ったり来たりしてわけがわからなかったと答えた。

グランディンは、「単純で力強く、普遍的な」感情なら理解できるが、複雑な感情やだましあいになるとお手上げで、「そういうとき、わたしは火星の人類学者のような気がします」といった。彼女は未知の惑星を訪れた人類学者のように、さまざまな状況でひとがどのように反応するかの膨大なライブラリーをつくり、それをいつでもこころのなかで再生して調べられるようにしていたのだ。

グランディンの話で興味深いのは、彼女が動物になら共感を抱けることだ。それればかりか子ブタを使った実験では、「気だてがよくて明るい」子ブタたちを好きになり、脳を調べるために犠牲にしなければならなかったときにはすっかり落ち込んで「わたしはおいおい泣きました」と回想した。グランディンが家畜の食肉プラントの設計をするのは、「雌牛の悲しみを見、子牛を求める鳴き声を聞いて怒りを感じた」からなのだ。

＊10―この言葉には侮蔑的なニュアンスがあるかもしれないが、ほかに適当な用語を思いつかなかった。将来、より適切な命名がなされたらそれに従いたい。
＊11―オリヴァー・サックス『火星の人類学者　脳神経科医と7人の奇妙な患者』ハヤカワ文庫NF

グランディンは動物の気分やしぐさなら直感的にわかるのに、人間の心理を理解することがまったくできない。これはずいぶん奇妙なことに思えるが、「共感」と「メンタライジング」が異なる仕組みだと考えるとすっきり説明できる。グランディンは女性特有の高い共感力をもっているので、動物たちのわずかな表情や鳴き声のちがいを敏感に察知し、その気持ちを「感じる」ことができるが、なんらかの理由でメンタライジングの機能が損なわれているため、こころを「理解する」ことができず、人間関係は「火星の人類学者」として構築したデータベースに頼って論理的に推測するしかないのだ。

その後、会話のできない重度の自閉症である13歳の東田直樹さんが、文字盤を使って自らの内面を描いたことで自閉症への理解は大きく進展した。[*12] そこには家族や周囲のひとたちへのゆたかな共感があふれているが、それにもかかわらず自分の気持ちを表現する手段がないのだという。

東田さんにとっては、自分の身体は自分のものではなく、手や足がどこについていて、どのように動くのかよくわらない（だから、それを確認するために跳びはねる）。時間は過去から未来へと続く線ではなく、幼児期の記憶が直前の出来事と同列に並ぶ点でしかない。これではまるで、操縦できないロボットに無理やり乗せられているようなものだ。自閉症は脳と身体感覚のなんらかの機能不全で、メンタライジング能力の欠落はそこから生じる症状のひとつなのかもしれない。

ミスター・スポックはウソがつけない

自閉スペクトラム症の診断には幅があるものの、きわめて顕著な性差があり、その比率は最大で「男10対女1」にもなるとされる。このことは、メンタライジングの障害に男女のちがいがなくても、共感力に大きな性差があることで説明できそうだ。男では（メンタライジングと共感力がともに低い）社会的コミュニケーション能力をもたない状態になりやすいが、女の場合、メンタライジング能力に問題があっても高い共感力をもつことがあり、これが社会とのつながりになるのではないだろうか。[*13]

アスペルガー症候群と診断された子どもは、泣いている、笑っている、怒っているという「事実」は把握できるが、なぜそのような「気持ち」になるのか理解できない。だが共感力はあるので、親が泣いていると、その「気持ち」に対してなんらかの対処をしようとする。

だがこの作業を、「火星の人類学者」として、論理とデータベースだけで行なうのは途方もないエネルギーを必要とする。その結果、人間関係を最小限にすると同時に、日常生活から（対処しなくてはならない）イレギュラーな出来事をできるかぎり排除し、日課を厳密に定型化

＊12―東田直樹『自閉症の僕が跳びはねる理由』角川文庫
＊13―ジュリー・ダシェ『見えない違い　私はアスペルガー』花伝社

しようとする。これが自閉症やアスペルガー症候群に特有の孤独癖や強いこだわりになるのではないだろうか。

アスペの典型が『スタートレック』のミスター・スポックで、カーク船長や宇宙船U・S・Sエンタープライズの乗務員とのあいだには強い感情的なつながり（共感）があるが、彼らがなぜ非論理的な行動をするのかが理解できない。そのため、自分の論理と相手の行動との差分をつねに計算することで、人間たちの無鉄砲な選択や行動に対処しようとする。

グランディンが家畜施設の設計者として成功したように、自閉症には、その代償として特殊な能力があるともいわれている。

オリヴァー・サックスは、ジョンとマイケルという双子の兄弟の驚くべき能力について報告している。[*14] 彼らはIQが60しかなく、「自閉症、精神病、重度の精神遅滞」などと診断されていた（事実、簡単な足し算や引き算も満足にできなかった）が、適当な日にち（4万年前でも、4万年先でも）を彼らに告げると、ほとんど瞬間的にそれが何曜日か答えることができた。

ある日サックスは、彼らが素数を交換するという2人だけのゲームで遊んでいることを発見した。素数は1とその数自身しか約数のない正の整数で、当時の数表には10桁の素数までしか載っていなかった（素数を見つけるのはコンピュータを使っても難しかった）。それなのにこの兄弟は、暗算だけで20桁の素数をやりとりしていたのだ。これがサヴァン症候群で、脳のある機能が欠落すると、その空いたスペースを別の機能が使って能力を拡張するらしい。

自閉症やアスペルガー症候群の特徴として「ウソがつけない」がある。

ウソというのは、相手のこころを「理解」したうえで、それを自分にとって都合のいい方向に誘導しようとすることだ。そのためには、高度なメンタライジング能力が要求される。アンとサリーの問題に正答できない3歳児はウソをつけない。当然、メンタライジング能力に障害を抱えるひとたちもウソをつくことができない。

メンタライジング能力には個人差があり、この能力が高い子どもは、そうでない子どもよりも人間関係にうまく対処でき、友だちが多いとの研究もある。これはよいことに思えるが、同時に、メンタライジングを覚えた子どもはウソをつくようになる。

共感力には男女の性差があるものの、それぞれのグループ内では（おそらく）正規分布している。それに対して、メンタライジング能力の低いひとが、高いひとと同じだけいるとは考えにくい。徹底的に社会的な動物であるヒトにとって、メンタライジング能力は共同体のなかで生き延びるのに必須の能力なので、それを失うことに進化的な適応があるとは思えないからだ。そう考えれば、これはやはりなんらかの脳の機能障害なのだろう。

＊14―オリヴァー・サックス『妻と帽子をまちがえた男』ハヤカワ文庫NF

サイコは社会的・経済的に成功できる

アスペが「共感力は高いがメンタライジング能力が低い」ひとたちだとするならば、サイコは「メンタライジング能力は高いが共感力が低い」ひとたちのことだ。そして共感力の顕著な性差から、サイコは男に多く女に少ない。

サイコの割合はどのくらいなのだろうか。これは定義にもよるが、共感力が正規分布するとして、女同士では平均より1標準偏差共感力が低いと、「つめたい」とか「ひとの気持ちがわからない」と感じるとしよう。この場合、女性のおよそ15%が「共感力が低い」と見なされることになる。

そしてこれも推測だが、男女の共感力が1標準偏差離れているとすると、女は男の2人に1人を「つめたい」と感じる。この性差が2標準偏差なら、つき合った男の8割（5人のうち4人）に「わたしの気持ちをわかってくれない」と不満をもつだろう。これはきわめて大雑把な試算だが、実感に合う女性も多いのではないだろうか。

しかしそうなると、大半の男が、メンタライジング能力はあっても共感力の低いサイコになってしまうのではないか。まさにそのとおりで、ここでは「サイコは〝障害〟ではなく、男のごくふつうのパーソナリティ」だと主張したい。

テンプル・グランディンの物語からわかるように、アスペは高い共感力で他者とつながることができても、相手のこころを理解できないことで、きわめて困難な状況に置かれることになる。じゅうぶんに成熟し高い知能も常識もあるのに、なぜ泣いているのか、なぜ怒っているのか理解できない相手に対して、わたしたちはどう接していいのか戸惑うしかない。

それに対して、相手の気持ちを「感じる」ことができなくても、こころを「理解する」ことができるのなら、すくなくとも最低限の社会的なコミュニケーションは成立するだろう。

なぜ泣いているのか、怒っているのか理解できるなら、なぐさめるとか謝るなどの形式的な対応をとることができる。よく知らない相手なら、このような対応（口先だけのなぐさめや謝罪）を「自分の気持ちをわかってくれた」と誤解することもあるかもしれない。極端に共感力が低くても、メンタライジング能力さえあれば、その場限りの（あるいは短期間の）人間関係なら問題なくこなせるのだ。

男の場合、（先に述べたように）そもそも高い共感力をもつ進化的な理由がない。そのうえ、メンタライジング能力さえあれば社会（共同体）で生きていくこともできる。だがサイコの男が多い理由はこれだけではない。より重要なのは、「サイコは社会的・経済的に成功できる」らしいことだ。

サイコパスの定義と検査手法を確立したのは犯罪心理学者のロバート・ヘアで、作家トマス・ハリスがハンニバル・レクターというきわめて高い知能をもつ猟奇殺人者を造形し、映画『羊たちの沈黙』が世界的に大ヒットしたことで、サイコパスは「異常犯罪者」と同義語になった。[*15]

その後、日常生活にもサイコパス的な人物（大半は男）が潜んでいるのではないかといわれるようになり、「隠れサイコパスさがし」がブームになった。ドナルド・トランプは明らかにサイコパス傾向があるが、ビル・クリントン元大統領も「共感力が欠落し、有権者の気持ちを操ることだけに長けたサイコパス」といわれている。支配層――有力な政治家、高級官僚、大企業の役員、大学教授など――がサイコパス傾向の高い男によって占められていることが、現代社会がこれほど〝邪悪〟である理由だとされることもある。

しかしこれだと、社会にはものすごい数のハンニバル・レクターもどきが隠れていて、猟奇殺人が毎日のように起きていることになる（彼らはきわめて賢いので、犯罪はほとんど露見しないのだ）。これは明らかに荒唐無稽だが、なぜこんなことになるかというと、サイコパス＝犯罪者との思い込みがあるからではないだろうか。

軍のトップは兵士を死地に赴かせる決断をしなくてはならないし、大企業のCEOは事業継続のために多くの従業員を解雇せざるを得ないかもしれない。こんなとき、兵士の生命や従業員の生活、彼らの家族の人生などを思い悩む共感力の高いリーダーがどれほど役に立つだろうか。政治家や企業経営者など、重大な決断を迫られる組織のトップには、共感力の低いリーダーがふさわしいのだ。

現実には、男の半数あるいは8割程度が（共感力の低い）サイコだとしても、そのなかのごく一部だけがきわめて強い犯罪性をもつ「サイコパス」になる（イギリスの研究では人口の1％

未満)。ところが両者はよく似ているので、サイコパスの特徴を調べれば調べるほど、あなたの身近にその条件に(かなり)合致した「サイコ」が見つかることになるのだ。

自分がサイコパスの脳だと気づいたら

ジェームス・ファロンはアメリカの著名な神経科学者で、バイオベンチャーでも成功し、44年間連れ添った妻と3人の子どもに恵まれていた。

ファロンは、脳の前頭葉と側頭葉のスキャン画像を見ればサイコパスかどうか判別できるとの説を提唱していた。実際、刑務所から送られてきた脳スキャン画像によって、ファロンは高い確率で、どの囚人がサイコパスかを見分けることができた。[*16]

ある日、ファロンは山と積まれたスキャン画像のなかに、サイコパスの特徴を顕著に示す脳を見つけた。それがあまりに異常だったので、ファロンは興味を感じて、それが誰のものかをスタッフに問い合わせた(プライバシー保護のためすべての画像はコード化されていた)。

戻ってきた回答を見て、ファロンはなにかの間違いにちがいないと思った。なぜならその画像は、ファロン自身のものだったからだ。——できすぎだと思うだろうが、これは実話だ。フ

＊15—ロバート・D・ヘア『診断名サイコパス　身近にひそむ異常人格者たち』ハヤカワ文庫NF
＊16—ジェームス・ファロン『サイコパス・インサイド』金剛出版

図11●熱い認知、冷たい認知

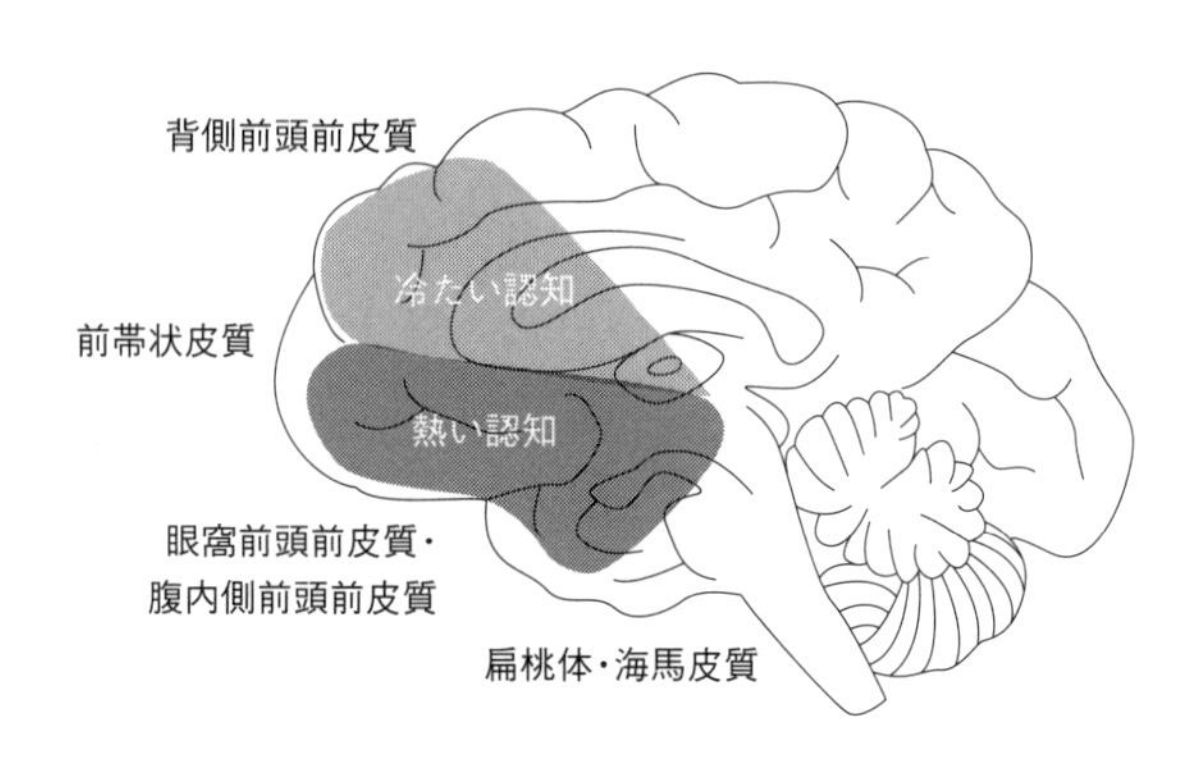

出典：ファロン『サイコパス・インサイド』より作成

ァロンの家系にはアルツハイマー病の患者がおり、その罹患リスクを判別するために自分や家族の脳スキャンを行ない、その画像が交じっていたのだ。

この印象的な（あるいは衝撃的な）出来事をきっかけにファロンは、典型的なサイコパスの脳をもつ自分がなぜ「幸福な成功者」になれたのかを考えるようになった。ファロンにはＡＤＨＤ（注意欠陥・多動性障害）の弟がおり、兄弟や従兄弟のなかにはかなり暴力的な者もいた。

自分の過去をたどりはじめたファロンは、そこに不穏な要素があることに直面せざるを得なかった。学校の成績はつねによかったが、中学時代にはＯＣＤ（強迫性障害）の症状が出て、高校では「クラスの道化者」と呼ばれるほど多動で、大学時代には繰り返しパニック発作に襲われた。大学を出る頃には精神症状は治まるか対処可能になり、研究者としての道を歩みはじめたが、定期的に暴飲暴食の時期がやってきた。

ファロンは、自分のことを「パーティ好きの楽しい男」で、「家族思いの夫であり父である」と信じてきた。だが友だち（心理学者や神経科学者）からは、精神科を受診するように勧められたことが何度かあった。妻とは愛し合っていたが、それは妻に理解（共感力）があるからで、自分は妻と感情的な絆をもったことがないのかもしれないと思い当たった。子どもたちにも聞いてみると、「お父さんは変わっているけど、そういうものだとあきらめていた」との答えが返ってきた。

ファロンは、自分はじつはサイコパスと紙一重だったのではないかと思いはじめる。その差を分けたのは子どもの頃の虐待体験の有無だというのがファロンの結論なのだが、このような「自分さがし」をしなくても、「成功者の多くはサイコである」と考えればファロンのケースをうまく説明できるだろう。

ファロンは社会性にかかわる脳を「熱い認知」と「冷たい認知」に分けるシンプルなモデルを提唱している（**図11**）。「熱い認知」は情動の中核である扁桃体（大脳辺縁系）に近い眼窩前頭前皮質・腹内側前頭前皮質で、情動系ネットワークにあたる。「冷たい認知」は前頭前皮質の背側部とその皮質下の連結領域で、こちらは思考や知覚の処理過程に関係する制御系ネットワークだ。そして、意識的思考に重要とされる前帯状皮質が、この2つの領域から出力された情報を比較し、特定の瞬間にいかに振る舞うべきか、振る舞わないべきかを「決断」する。

これは「感情vs理性」の古典的なモデルとも重なるが、ファロンは「熱い認知」が共感を、「冷たい認知」がメンタライジングを担っているとする。ファロンの脳スキャン画像は、「熱い認知」の活動がきわめて低く、その代わり「冷たい認知」の活動が高かった。すなわち、共感の欠落を高いメンタライジング能力で補っていたのだ。

ファロンが成功した理由は、高いメンタライジング能力だけではない。いちばんの要因はきわめて高い知能をもっていたことで、もうひとつは高い外向性パーソナリティと軽躁気質ではないだろうか。ファロンはいつも刺激を求め、エネルギッシュで、友人からホームパーティに誘われても、もっと楽しいパーティがあるかもしれないとの理由で、当日になるまで出席の返事をしなかった。生涯においてなんどか躁状態ともいえるような爆発的な仕事の波が訪れて大きな成果をもたらしたが、明確なうつに陥ることはなかった。

ファロンは自分のことを「愉快な男」と思っていたが、これは勘違いというわけではなく、(何人かを除けば)友人たちから嫌われていたわけではない。しかし親友と呼べるような存在はおらず、友人たちはファロンを「面白い遊びに誘ってくれる男」と見ていた。深い感情的な絆などなくても、広くて浅い人間関係だけで人生を楽しむことはできるのだ。

こうして見ると、現代社会の成功者のなかに、ファロンのようなタイプが思いのほか多いことに気づく。彼らは「サイコ」かもしれないが、けっして「邪悪」な存在ではないのだ(たぶん)。

共感が道徳を破壊する

現代社会では、共感力は無条件によいものとされ、共感力のないことは無条件に悪とされる。他人の微妙な感情の変化を素早く察知し、そのひとと一緒に泣いたり笑ったりできるのは素晴らしいことにちがいない（人情もののドラマや映画はだいたいこれでハッピーエンドになる）。それに対して共感力がないのは犯罪者の特徴で、人殺しでないとしても「冷血漢」「（他人を操作する）マニピュレーター」「ソシオパス（社会病質者）」などさんざんな言われ方をしている。

しかし、共感力の有無だけでそんなに簡単に善と悪を決められるのだろうか？

「医師には患者への共感が求められている」といわれれば、反対するひとはいないだろう。誰だって、自分の痛みや苦しみをわかってくれる医師に診てもらいたいと思う。

だが、次のような場面を考えてみてほしい。

あなたはこれから困難な外科手術を受けなければならず、2人の候補から執刀医を選ぶようにいわれる。1人はきわめて共感力が高く、あなたが苦しんでいると、それを自分のことのように感じて涙を流すほど動揺する。もう1人はまったく共感力がなく、危機的な状況でも機械のように正確にメスをさばくことができる……。

このように考えれば、どんなときでも共感力が高ければいいわけではないことがわかるだろう。外科医だけでなく、（共感力のない）有能なサイコを必要とする仕事は社会にたくさんある。

共感力にあふれていればなにもかもうまくいくわけではない。精神医学では、共感力のスコアがきわめて高いひとは「依存性パーソナリティ障害」と診断されることがある。ほとんどが女性で、共感を満たすためなら自分を犠牲にすることも厭わず、きわめて困難な人生を歩むことになる。――DV男から離れられない、ダメ男に貢いでしまう、ホストクラブで大きな借金をつくるなど、身近にいくらでもその例を思いつくだろう。

「共感力が高ければよりよい人生を送れる」というのも誤解だ。実際には、共感力が高いひとは、他者の感じている苦痛にあまりにも強くとらわれてしまうのだ。――これも心当たりのある女性が多そうだ。

アメリカの心理学者ポール・ブルームは、共感にはさらに重大な「道徳的問題」があるとして、次のような心理実験を紹介している。[*17]

致命的な病気にかかり、苦痛を緩和するための治療を受ける順番を待つ10歳の少女がいる。この少女についての記事を読んだあと、彼女を治療の待機リストに割り込ませる権限をもっていたらどうするかを被験者は問われた。

このとき、たんに「何をすべきか」訊ねると（客観条件）、被験者は、治療を必要とする他の子どもたちがいる以上、少女を特別扱いして先頭に割り込ませるべきではないと答えた。次に、少女がどう感じているかを想像するよう促されると（共感条件）、こんどは、優先されるべき他の子どもたちを差し置いて、少女を先頭に割り込ませることが多かった。被験者に共感をもたせたことで公正さが踏みにじられ、道徳にもとる判断を下すようになったのだ。

共感こそが道徳の礎だと論じるひとは多いが、この実験は、共感が道徳を破壊することを示している。もちろん、だからといってすべての共感が反道徳的ということではない。共感は道徳的な判断を促すこともあれば、反することもある。「共感に喚起された利他主義は道徳的なものでもなければ反道徳的なものでもなく、没道徳的なもの」なのだ。

愛は世界を分断する

他者と感情を共有できるのは、相手の動作や表情、それにともなう心理状態を模倣するように脳がつくられているからだ。だがブルームは、「模倣」を過大評価すべきではないという。

誰かが平手打ちを食らわされているところを見ても、自分の頬がほんとうに痛んだりはしない。わたしたちはみなこのことを知っており、だからこそホラー映画を楽しむことができる。共感とはスポットライトのようなもので、それはひとを親切にしたり道徳的にしたりするのではなく、「他者の苦しみを可視化することで、他者の苦難を際立たせ、リアルで具体的なものにする」のだ。

ここから、共感がなぜ道徳を破壊するのか理解することができる。わたしたちは、スポット

＊17―ポール・ブルーム『反共感論　社会はいかに判断を誤るか』白揚社

ライトが当たったところだけに注目し、陰になった部分を意識の外に置いてしまう。「10歳の不幸な少女」にスポットライトを当てれば、それ以外の子どもたちは陰に押しやられるから、治療の順番を後回しにしてもべつに構わないのだ。

不幸な少女に強く共感すれば、なんとしても助けたいと思うだろう。だがこれはエゴイズムの一種で、その子さえ助かればほかはどうでもいい、ということになっていく。

公共財ゲームで投資家の鼻にオキシトシンを噴霧すると、運用者をより信用するようになる。他人を助けたいと思っているひとは、誰かが苦しんでいるビデオを観るとオキシトシンのレベルが上がる。それ以外にも、愛情や信頼についてのさまざまな実験で、ヒトだけでなく動物でもオキシトシンが「愛と絆」を強めることが確認されている。

だったら、このホルモンを全人類に噴霧すれば世界は平和になるのだろうか。残念なことに、事態はまったく逆になりそうだ。

トロッコ問題は「道徳のジレンマ」として知られている。

暴走するトロッコの先には5人の作業員がいる。それに気づいたあなたの横には切り替えスイッチがあり、それを使えばトロッコの進行方向を変えることができる。だがその線路にも1人の作業員がいて、大声を出しても気づかず、あなたにできるのは切り替えスイッチを押すことだけだ。あなたは1人を犠牲にして5人を救うべきか？

この思考実験には多くの哲学者が挑戦し正解はないが、オランダの心理学者はこれにちょっとした工夫を加えた。5人の作業員のなかの1人に名前をつけたのだ。ペイター（オランダ人）、アフメド（アラブ人）、ヘルムート（ドイツ人）で、これで3つのグループができた。[*18]

被験者は全員がオランダ人の男性で、ペイターのいるグループが内集団（俺たち）、アフメドとヘルムートのいるグループが外集団（奴ら）になる。内集団と外集団で切り替えスイッチを押すかどうかの選択が変わるかを調べるのが実験の目的だ。――切り替えスイッチを押せば5人の作業員を助けることができる。

その結果は、ペイター（オランダ人）のグループとヘルムート（ドイツ人）のグループでは差はなく、ペイターとアフメド（アラブ人）のグループでもわずかに（オランダ人を助ける）内集団びいきが見られただけだった。リベラル化したいまのオランダ人は、人種や国籍でほとんどひとを差別しないのだ。

そこで次に、被験者をランダムに選んで、「愛と絆のホルモン」であるオキシトシンを噴霧してみた。するとこんどは、ヘルムート（ドイツ人）のグループよりもペイター（オランダ人）のグループの生命を助ける割合がすこし高くなった。だが驚いたのは、アフメド（アラブ人）

＊18―Carsten K. W. De Dreu et al. (2010) Oxytocin promotes human ethnocentrism, *PNAS*

よりもペイターのグループの生命を救おうとする割合が劇的に高まったことだ。

この結果から心理学者は、「オキシトシンにはひとを内集団びいきの郷党的な利他主義者にする効果がある」と結論した。

この実験が示すのは、オキシトシンが直接、外集団（奴ら）に対する憎悪を生み出すということではない。オランダ人の被験者はアラブ人への敵意からではなく、自分たちのメンバー（ペイター）への「愛と絆」が増したことによって、結果的に排他的になった。「愛は世界を救う」のではなく、「愛」を強調すると世界はより分断されるのだ。

博愛主義者の共感力は低い

共感が社会的な問題を引き起こすのは、それが世界を「俺たち」と「奴ら」に分割したうえで、「俺たち」の側に感情移入するからだ。このように考えれば、いま日本をはじめ世界じゅうで起きている社会の分断は、共感が欠落しているからではなく、共感があふれているからだということになる。

並外れて利他的なひとの典型は、赤の他人のために自分の腎臓のひとつを提供する慈善家だ。彼らを調査した研究もあって、意外なことに、標準的な共感テストで一般のひとより高いスコアを得ていたわけではなかった。ではなにがちがうかというと、扁桃体の大きさだ。

「情動中枢」ともいわれる扁桃体は、サイコパスは平均より小さく、恐れの表情を写した画像に対する反応が低い。それに対してきわめて利他的なひととは、これとは逆に、通常より大きな扁桃体をもち、恐れの表情に対して人一倍強い反応を示した。

このことは、（自分の腎臓を他人に提供するような）過度な利他性が「強い感情」によるものであることを示している。たんなる共感にとどまらず、それがやむにやまれぬ強迫的なものだからこそ、リスクのある「利他的な決断」に踏み切れるのだ。[*19]

しかしこのことは、過度に利他的なひとが、怒りや恐れ、復讐心、信仰心などでも強い感情をもっていることを示唆する。こうして、共感はときに暴力や残虐性と結びつく。

「共感力がないと暴力的になる」というのも誤解で、共感力の低さと、他者に対する攻撃性や残虐性のあいだに関係があることを示す証拠はほとんど得られていない。共感力の低いひとは他者に対して冷淡に見えるかもしれないが、それは周囲が感情的になる状況でも冷静に対処できるということでもある。――病気の少女の物語を聞かせる実験でも、共感力の低いひとは、「かわいそうだからという理由だけで優先される権利はない」と道徳的に正しい判断をした。

「博愛主義者」として真っ先に思いつく一人がアインシュタインで、第二次世界大戦で日本に投下された原爆の惨状に驚愕し、世界平和を目指す多くの活動を行なった。アインシュタインはきわめて魅力的な人物だったが、私生活には問題を抱えていた。ここでは、自身の不倫がき

＊19―ブルーム、前掲書。

っかけで最初の妻ミレーヴァ・マリッチとの仲が険悪になったとき、アインシュタインが突きつけた最後通牒を紹介しよう。この条件を満たせないなら、もはや一緒に暮らすことはできないという文面だ。[*20]

条件

A　あなたは次の条件を確認すること

　1　私の衣服と洗濯物はきちんと整理されていること

　2　私は三食を定期的に、自室でとること

　3　私の寝室と書斎はきれいにしておくこと、とくに私の机は私専用であること

B　あなたは社会的条件からどうしても必要な場合を除いて、私との個人的関係を断念すること。とくにあなたは以下のことを差し控えること

　1　自宅で同席すること

　2　ともに外出や旅行をすること

C　あなたは私との関係において次の条件に従うこと

　1　あなたは私の親愛の情を期待してはならないし、いかなる事情があっても私を非難してはならない

　2　私が要求したときは、話を中止すること

3　私が要求した場合は、抗議をしないで、私の寝室なり書斎なりから即座に退去すること

D　あなたは子どもの前で、言葉であれ行為であれ、私をけなしてはならない

驚いたことに妻のミレーヴァはこの条件を飲んだが、こんな夫婦関係が続くはずもなく、ほどなくして離婚することになる。この文面は異様だが、アインシュタインになんの共感力もなかったというわけではなく、離婚の結果、息子たちと離れて暮らさざるを得なくなったとき、「非常に感情的になった」という。アインシュタインは子どもたちを愛していたのだ。——ただし、「大人になってからの人生で彼が泣いたのは、このとき以外はほとんど無い」とされているが。

そのほかの「博愛主義者」たちにしても、ガンジーは周囲には冷淡だったらしく、妻や2人の子どもたちからは「残酷だった」といわれている。聖女マザー・テレサも、彼女が援助した子どもも含め、近しいひとには冷淡だったようだ。——マザー・テレサが設立した孤児院への取材では、子どもたちへの残酷とも思える扱いが批判されている。[*21]

＊20—ウォルター・アイザックソン『アインシュタイン　その生涯と宇宙』武田ランダムハウスジャパン
＊21—Donal MacIntyre (2005) The squalid truth behind the legacy of Mother Teresa, *New Statesman*

だがこれは、「博愛」や「人類愛」が共感からもたらされるわけではないと考えればなんの不思議もない。アインシュタイン、ガンジー、マザー・テレサ、あるいはそれ以外の多くの偉人たちも、低い共感力によって偏狭な部族主義を脱し、より広い視野で自分とは異なるひとたちの幸福を真剣に考えることができたのだ。

家族思いの男を見つけるには

「きわめて有能で違法行為をしないが、共感力が低い」パーソナリティが「賢いサイコパス」で、その割合を計測することは困難だが、大企業のＣＥＯのほとんどがこのタイプだともいわれる。これは本人がリーダーにふさわしい能力をもっているだけではなく（そうかもしれないし、そうでないかもしれない）、ひとびとが「賢いサイコパス」をリーダーに求めるからでもあるらしい。

ハーバード・ビジネススクールの研究によると、わたしたちはビジネスの相手を「温かさ」と「有能さ」で判断するが、それは逆の相関関係にあるという。すなわち、相手が親切すぎると「能力が低い」と推測し、冷酷で嫌な奴だと「権力がある」と思うのだ。[*22]

ここからわかるのは、「低い共感力」というネガティブな特性が、リーダーになる可能性を高めるという皮肉な事態だ。「賢いサイコパス」は部下を利用し、同僚を足蹴にしても出世を目指すリアリストであると同時に、その冷たさによって周囲から「リーダー」と見なされるようになるのだ。

この「不都合な事実」は、女性の婚活に重大な難題を突きつける。多くの女性が、高収入で共感力の高い男性との結婚を望んでいるだろう。だがこの2つの望みはトレードオフである可能性が高い。人生の伴侶を探す女性が実際に直面するのは、「共感力は高いが凡庸な男」か、「高収入だが共感力の低い〝賢いサイコパス〟」かの選択肢かもしれない――。

と、ここで絶望した女性読者もいるかもしれないので、最後にすこし明るい話を。

アメリカハタネズミの「遺伝子組み換え」の実験でもわかるように、オスを一夫一妻にするのは「メイトガードのホルモン」と呼ばれるバソプレシンだ。この分泌量が高いと、共感力の有無にかかわらず、男は家庭を守り、妻や子どものために身体を張るようになる。

2008年、スウェーデンのカロリンスカ研究所のチームが、長期にわたって異性愛者の男性552人のバソプレシン受容体の遺伝子を検査し、RS3-334と呼ばれる部分に「コピーがない」「コピーが1つ」「コピーが2つ」の3タイプがあることを発見した。

興味深いのは、このコピーが多ければ多いほど、血液中のバソプレシンが脳内で及ぼす影響が弱くなることだ。遺伝子のコピー数が一夫一妻の関係形成と相関していたのだ。

RS3-334のコピー数が多い男性ほど、恋愛関係、(本人が自覚している)結婚問題、(配

＊22――バーカー、前掲書。

偶者が認識している）結婚の質などのスコアが悪かった。コピーが2つある者は未婚の可能性が高く、既婚者の場合は結婚生活に問題を抱えやすい傾向があったという。[*23]

ヒトの場合、バソプレシン受容体にかかわる遺伝子は少なくとも17ある。スウェーデンの研究とは別に、バソプレシン受容体をコードする遺伝子に長短があり、長いタイプの方が脳内のバソプレシン濃度が高くなると述べる研究者もいる。脳科学の世界では、女性研究者は「ほかのどんなものよりもバソプレシン遺伝子の長さの方が重要よね」と語り合っているらしい。[*24]

バソプレシン遺伝子が短いチンパンジーは、アルファオス（ボスザル）が縄張りを支配し、近隣の集団とときには殺し合いになる。それに対してチンパンジーと同じ祖先から分化したボノボは長いバージョンのバソプレシン遺伝子をもち、メスもはっきりしたヒエラルキーをつくり、同性・異性にかかわらずすべての社会的なつながりは性行為（愛撫）によってつくられる。人間の遺伝子バージョンは、どちらかというとボノボに近いらしい。パートナーへの忠誠度のちがいは、この遺伝子とホルモンの個人差によると見なされている。

将来、婚活での遺伝子検査が当たり前になったら、バソプレシン受容体の遺伝子型で男性を選ぶといいかもしれない。どれほど役に立つかはわからないが。

＊23―Hasse Walum et al. (2008) Genetic variation in the vasopressin receptor 1a gene (AVPR1A) associates with pair-bonding behavior in humans, *PNAS*

＊24―ローアン・ブリゼンティーン『女性脳の特性と行動　深層心理のメカニズム』パンローリング

PART 7

堅実性

井川意高(もとたか)さんは1964年に大王製紙創業家の2代目、髙雄(たかお)氏の長男として生まれ、東京大学法学部を卒業したのち父親の会社に入り、42歳の若さで社長に就任した。しかしそのとき、彼はギャンブルの魅力にとりつかれていた。

2010年から11年にかけて、カジノの借金の穴埋めに子会社から総額106億8000万円を不正に借り入れたとして会社法違反(特別背任)の容疑で東京地検特捜部に逮捕され(2011年11月)、13年6月に最高裁で上告が棄却、懲役4年の実刑判決を受ける。その経緯を自らつづったのが『熔(と)ける』[*1]だ。

20億円勝っているのにやめられない

この本の読みどころはマカオやシンガポールのカジノの実態と、著者がギャンブルにはまっていく臨場感あふれる描写だ。

冒頭の場面で、井川さんはシンガポール「マリーナベイ・サンズ」のカジノで20億円相当のチップを積み上げている。シンガポールにやってきて、カジノのVIPルームで勝負を始めてからすでに2晩が経過していた。

「いったい今日は何月何日なのだろう。いつ食事を取ったのだろうか。酒は一滴も飲んでいないし、ミネラルウォーターすらいつ口にしたのか記憶がないな……」

異常な興奮のなかで時間の感覚などとうに消失し、眠気も食欲もまったく感じられず、目の前に配られたカードをめくることに全神経を研ぎ澄ませ、集中する。

「まだまだ。もっとだ。もっと勝てるに決まっている」

20億円も勝っているのになぜやめられないのか。それには理由がある。11年5月のその時点で、グループ企業から借り入れたカネの総額は50億円を超えていたのだ。

井川さんは、自分で自分にこういいきかせる。

「バカラで5時間かけて勝負した結果、500万円が1000万円に膨らんだ。ならば10時間かければ、1000万円を2000万円にまで増やせるはずだ」

「運とツキさえ回ってくれれば、500万円を5億円に増やすことだってできる。現に150万円を4時間半で22億円にしたことだってあるじゃないか。目の前にある20億円を30億円、40億円にまで増やし、今までの借金をすべて取り返すことだってできるはずだ——」

これがギャンブラーの論理だが、ツキがずっと続くわけがなく、けっきょく賭け金をすべて

＊1—井川意高『熔ける　大王製紙前会長 井川意高の懺悔録』幻冬舎文庫

失ってしまう。その損を取り戻すために、さらに不正な借り入れを重ねることになるのだ。

目先の報酬を無視できないひとたち

堅実性パーソナリティを計測する方法として、「アイオワ・ギャンブリング課題」と呼ばれるよく知られた心理学の実験がある。[*2]

テーブルにＡＢＣＤの４組のカードの山が裏返しに置かれている。あなたは好きな組を選び、カードを取るたびに報酬を得たり罰金を支払ったりする。ＡとＢの組では報酬はつねに１００ドルで、ＣとＤの組では50ドルだ。その代わり報酬10回に対して、Ａ組は１回の割合で１２５０ドルの、Ｂ組は５回の割合で各２５０ドルの罰金を支払わなければならない。それに対してＣ組の罰金は１回２５０ドル、Ｄ組は５回で各50ドルだ。

どの組の期待値が高いかは簡単な計算でわかる。Ａ組とＢ組は10回で１０００ドルの報酬を得るが、罰金額はいずれも１２５０ドルなので、損益はマイナス２５０ドル。Ｃ組とＤ組の報酬額は10回で５００ドルと少ないが、罰金額はいずれも２５０ドルなので、損益はプラス２５０ドルだ。

このゲームを試行錯誤でやらせると、ほとんどのひとは無意識にＡ組とＢ組（悪い山）を避け、Ｃ組とＤ組（良い山）のカードを引くようになる。

このとき、参加者の皮膚伝導反応（指先などのわずかな発汗）を計測すると、Ａ組やＢ組の山からカードを引こうかどうかと迷っているとき、皮膚伝導反応に顕著な増加が見られる。これは緊張や警戒の合図で、脳がなんらかの方法で「この選択は間違っている」という信号を送っているのだ。

これは、無意識が優れたパターン認識能力＝直観をもっているからだ。意識的なこころがトランプの良い山と悪い山のちがいに気づく前に、無意識はA組とB組が危険であることに気づき、そのことを指先の発汗などで伝達する。これが「いやな予感（第六感）」で、意識はそれによって、理由もわからずにA組とB組の山を避けるようになる。

ところが一部のひとはこれを学習できず、いつまでもA組とB組のカードを引きつづけ、損をしてしまう。目先の報酬の大きさにとらわれ、長期的な損得を無視するこのひとたちは、平均より知能が低いというわけではない。だとしたらこの傾向はどこからくるのだろうか。

脳の前頭前野に障害があると、A組やB組のカードを引こうと考えるとき、皮膚伝導反応の増加を示さない。鼻梁の後ろに位置するこの小さな領域は、直観を生み出すのに関係していると考えられている。

脳に異常がなくても、目先の報酬を無視するのが苦手なひとたちもいる。典型的なのが依存症のグループで、ギャンブルはもちろん、アルコールやドラッグの依存症者も、脳損傷患者ほ

＊2――ネトル、前掲書。

どではないもののアイオワ・ギャンブリング課題の成績が悪い。

これは、「報酬系の信号に対する反応を止められないパーソナリティ特性」の存在を示している。

ニュージーランド国内のおよそ1000人の若者集団を対象に問題行動を調査した研究では、ドラッグ依存症者がアルコール依存である確率はそうでない場合と比べて6倍高く、アルコール依存症者がニコチン依存症者である確率は4倍で、ギャンブル依存症者のうち3分の2は薬物依存症で、ギャンブル依存症者がアルコール、ドラッグ、ニコチンの依存症になる確率はそうでない場合の3倍だった。

カジノでは喫煙が認められ、多量の酒が供され、ドラッグが入手しやすいということはあるだろうが、それだけではこの顕著なちがいは説明できない。ある種のひとたちは、たとえ頭でわかっていても、アルコール、ニコチン、ドラッグ、ギャンブルなど、目の前に提示された報酬への欲望を抑制できないようなのだ。

これがビッグファイブの堅実性スコアで、それは「衝動を抑制できる度合」すなわち自己コントロール力（自制心）を測っている。

アイオワ・ギャンブリング課題をやっているときの脳画像を調べると、正常な被験者と依存症など衝動コントロール障害をもつ被験者で、活性化する脳の部位が異なっていることがわかる。堅実性スコアが低い場合、報酬系に対して、右背外側前頭前皮質などの制御系ネットワークの活性化が弱い。

依存症というのは、もたらされる快感が大きいからではなく、いったん味わった報酬への欲望を抑えられないことから生じる。報酬系の制御を司るのが前頭葉で、ここを損傷するか、生得的に前頭葉の働きが弱いと、ブレーキが壊れたり利きが弱くなったりしてしまうのだ。

アリとキリギリスの対立

堅実性のパーソナリティとはなんだろうか。それは「異時点間選択のジレンマ」の時間軸のばらつきであり、より簡単にいえば、「いまの自分を大切にするキリギリス」と「未来の自分を大切にするアリ」の対立のことだ。

わたしたちはさまざまな場面で、一時的なトレードオフを突きつけられる。目の前にある美味しそうなケーキをいますぐほお張れば大きな満足感が得られるが、そのあとできっと後悔する。なぜなら「いまの自分（ケーキを食べたい）」と「将来の自分（スリムな体形になりたい）」の願望が矛盾しているから。――これが「異時点間選択のジレンマ」だ。

生き物はもともと、「いま、ここ」という瞬間に最適化するようつくられている。ヒトも同じで、人類が進化の大半を過ごした旧石器時代には「人生１００年」のことなど考えても仕方がなかった。その結果、現在の快楽を求め、未来の報酬をないがしろにしてしまうのだが、過酷な環境ではそれ以外に生き残って子孫を残す術はない。人間の本性は享楽的なキリギリスで、冬に備えてせっせと食料を蓄えるアリではないのだ。

それにもかかわらず、わたしたちは堅実性のパーソナリティを進化させてきた。それは石器などの道具や火の発明によって狩猟採集生活が安定してきたことや、農耕の開始によって「未来の自分」への配慮が報われるようになったからだろう。堅実性の基盤にあるのは、現在から未来を（ある程度）予測できるようになったことなのだ。

脳には報酬系と制御系という2種類のネットワークがあるとされる。行動経済学を創始し、心理学者としてははじめてノーベル経済学賞を受賞したダニエル・カーネマンは、これを「ファスト（速い）回路」と「スロー（遅い）回路」と名づけた。[*3]

これは一般に「感情」と「理性」の対立とされ、ドーパミンによって駆動する報酬系（本能）を制御系（理性）によってコントロールするのだと考えられているが、これは正確とはいえない。報酬系も制御系も、どちらも生存・生殖のための「目的」を実現する脳のネットワークだからだ。

なぜ脳に二重のネットワークができたかは、互酬性を考えてみるとわかりやすい。

近くにいる誰かが美味しそうな食べ物をもっていたら、単純な生き物の戦略は、ちからずくでそれを奪うことだ。逆に自分が稀少な食べ物を確保できたら、誰にも奪われないようにそれを死守するのが最適戦略になる。直観的にわかりやすいこのシンプルな戦略を司るのが「ファスト回路」だ。

だがヒトが親密で複雑な社会で暮らすようになると、これだけではうまくいかなくなった。暴力によって食べ物を奪ったり、誰にも分け与えないような個体は、集団のなかで嫌われ、追い出されるか殺されてしまっただろう。――ヒトだけでなく、チンパンジーやボノボでもこのような「意地悪」な性格は嫌われる。

社会のなかで生きていくには、欲望を即座に満足させるのではなく、自分の食べ物を相手に譲るとか、食べ物を譲ってくれた相手にお返しをするなどの長期的な戦略が必要になる。これを司るのが「スロー回路」だが、こうした互酬性に高度な知能が必要というわけではない。

よく知られているのが血吸いコウモリで、空腹のときに血を分けてくれたコウモリに「お返し」をする。この互酬性は、新鮮な血液が保存できないことと、ウシやブタ、ウマなどの背後から忍び寄ってこっそり血を吸う食事方法の成功確率が低いことから説明できる。[*4]

血液は腐りやすくて保存がきかず、おまけに血吸いコウモリは空腹のままでは3日ほどで息絶えてしまう。そこで幸運にもエサにありついたコウモリは、胃のなかの血を吐き戻し、文字どおり血に飢えた仲間にそれを分け与える。

驚くべきことに血吸いコウモリは、過去に自分に血を贈与してくれた仲間を記憶していて、

＊3―ダニエル・カーネマン『ファスト&スロー　あなたの意思はどのように決まるか？』ハヤカワ文庫NF
＊4―マリアン・S・ドーキンス『動物たちの心の世界』青土社

その〝恩人〟が苦境にあるときは優先的に自分が手に入れた血を与えるという。これはいわば、原初的な相互扶助であり「社会保障システム」だ。

血吸いコウモリは直接互恵性（親切にしたらお返ししてもらえる）の例だが、複雑で親密な社会を形成するヒトは、評判を介する間接互恵性も発達させた。見ず知らずのひとに親切にしても返礼は期待できないが、共同体の仲間たちがその行為を見ていてよい評判を広めてくれる。向社会性の高い個人（評判のいい人物）は、なにかあったときに支援を受けられる可能性が高くなる。「情けはひとのためならず」なのだ。

直接互恵性や間接互恵性の成立する社会では、短期的な目的を放棄することで長期的な目的が実現できる。制御系ネットワークは、「異時点間選択のジレンマ」に適応するための合理的な進化の戦略なのだ。

「いま・ここで」の世界と「いつか・あそこで」の世界

報酬には、「いま・ここで」の世界と、「いつか・あそこで」の世界がある。これを「現実の世界」と「可能性の世界」と呼ぶならば、時間的・距離的なちがいに対応するために、脳は2系統の報酬実現システムをもつようになったはずだ。

「現実の世界」に対応するのが報酬系（欲求回路）で、これに神経伝達物質のドーパミンがかかわっていることは以前から知られていた。だが最近になって、報酬系をコントロールするネットワーク（制御系）にもドーパミンが影響していることがわかってきた。

ドーパミンの役割を「欲望の充足」とするならばこれは奇異に感じるが、それが「可能性の世界」での欲望の実現だと考えれば、「目標の設定」を司るドーパミンが重要な役割を果たしていても不思議ではない。将来の快感を予測・期待するからこそ、制御系は報酬系をコントロールしようとする。いずれの場合でも、「手に入れられる資源（食料や生殖の相手）を最大化し、よりよいものを追い求める」というドーパミンの役割は一貫している。

競争に勝つとドーパミンが放出される。勝利が引き金となるドーパミンの急増は、もっと多くの勝利を求めさせる。競争志向の強いひとはこのフィードバックがもたらす高揚感に駆り立てられ、成功（勝利）を信じて必死に努力する。これは目標が短期であっても長期であっても同じことだ。

「やる気」が感情である以上、そこにはなんらかの報酬がなければならない。報酬なしに理性（ロジック）だけで同じことをやりつづけるとしたら、それは人間というよりロボットに近い。

このことはラットを使った実験でも確認されている。[*5]

エサを手に入れるためにラットが何回レバーを押すかの実験で、ドーパミン細胞の一部を神経毒で破壊した「ドーパミン欠損ラット」は、対照群のラットに比べてレバーを押す回数が明

＊5―リーバーマン、ロング、前掲書。

図12●1年後の1万円の現在価値と割引率

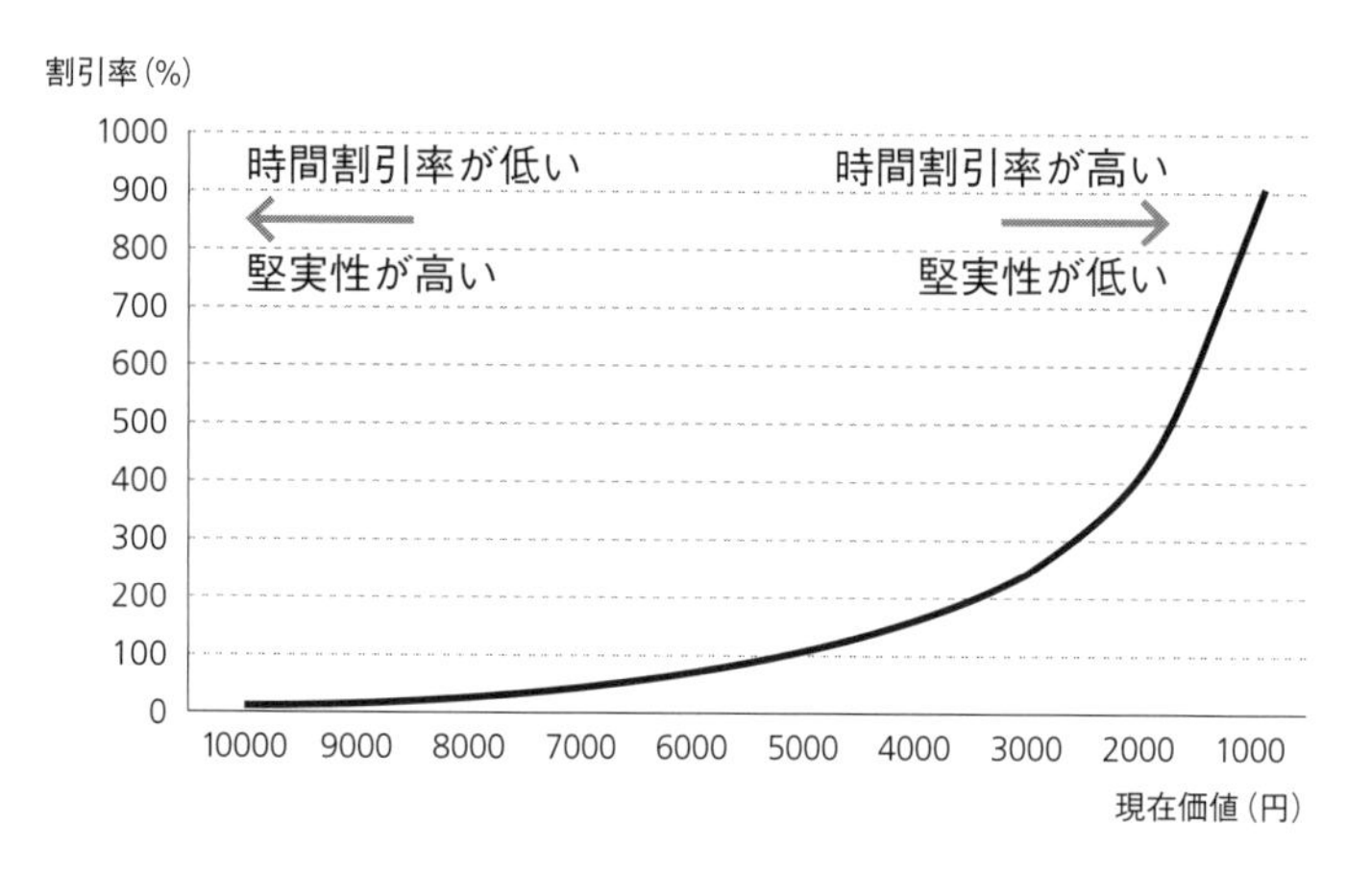

らかに減った（いわば「やる気」がなくなった）。努力の質はさまざまな要因の影響を受けるかもしれないが、ドーパミンがなければそもそも努力は生じないのだ。

ADHD（注意欠陥・多動性障害）は「現実の世界」の欲求に過剰にとらわれることで、肥満や依存症の問題を抱えることが多い。アメリカではこれが大きな社会問題になったため、子どもたちにリタリンなどの治療薬が大量に処方されている。リタリンの成分はアンフェタミン（覚醒剤）とほぼ同じで、脳内ドーパミンを増やす効果がある。

この処方についてはアメリカ国内でも賛否両論だが、専門家はドーパミンによって「制御回路」が強化され、「可能性の世界」の欲求に対してより集中できるようになるという。もっとも、ADHD治療薬がほんとうに（「欲求回路」ではなく）「制御回路」だけに選択的に効果を及ぼしているかはわかっていないようだ。

1年後の1万円はいまいくらになる？

堅実性は、経済学では「時間割引率（遅延割引率）」で説明される。これは、将来価値を現在価値に割り引くときの利率で、ファイナンス理論の基礎の基礎だから簡単に説明しておこう。

目の前の1万円をもらうか、1年後の1万円を待つかの選択に迷うひとはいないだろう。1年のあいだに約束が反故にされるかもしれないし、病気や事故で受け取れなくなるかもしれない。このように同じ金額なら、つねに将来のお金より現在のお金の方が価値が高い。異なる時間の受取額を平等にするためには、将来のお金はリスク（不確実な要因）のぶんだけ割り引かなくてはならない。このときの利率が時間割引率だ。

1年後に1万円もらえると約束するか、いますぐ5000円もらえるかを選ぶとしたら、どちらが好ましいだろう。このとき、1年後の1万円を「将来価値」、いますぐもらえる5000円を「現在価値」という。5000円が1年で倍になるのだから、これを年利に換算すると100％になる。これは逆にしても同じで、1年後の1万円（将来価値）を100％で割り引くと目の前の5000円（現在価値）になる。

同様に、「1年後の1万円をいくらと交換するか」を表わしたのが**図12**だ。

1年後の1万円を現在の9000円に評価する場合の割引率は約11％、現在の1000円に評価する場合は900%だ。1年待てば1万円になるのにたった1000円と交換してしまうのは「キリギリス」で、9000円払わないと交換に応じないのは「アリ」だ。

ここから、次のような単純な原則が導き出せる。

①「アリ」型は時間割引率が低い

②「キリギリス」型は時間割引率が高い

経済学ではこれを使って、現在価値を低く割り引いている＝将来価値を高く見積もっていると「堅実性が高い」、逆に現在価値を高く割り引いている＝将来価値を低く見積もっていると「堅実性が低い」という。実際、消費者金融などで大きな負債をつくってしまうひとは時間割引率が高いことがわかっている。

とはいえ、「時間割引率が高いと堅実性が低い（時間割引率が低いと堅実性が高い）」というのはいかにもわかりにくい。そこで代わりに使われるのが「ADF（年次割引係数／Annuity Discount Factor）」だ。

ADFでは、1年後に受け取れる1万円の現在価値を年利に換算せず、そのまま金額の比率で示す。5000円（割引率100%）ならADF＝0・5、9000円（割引率約11%）ならADF＝0・9、1000円（割引率900%）ならADF＝0・1で、「ADFが低い＝堅実性が低いキリギリス」「ADFが高い＝堅実性が高いアリ」とすっきり理解できて便利だ。

堅実性パーソナリティはサバイバル戦略

ところで、ADFの平均はどのくらいになるのだろうか。

すぐにわかるように、ADFの値は相手との約束をどの程度信じられるかによって大きく変わる。これが大手銀行のキャンペーンだったら、1年後には確実に倍の1万円が手に入るのに、目の前の5000円に飛びつくのはバカげている。その一方で、相手がうさんくさい人物だったら、1年後にどうなっているかまったくわからないのだから、指をくわえて1万円を待つのは愚かなだけだろう。

それと同時に、ADFはそのときのあなたの状況によっても大きく変わるだろう。財布のなかに一銭もなく、いますぐなにか食べないと倒れそうなほどお腹がすいているのなら、選択の余地がないのだから、900％（1000円）のような極端に高い割引率でも受け入れるほかない。それに対して懐があたたかく、冷静に損得を計算できるだけの余裕があれば、いまのゼロ金利と比較して3％や5％の低い割引率でもよろこんで1年待つかもしれない。

このようにADFは一律には比較できないものの、平均的なアメリカ人のADFは0・17とされる。1万円を手に入れるのに1年待たなければならないとしたら、現在価値は1700円にしかならない。これを年利換算すると約500％で、堅実性スコアはかなり低い。[*6]

ビッグファイブのようなパーソナリティは、おおよそ半分は生得的なもので、残りの半分は環境によるものとされている。そのなかでもADFは生育環境に影響されることがわかっていて、貧しい家庭に育った被験者は、経済状況が苦しくなる可能性を突きつけられたときに、将来の報酬に対するADFが著しく低くなる（それに対して、恵まれた家庭に育った被験者のADFは変わらなかった）。同じようにゆとりのある生活を送っていても、子どもの頃に貧しい家庭で育ったひとは、経済的に安定した家庭で育ったひとと比べ、未来の利益を割り引く度合が大きい（ADFが低い）との研究もある。

このことは、堅実性パーソナリティがサバイバル戦略であることを示している。

明日がどうなるかわからない変化のはげしい環境では、いちど決めたことをずっとやりつづける高い堅実性は悲惨な結果を招くだけだ。それに対して、今日は昨日と同じで、明日は今日と同じなら、これまでうまくいっていたやり方をずっと続けるのがもっとも効率のいい生存戦略になるだろう。

貧しい家庭で育った子どもは、「一寸先は闇」の現実を身をもって体験したことで、サバイバルのために時間割引率が高い＝ADFが低いパーソナリティをもつようになった。それに対して裕福な家庭で育つと、明日のことを心配する必要がないのだから、時間割引率は低くなる＝ADFは高くなるのかもしれない。

もちろん、ここから「貧しい家の子どもは堅実性（自己コントロール力）が低く、ゆたかな家の子どもは高くなる」ということはできない。だが、生まれ育った社会・経済的な地位（家庭環境）と堅実性パーソナリティに一定の相関があることは否定できないようだ。

行動遺伝学では、一卵性双生児と二卵性双生児を比較するなどして、認知能力やパーソナリティ、精神疾患などの遺伝と環境の影響を調べてきた。それによると、知能の遺伝率は年齢とともに上昇し、思春期以降は70％程度にまで達する。これは、教育によって知能を向上させるのは容易ではないという「不都合な事実」を示している。

それに対して堅実性パーソナリティは幼児教育の効果が高いばかりでなく、思春期以降でも教育によって一定程度の向上が期待できるとされる。[*7] 人類が生きてきた環境は時代とともに変わっただろうし、数世代、あるいは数十年で大きく変化することもあっただろう。そう考えれば、堅実性パーソナリティを遺伝的に固定するのではなく、子ども時代の成育環境によって調整するように進化してきたとするのは理にかなっている。

こうして近年、自制心や自己コントロール力、GRIT（やり抜くちから）が大きな注目を集めるようになった。――とはいえ、行動遺伝学の知見は堅実性パーソナリティの分散のおよそ

＊6―デイヴィッド・デステノ『なぜ「やる気」は長続きしないのか　心理学が教える感情と成功の意外な関係』白揚社
＊7―ジェームズ・J・ヘックマン『幼児教育の経済学』東洋経済新報社

半分が遺伝で説明できることを示しているのだから、「自制心の有無は成育環境で決まる」とか、「自己コントロール力は教育によっていくらでも高められる」というのは明らかにいいすぎだ。

意志力は筋力と同じように消耗する

アメリカの心理学者ロイ・バウマイスターは「意志力（Willpower）」を「筋肉に似たもの」だという。この奇妙な比喩を、彼は次のような巧妙な実験で証明した。[*8]

食事を抜くように指示された学生たちが実験室に入ると、テーブルの上には焼きあがったばかりのおいしそうなクッキーと、ラディッシュ（甘口大根）の皿が置かれていた。

空きっ腹を抱えた学生たちがテーブルにつくと、半分はクッキーを、残り半分は生のラディッシュを割り振られ、実験のために他のものを食べてはいけないと念を押された。そのうえで研究者はわざと席を外し、隠し窓から様子を窺った。

ラディッシュのグループは懸命に誘惑とたたかっていた。ものほしげにクッキーを見つめるだけでなく、手にとって匂いをかぐ者まで現われた。だが真面目な学生たちは、全員が盗み食いの誘惑に耐えた。

研究者は次に、学生たちを別の部屋に連れていった。ここで対照群として、空腹のままやってきたばかりの学生が加わった。3グループの学生たちは知能検査の名目で図形パズルを解くように指示されたが、じつはこれは解けないようにつくられていた。テストの目的は、忍耐力を調べるためにパズルと格闘する時間を計ることだった。

おいしいクッキーを食べた学生たちは平均して20分間、解けないパズルに取り組んだ。たんに空腹だった対照群の学生たちも同様の結果だった。ところがクッキーを横目にラディッシュしか食べられなかった学生たちは、たった8分でパズルを解くのをあきらめてしまったのだ。「解けないパズル」は何十年も前から心理学で使われていて、パズルに長い時間取り組む者は、それ以外の課題でも忍耐力を示すことがわかっている。その基準からすると、20分と8分のちがいはとてつもなく大きい。なぜこんな差がついたのだろう。

バウマイスターはこれを、クッキーの誘惑に抗おうとした努力のせいで、パズルに取り組むエネルギーが減ってしまったからだと考えた。そこで、別の実験でこの仮説を検証した。

被験者の学生たちは、ハンドグリップ(握力を鍛える器具)を握っていられる時間を計ったあと、ビデオルームに案内された。そこでは、核廃棄物の影響でウミガメたちが方向感覚を失い、海を見つけられずに砂浜に迷い込んで、前肢をあてもなく動かしながら死んでいくドキュメンタリー映画が上映された。誰もが涙なしでは見られない場面だが、ここでも学生は3つのグループに分けられた。ふつうに鑑賞するグループ(対照群)、大袈裟に悲しみを表現するよう指示

＊8―ロイ・バウマイスター、ジョン・ティアニー『WILLPOWER 意志力の科学』インターシフト

されたグループ、いっさい感情を表わすことを禁じられたグループだ。

次いで被験者たちは、もういちどハンドグリップを握るよう求められた。ふつうに映画を観た学生たちは、その前後で握力検査の値にちがいはなかった。ところが残りの2つのグループでは、映画のあとでグリップを握っていられる時間が大幅に短くなった。クッキーの実験では、誘惑を我慢したグループの忍耐力が枯渇した。映画の実験では、感情を抑えようとしたグループと、無理矢理涙を流そうとしたグループの握力が大きく低下した。意志のちからでスピリチュアル＝無意識に逆らおうとすると、筋力までが消耗するのだ。

同じことは、古典的な「シロクマの実験」でも確かめられている。この実験は、ある研究者が子どもの頃に聞いたトルストイ（話によってはドストエフスキー）の逸話がもとになっている。トルストイは「シロクマのことを5分間考えずにいられるか」という賭けを兄にもちかけられ、受けて立ったが、けっきょく有り金すべてを失うことになった。やってみるとわかるが、別のことで気をまぎらわしたり、注意をそらしたりしても、必ずその動物が登場してくる。

——それに対して学生たちは、「母親のことを考えない」という課題には驚くほどうまく対処できた。

実験で数分間、シロクマのことを考えないようにした被験者の学生は、対照群に比べて「笑わずにコメディを見る」という指示をうまく守れなかった。ちょっとしたギャグで思わず顔がほころんでしまうのは、シロクマのせいで感情のコントロール力を使い果たしてしまったからだ。

こうしたさまざまな実験から、バウマイスターは「意志力は消耗品である」と主張したのだ。

努力すればするほど意志力がなくなる

マラソンのような持続的な運動は筋肉を使うので、いつまでも続けることはできない。疲れてくると意志力によって身体に「走れ、走れ、走れ」と命令しなければならないが、それもいずれ限界がくる。ハンドグリップも同じで、握りつづけているとすこしずつ手の筋肉が痛くなって、力をゆるめたいという衝動とたたかわなくてはならない。

過度な運動で精根尽きるように、なにかの作業で意志力を消費してしまうと、別の課題を与えられたときに意志力を使えなくなる。バウマイスターはこれを「自我消耗」と名づけた。

自我消耗の仕組みは脳科学でも解明されつつある。

研究者は被験者の学生に(ウミガメが死んだりする)こころを乱す映像を感情を抑えて鑑賞するよう指示して自我消耗の状態をつくりだし、そのうえで被験者の脳波を測定しながらストループ課題をやらせてみた。[*9]

心理学者ジェームズ・ストループが発案したストループ課題では、モニタに次々と現われる

＊9 ― バウマイスター、ティアニー、前掲書。

文字の色を答えさせる。簡単だと思うだろうが、ときどき「緑」という文字が赤で書かれていたりする。間違えないためには文字の意味を無視して色にだけ集中しなければならないが、自我消耗の被験者はこの課題への反応が遅くなる。――この検査は冷戦時代にスパイの発見にも使われた。スパイが「ロシア語を知らない」といいはっても、ロシア語で「緑」の単語が赤で書かれていると、意味がわかるために答えるのが遅くなるのだ。

脳の活動状態を見ると、自我消耗の被験者は行動のずれを警告する信号が弱まって、葛藤を監視するシステムが著しく鈍くなっている。意志力が消耗すると、自己を制御する脳の部位である前帯状皮質の動きが鈍くなり、エラー検出能力が低下して、感情や反応をコントロールするのが難しくなるのだ。

脳に電極をつけなくても自我消耗のレベルがわかる指標はないだろうか。じつはこれもバウマイスターらが実験していて、自我消耗の被験者は、感情のはっきりした変化としては表われなかったものの、すべてのことに対する反応が強くなった。自我が消耗していると、悲しい映画をより悲しく感じ、楽しい場面ではより強く笑いがこみあげ、ホラー映画ではより恐怖を感じて動揺し、冷たい氷水をより苦痛に感じるようになるのだ。

それに加えて、自我消耗した被験者は欲望も強く感じた。クッキーをひとつ食べるともうひとつ食べたくなり、ラッピングされた箱を見るとどうしても開けてみたくなった。

このことから依存症の治療がなぜ難しいのかがわかる。依存症者は、依存している対象（アルコールやタバコ、薬物）をやめるために意志力を消耗させ、そのことによって欲望をコントロールできなくなってしまう。残酷なことに、薬物を断とうと努力すればするほど、依存から抜け出せなくなってしまうのだ。

ダイエットに成功するにはダイエットしないこと

現代社会においてもっとも意志力を問われるのがダイエットであることは間違いない。行動遺伝学は、体重は身長と同じく（あるいはより以上に）遺伝の影響を強く受けることを明らかにした。背の高い親の子どもが高身長になるのと同じように、親が太っていれば子どもも同じように太る可能性が高いのだ。

一般に、遺伝率の高い形質を個人の努力で変えるのはきわめて難しい。遺伝的に足の遅い子どもは、どんなに努力してもウサイン・ボルトにはなれない。同様に遺伝的に太る体質のひとは、どれほど努力してもモデル体型にはなれないのかもしれない。

ただし体重管理には、身長などの身体的特徴はもちろん、運動神経や音楽的才能、知能などとも大きく異なる要素がある。当たり前の話だが、食べなければ誰でもやせるのだ。これが、ダイエットが現代において意志力を測る指標にされる理由だろう。

しかし現実には、いくら食べても太らないひともいれば、すぐに太ってなかなかやせないひともいる。生得的な要素を無視して、一律に「太っているから意志が弱い」と決めつけるのはあまりにも理不尽だ。あなたがダイエットに失敗してばかりいるとすれば、それはおそらく、遺伝的にダイエットに向いていないからだろう。

ここまでを前置きにして、「どうすればダイエットできるか」を考えてみよう。バウマイスターは、ダイエットに必要なのは次の3つのルールだという。

①ダイエットしない

②チョコレートを断つという誓いは立てない。他の食品についても同様

③自分を評価するときも、他人を評価するときも、肥満と意志力の弱さを一緒にしない

実験用ラットにコントロール食でダイエットさせると、最初のダイエットでは体重が減るが、ダイエットをやめて自由に食べさせると徐々に太りはじめ、もういちどダイエットすると同じ体重まで減らすのに前回より時間がかかる。そしてまたやめると、前回よりも早く体重が増える。このサイクルを3回か4回繰り返すと、たとえ摂取カロリーを少なくしても増えた体重が減らなくなる。

これはヒトを含むすべての生き物が、進化の過程のなかで飢餓を乗り越えるために、体重を一定に維持しようとする仕組み（恒常性＝ホメオスタシス）をそなえるようになったからだ。ダイエットすると身体は飢餓の危険を察知し、できるだけ脂肪細胞を手放すまいとする。このリ

バウンド効果によって、ダイエットを試みれば試みるほど太っていく、という残念なことになる。

この罠にはまらないもっとも効果的な方法は「ダイエットしない」こと、すなわち身体に飢餓状態のサインを送らないことだ。短期のダイエットで急激に体重を落とそうとするのは、モデルや俳優などプロポーションの維持に職業人生を懸けているならともかく、最悪の方法だ。ダイエットは長期の計画で現実的な目標を立て、スピリチュアルが飢餓に気づかないようこっそり行なわなければならない。

食べることを拒絶すればするほど食べ物にとらわれていく

ダイエットしているひとは、頭のなかで1日に摂取する上限のカロリーを決めていて、なんらかの理由でそれを超えてしまうと（心理学の実験に参加して大量のミルクシェイクを飲まされたとか）、その日のダイエットは失敗と見なして「もう取り返しはつかないのだから、今日は楽しんだ方がいい」と考える。これは専門用語で「逆調節的摂食」と呼ばれるが、「もうどうでもいい！」効果といった方がわかりやすいだろう。

すべての生き物は、空腹になると「食べなさい」というサインが出されるようにできている。それでも食べないと徐々に飢餓感が高まり、最後は「このままだと死んでしまう！」というアラートが鳴り響くようになる。

ダイエットというのは、この「食べなさい」というシグナルを意志力によって無視することだ。だがこうした努力を続けていると、「もう食べなくてもいい」という満腹のサインもいっしょにわからなくなる。その結果、一線を越えると歯止めがかからなくなり「どか食い」してしまう。

ダイエットは意志力で食欲を抑えつけるので自我消耗の状態になる。ここで自己コントロール力を回復させようとすると、脳にエネルギーを供給するグルコース（ブドウ糖）を摂取しなければならない。「食べないようにするためには食べなくてはならない」という皮肉な事態だ。

このジレンマを解消する魔法の杖はないが、ヒントをいくつか紹介しておこう。もっとも簡単ですぐに実行可能なのは、「家に帰ったら真っ先に歯を磨く」だ。

ダイエットに失敗するのは、無意識が発する「空腹」の警告を制御できないからだ。だがスピリチュアルは、高い知能をもっているものの、ときに単純なトリックに引っかかる。

子どもの頃から寝る前に歯を磨く習慣がついていると、「夜、歯磨きをしたら、それ以降はなにも食べない」というルールが内面化されている。それでも空腹を感じるかもしれないが、「ここで食べたらまた歯磨きをしなくてはならない」という面倒くささが、夜食を避けることを手助けする。これが「習慣の力」だ。[*10]

もうひとつは、体重の変化をこまめに監視することだ。これはレコーディングダイエットとして知られているが、いちいち体重をノートに書きつけるよりも簡単な方法がある。それはベルトのあるズボンやウエストのぴったりしたスカートをはくことだ。これだとお腹が苦しくなるから、そのサインに気づいて食べるのをやめることができる。一方、ベルトのいらないスウェットなどを着ていると腹まわりの変化に気づかず、体重が増えやすい。

ダイエットに必死なひとは、「ぜったいに食べない」となんども誓う。だが研究によると、こうした自分との約束はほとんど効果がない。

映画を上映する部屋にチョコレートの入った皿を置き、ある被験者には1粒も食べないよう指示し、別の被験者には、「映画を観ているときは食べてはいけないが、終わったら食べられる」と告げ、残りの被験者には好きなだけ食べてもらった。[*11]

映画が終わったあとに、チョコレートを食べるのを横目で見ていた2つのグループを呼んでアンケートに答えてもらう。そこにはチョコレートのボウルが置いてあり、研究者は思い出したように、「これで実験は終わりです。今日はみんな帰ってしまったので、余った分は好きなだけ食べていってください」と告げる。

これは、「映画が終わったらチョコレートを食べていい」といわれていたひとにとっては、延期していた楽しみを実行する絶好の機会だ。だが彼らが食べた量は、「1粒たりともチョコ

＊10―チャールズ・デュヒッグ『習慣の力』ハヤカワ文庫NF
＊11―バウマイスター、ティアニー、前掲書。

レートを食べてはいけない」と命じられていたグループよりはるかに少なかった。

ダイエットが困難な理由は、食べることを拒絶すればするほど食べ物にとらわれていくことだ。これは無意識の作用なので、意識で抑えつけようとしてもいずれ意志力が枯渇してしまう。

だがこの実験は、食べることを拒絶するのではなく、「楽しみはあとにとっておこう」と考えた方が、食べる量を減らせることを示している。「いつかは食べられる」と考えることで、スピリチュアルに対し、「食べないと死んでしまう」というアラートを鳴らす必要がないと伝えることができるのだ。

努力すると寿命が縮む?

人類が生きてきた大半の時代にはお金を預ける銀行などなく、目の前にあるものはすぐに手に入れないと生き延びることはできなかった。ところが産業革命以降、「とてつもなくゆたかで安定した社会」に放り込まれ、かつてないほど確実性の高い未来が約束されるようになったことで、旧石器時代の脳がうまく適応できなくなってしまった。

こうしてわたしたちは、ダイエットから勉強、仕事の成果に至るまで、欲望を制御し、ものごとを先延ばししないよう意志力(自制心)を鍛えなければならなくなった。

だが最近になって、困惑するような研究が出てきた。意志のちからで欲望を抑えようとすると、勉強や練習の成果が落ちてしまうというのだ。[*12]

なぜこんなことになるかというと、「意志力をふりしぼることで脳のリソースを使い果たしてしまう」からだという。「徹夜で勉強したけどぜんぜん頭に入らない」という経験は誰にもあるだろうが、これは限りある資源を別のところで使っているのだ。

この結果は、バウマイスターの「ラディッシュ実験」とも整合的だ。制御系のネットワークを使って報酬系の活動を抑え込もうとしても、その「意志力」そのものがストレスを生む。すると交感神経が活性化し、血中のストレスホルモンが増えるので、脳＝スピリチュアルはそれを逃走／闘争状況だと誤認する。これが長く続くと、ストレスを筋肉の疲労と「帰属エラー」して、実際に疲れ果ててしまうのだ。

さらに不穏なのは、貧困家庭に育った若者が高い自己コントロール力を使って成功したとしても、さまざまな病気を発症し老化が早まるという研究だ。[*13]

社会的・経済的にハンディキャップを負う若者でも、強い意志力をもてば成功の可能性が高まることがわかってきた。これは素晴らしい話だが、その一方で、欲望を抑え込もうとしたことで身体がストレス反応を起こし、血圧が上昇したりする。これが長期間続くと、やがては健

*12—Jane Richards and James Gross (2000) Emotion regulation and memory: The cognitive costs of keeping one's cool, *Journal of Personality and Social Psychology*

*13—Gregory E. Miller et al. (2015) Self-control forecasts better psychosocial outcomes but faster epigenetic aging in low-SES youth, *PNAS*

康に重大な影響を及ぼす。「努力は寿命を縮める」のだ。

この研究で目を引くのは、比較的恵まれた家庭で育った若者には、このような現象は見られなかったことだ。これも、堅実性パーソナリティが（ある程度）成育環境で決まることで説明できるだろう。「残酷な事実」ではあるものの、比較的余裕のある家庭で生まれ育ち、もともと堅実性の高い子どもは、勉強で意志力を使ったとしてもあまりストレスに感じず、健康に影響しないようだ。

だがこれは、「金持ちの家に生まれれば高い堅実性パーソナリティでなにもかもうまくいく」ということではない。そのことをよく示すのが井川意高さんで、大企業の御曹司として生まれ、最難関の大学を卒業し、ビジネスの第一線で活躍しながら、ギャンブルが報酬系に与える刺激をコントロールできず深みにはまっていった。

その経歴からわかるように、井川さんの堅実性スコアは本来、きわめて高い。金曜の夕方に仕事を終えるとシンガポールに飛び、そのまま「マリーナベイ・サンズ」で徹夜でギャンブルして、日曜の深夜便を使って月曜早朝には東京に戻り、出社するという「狂気と紙一重」の行動を続けていた。堅実性が高くなければとうていこんなことはできず、仕事など放りだしてしまうだろう。

このように、どれほど制御系ネットワークが強力でも、報酬系にいったんスイッチが入ってしまう（ツボにはまる）と、意志のちからでスピリチュアルに抵抗することはできないのだ。

「女の方が男より真面目」な理由

イギリスの心理学者ダニエル・ネトルは、「今日では障害とされている注意欠陥・多動性障害（ＡＤＨＤ）こそが、かつては強さだったかもしれない」と述べる。[＊14]

ＡＤＨＤと診断される子どもは堅実性スコアがきわめて低く、男の子の発症率は女の子の5倍と明らかに性差がある。これは、（男の役割とされた）旧石器時代の狩猟で、目の前の刺激に対して素早く反応した方が有利だったことの名残だと考えられている。事実、プロスポーツの世界ではＡＤＨＤの若者が成功している例がいくつもある。

堅実性が低いと「衝動的」「不真面目」「いい加減」などネガティブなレッテルを貼られるが、つねに不利なわけではなく、異性から「ぶっ飛んでいて魅力的」と思われたり、革命家やアジテーター、あるいは芸術家として成功することもある。歴史上の英雄には、現代ならＡＤＨＤと診断されるであろう「多動力」タイプが多い。

このことは、そもそもＡＤＨＤが「病気」ではないことを示している。それは人類が進化の大半を過ごしてきた（旧石器時代の）環境では、きわめて有利なパーソナリティだった。それが「発達障害」とされるようになったのは、わたしたちが生きているのが、人類の進化が想定

＊14――ネトル、前掲書。

図13●男と女の堅実性の分布

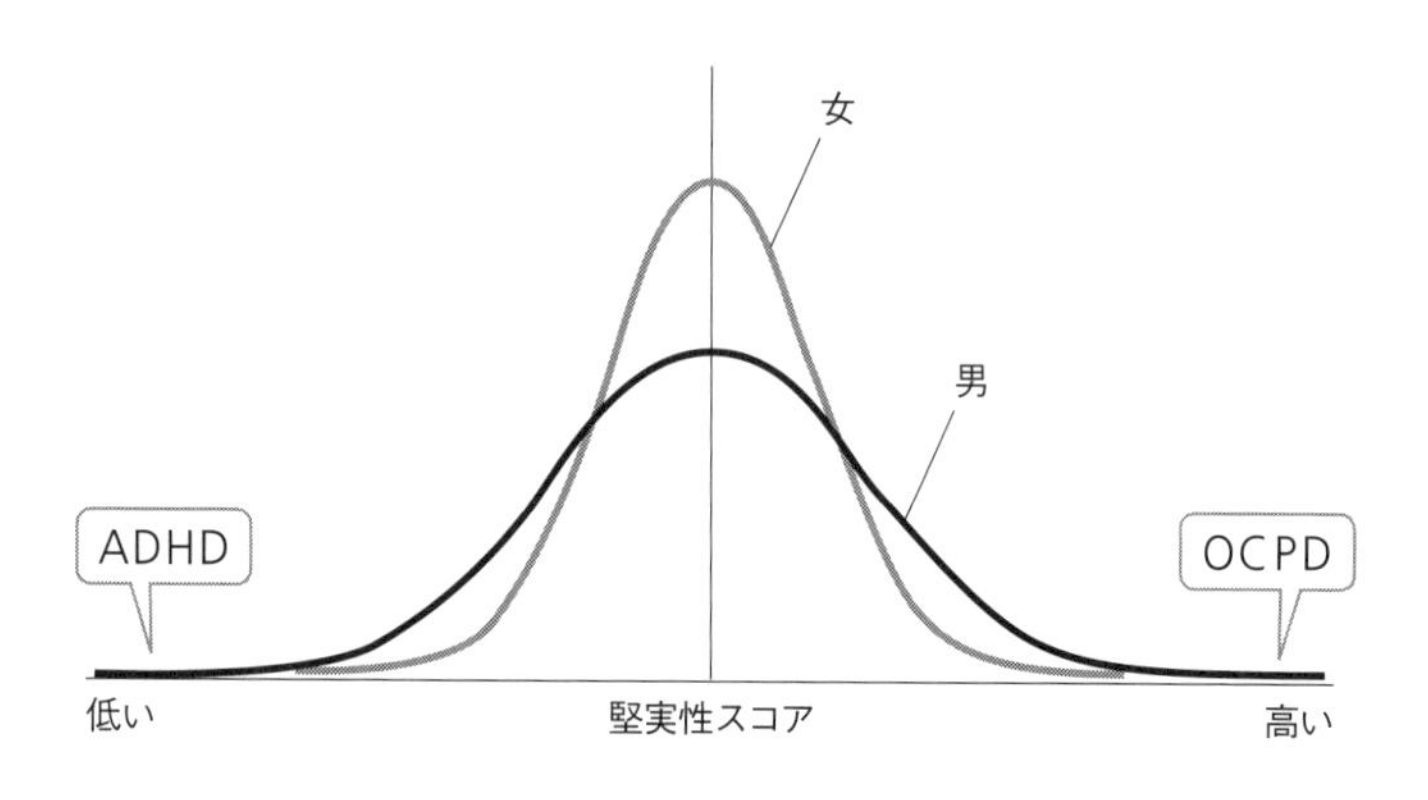

しないほど「とてつもなく安定した社会」だからだ。その結果、本来であれば「正常」なパーソナリティが「不適応」になってしまったのだ。

安定した現代社会では、「いま、ここの自分」より「いつか、あそこでの自分」に配慮できた方が有利なことは間違いない。とはいえ、堅実性スコアが高ければ高いほどいいというわけではない。

精神医学で強迫性パーソナリティ障害（ＯＣＰＤ）と呼ばれる症状は堅実性が極端に高く、全成人のおよそ２％がこの診断基準にあてはまる。興味深いことに、ＯＣＰＤと診断されるのは男性が女性の２倍で明らかな性差がある。特定のジャンルの商品を大量に入手し、完全なコレクションをつくることに人生を懸けたりする熱狂的コレクターも男に多い。

堅実性が極端に低いＡＤＨＤは男が女の５倍で、堅実性が極端に高いＯＣＰＤは男が女の２倍ということは、堅実性の分布のばらつきが男の方が大きいことを示している。その結果、（男が両極にばらついているのだから）堅実性の平均近くでは女の割合が高くなる。これが、「女の方が男より真面目だ」といわれる理由ではないだろうか（**図13**）。

男の子が劣化していく

アメリカにおいては、女子は小学校から大学まで、すべての学年で男子より成績がいい。13歳と14歳の中学生で作文や読解が熟達レベルに達している男子は4分の1にも満たないが、女子は41％が作文で、34％が読解で達している。２０１１年には男子生徒のＳＡＴ（大学進学適性試験）の成績は過去40年で最低だった。また、学校が渡す成績表の最低点の70％を男子生徒が占めていた。

これはアメリカだけの現象ではなく、ＯＥＣＤ（経済協力開発機構）の調査によると、先進国のすべてで男子は女子より成績が悪く、落第する生徒も多く、卒業試験の合格率も低い。スウェーデン、イタリア、ニュージーランド、ポーランドといった国々では、ＰＩＳＡテスト（15歳を対象とした国際学習度到達調査）の読解力部門で女子が男子をはるかに上回り、１学年から1学年半も先を行っているという結果が出た。これでは同い年の男女を同じクラスで教えるのは困難だろう。

カナダとオーストラリアでは、すでに大卒者の60％が女性だ。イングランドでは大学の入学申込者は女子4人に対し男子は3人以下、ウェールズとスコットランドでは、女子の申し込みが男子より40％も上回り、恵まれない家庭ではこのギャップがよりいっそう大きくなっている。[*15]

日本でも「女の子の方が男の子より優秀」と当たり前のようにいわれるが、男女の知能に（平均としては）差はない（男は論理・数学能力に優れ女は言語的知能が高いとか、知能のばらつきは女より男の方が大きいという研究はある）。だとすればこれは、堅実性パーソナリティの性差が影響しているのではないだろうか。女の子の堅実性は平均付近に集まるのに対し、男の子は堅実性が高い方にも低い方にもばらついている。その結果、堅実性が低い男子生徒が学校教育から脱落しはじめていると考えればこうした現象に説明がつく。

現代社会では、「賢くて真面目な子どもは成功する」と信じられている。これは間違いとはいえないが、奇妙なことに、知能と堅実性には（わずかに）ネガティブな関係があるらしい。知能が高いほど堅実性は低くなるというのだ。[*16]

これは常識に反するようだが、頭が切れるひとは前もって準備しなくてもうまくやれてしまうため、わざわざ手間暇をかけて訓練を積む必要がないと考えれば理解できるだろう。高すぎる知能は堅実性を引き下げる効果があるのかもしれない。

最後に「勤勉な日本人」と堅実性の関係だが、いまのところ人種別に堅実性スコアを比較した研究はないようだ。だが、ヒト集団で生得的なちがいがないとしても、日本人の堅実性のレベルが高く見える理由はシンプルに説明できる。

外向的なひとは欲望に向かう強力なエンジンをもっており、内向的な性格はエンジンの出力が弱い。これはアクセルを思いきり踏んでもスピードが上がらないのと同じだ。

大馬力のエンジンを制御するには強力なブレーキが必要だが、出力の弱いエンジンなら簡易なブレーキでもなんとかなる。内向的な（エンジンの馬力が小さい）日本人は、平均的なブレーキ（前頭葉の活動）でも堅実性スコアが高くなり、高い神経症傾向の影響もあって、電車の時間を1秒単位で管理するようになるのではないだろうか。

＊15―フィリップ・ジンバルドー、ニキータ・クーロン『男子劣化社会』晶文社

＊16―Joanna Moutafi et al. (2005) Can personality factors predict intelligence?, *Personality and Individual Differences*

spirituals

the mystery of me

PART 8

経験への開放性

ビッグファイブのなかでも「経験への開放性」はもっともわかりにくく、「新奇性（新しもの好き）」の指標だとか、「リベラルと保守のちがい」などと説明されることもある。ここではそれを、「意識というモニタの解像度のばらつき」と定義したい。

これがどういうことかを説明する前に、まずは次の詩の一節を読んでほしい。

わたくしといふ現象は
仮定された有機交流電燈の
ひとつの青い照明です
（あらゆる透明な幽霊の複合体）
風景やみんなといつしよに
せはしくせはしく明滅しながら
いかにもたしかにともりつづける
因果交流電燈の

ひとつの青い照明です
（ひかりはたもち　その電燈は失はれ）

これは宮沢賢治の『春と修羅』の「序」の冒頭だ。ここでは「わたくし（という現象）」を表現するのに、「有機交流電燈の青い照明」「透明な幽霊の複合体」など常人では思いもかけない奇抜な比喩が使われている。タイトルにしても、「春」と「修羅」というかけ離れたカテゴリーの言葉が組み合わされている。これが、「経験への開放性が高い」あるいは「意識というモニタの解像度が粗い」状態で、宮沢賢治だけでなく芸術家の多くはこのタイプだ。――画家だとパブロ・ピカソ（キュビスム）、マルセル・デュシャン（ダダイスム）、サルバドール・ダリ（シュールレアリスム）、作家だとフランツ・カフカ（『変身』『審判』『城』）、ジェイムズ・ジョイス（『ユリシーズ』）、トマス・ピンチョン（『重力の虹』）などの名がよく挙げられる。

逆に「経験への開放性が低い」あるいは「意識というモニタの解像度が高い」のは、行政文書や裁判の判決のように、いっさいの比喩を使わず、誰が読んでも同じように理解できるよう明晰に書かれた文章をイメージするといいだろう。

サイケデリックの発見

「経験への開放性」が高いひとの特徴が、幻覚や幻聴をともなう「スピリチュアル体験」だ。

これは精神疾患とは異なるものの、ビッグファイブ検査の「経験への開放性」がきわめて高いと統合失調症の予測因子になることがわかっている。

幻覚や幻聴は、サイケデリックス（幻覚剤）によって誘発することができる。だとしたら、パーソナリティとしての「経験への開放性」とサイケデリック体験には共通するものがあるのだろうか。まずはここを出発点に考えてみよう。

1943年4月16日、スイスのバーゼルにある製薬研究所で新薬の研究をしていたアルバート・ホフマンは奇妙な経験をした。麦角菌（小麦やライ麦に寄生する菌類の一種で、麦角アルカロイドと呼ばれる毒性を有する）の派生物から合成した薬物を偶然、指先からほんのすこし吸収してしまったのだ。[*1]

その夜の出来事を、ホフマンは日記にこう書いた。

「目をとじて横になっていると、幻想的なイメージがつぎからつぎへとくるくる変わりながら浮かんでは消え、浮かんでは消えていった。どのイメージも実にありありと立体感にあふれ、カレイドスコープのように鮮烈な色彩が交互にいり乱れていた」

この不思議な体験は3時間ほど続き、徐々に回復した。

ホフマンはその3日後に、自分の身体を実験台にしてこの新しい薬物の効果を確かめてみた。このとき服用したのは250マイクログラム（1マイクログラムは1グラムの100万分の1）という微量だったにもかかわらず、ホフマンは一昼夜にわたって幻覚の世界をさまよい、幽体離

の
脱でソファに横たわる自分の身体を眺めた。新たに発見されたこの幻覚物質は、麦角菌からの25番目の合成物だったためLSD-25と名づけられた。

幻覚作用を起こす物質には、大きくLSD（カビ）、サイロシビン（キノコ）、5-Meo-DMT（ヒキガエル）がある。これらはすべてトリプタミンという有機化合物（インドール）で、自然界ではありふれている。

人体にも、トリプタミンは細胞間のシグナル分子として働いている。神経伝達物質セロトニンもそのひとつで、化学名を5-ヒドロキシトリプタミンという。幻覚剤の特異な作用は、大脳皮質に大量に存在するセロトニン受容体5-HT2Aと結合し、活性化させるからだと考えられている。

当時、ホフマンが勤務していたサンド社は、この奇妙な化学物質がなんの役に立つかわからず、きわめて安価に製造できることもあって、世界じゅうの研究者に無償で提供するという大胆な手段（いまでいう研究開発のクラウドソーシング）に打って出た。1949年から1966年まで、大学や研究機関だけでなく、CIAからセラピストまでLSDは広く行き渡り詳細に研究された。

その幻覚体験から、当初、LSDは統合失調症などの精神疾患の謎を解く鍵になるのではな

＊1―マーティンA・リー、ブルース・シュレイン『アシッド・ドリームズ』第三書館

いかと期待されたが、さしたる成果をあげられなかった。ＣＩＡはＬＳＤを自白剤に使えないかと試みたが、時間や空間のいちじるしい歪曲や奇怪な幻覚のために被験者は大混乱を起こし、全能の神になったように妄想をしゃべるか、内にひきこもって貝のように口を閉ざしてしまった。

だがＣＩＡは、きわめて安価に生産でき、少量で驚くべき効果のあるこの薬物を簡単にあきらめることができなかった。そこで開発元であるサンド社からＬＳＤ10キロ、1億服分というとてつもない量を購入すると、全米の大学や研究所に無償で配布して軍事利用の可能性を探った。アメリカの研究者は、サンド社とＣＩＡからほぼ無尽蔵にＬＳＤを入手できた。

軍事利用のなかには、ＬＳＤを自国のスパイに携行させるというアイデアがあった。敵に捕えられても、先にトリップしてしまえばどのような尋問も無効になる。

あるいは、敵国の政府要人をＬＳＤで失脚させるという作戦が考えられた。キューバのフィデル・カストロが演説中に支離滅裂なことをしゃべり出せば、信用が失墜してキューバ革命政府は崩壊するというマンガじみた話が真剣に検討された。

きわめつきは、戦闘用化学兵器の開発研究だった。敵国の都市にＬＳＤを散布すれば、兵士も住民も誰も彼もがトリップしてすべての都市機能が停止する。その間に地上部隊が進撃し、無抵抗のまま都市を占領してしまえばいい。この〝幻覚攻撃〟は、敵にも味方にも死傷者を出すことなく確実に勝利を手にする究極の作戦とされた（一部の精神的に不安定なひとたちが重篤な精神障害になる可能性は考慮されていた)。

こうしたバカバカしい研究が一段落すると、LSDの利用は本来あるべき場所に落ち着いた。すなわちトリップだ。

半世紀前のLSD実験

いち早くLSDの可能性に気づいたイギリスの作家オルダス・ハクスリーは、早くも1954年に『知覚の扉』(平凡社ライブラリー)で神秘的な幻覚体験を詳細に記述している。その後、サイケデリック体験はビートルズをはじめとするサブカルチャーに急速に広がっていく。[*2]

その一方で、LSDが「精神病(幻覚)を引き起こす」だけでなく、その治療にも使えるのではないかと考えた研究者が現われた。

カナダのサスカチュワン州でアルコール依存症患者の治療にあたっていた精神科医のハンフリー・オズモンドは、LSDで人為的に譫妄(せんもう)症状をひき起こすという治療法を思いついた。酒に溺れた患者たちは、のっぴきならないところまで追い詰められてようやく生活を変える決心をする。だったらLSDで重度の依存症と同じ状況をつくり出し、断酒の決断をさせればいい——。

*2—以下の記述はポーラン、前掲書より。

ところが驚いたことに、ＬＳＤでトリップしただけで依存症から回復する患者が何人も現われた。そこでオズモンドは、１０００名ちかい重度のアルコール依存症患者に大量のＬＳＤを投与する実験を行ない、50％というきわめて高い治癒率を得た。オズモンドは、幻覚剤がこれまで知られているなかでもっとも効果の高い〝こころの治療薬〟であることを認めざるを得なかった。

ＬＳＤを投与すると感覚器官にいちじるしいねじれが生じ、色が聴こえたり、音が見えたりする。この非日常世界で患者の気分は高揚し（ハイになり）、自己を防衛していたすべての殻が取り払われる。これが脳科学の最先端の知見だが、オズモンドは半世紀以上前にそのことに気づき、ＬＳＤよる至高体験を「サイケデリック」と名づけた。

ＬＳＤは断酒の自助グループＡＡ（アルコホーリクス・アノニマス）の共同創設者ビル・ウイルソンによっても採用され、酒を断つため「崇高なちから」に身をゆだねるのに使われた。精神科医たちはうつ病、不安神経症、強迫神経症などの治療にＬＳＤを使い、その高い治療効果を確認した。

新進気鋭の行動心理学者としてハーバード大学で教鞭をとっていたティモシー・リアリーは、こうした成果に衝撃を受け、幻覚剤の「科学的」研究とその普及に乗り出した。自らＬＳＤを体験し、「光だけでできた生命の中心で神と出会い、永遠の炎に包まれて完全な宇宙のドラマを眺める」めくるめくアシッドトリップに圧倒されたリアリーは、「実験的意識拡大ゼミ」で学生たちをトリップさせ、たちまちハーバードの人気教授になった。

「コンコード刑務所実験」はそのリアリーが1961年に行なった有名な（あるいは悪名高い）研究で、刑務所長と刑務所の精神科医の承認をとりつけたうえで、「累犯者にサイロシビンを投与すれば常習性を減らせる」との仮説を検証しようとした。

リアリーは、マサチューセッツ州コンコードにある重警備刑務所の受刑者を2つのグループに分け、32人の受刑者にサイロシビンを与え、出所後の再犯率を対照群と比較した。

リアリーが発表した結果は驚くべきものだった。出所後10カ月がたった時点で、対照群は80％近くが刑務所に戻ってきたのに対し、サイロシビンを投与した者の再犯率はわずか25％だったのだ（この実験は数十年後に検証され、リアリーがデータを誇張していることが判明した。両グループの再犯率に統計的に有意な差はなかった）。

翌62年、リアリーの下で博士号を取ろうとしていた精神科医で聖職者でもあるウォルター・パンケによって、「聖金曜日実験（マーシュ礼拝堂実験）」が行なわれた。

パンケは、ボストン大学構内にあるマーシュ礼拝堂での聖金曜日のミサに参加する20人の神学生に白い粉末の入ったカプセルを渡した。カプセルのうち10個はサイロシビン、残り10個は活性プラセボ（痒みを起こすナイアシン）で、ランダム化比較と二重盲検の基準を満たしていた。

その結果は、サイロシビンを渡された10人のうち8人の学生から強力な神秘体験の報告があったのに対し、対照群は1人だった。パンケは、サイロシビンを摂取した者たちの体験は、過去の文献に記載されているような神秘体験とは「同等とは言えないまでも、明確なちがいはない」と結論した。――１９８６年、別の研究者がこの実験の追跡調査を行ない、錯乱した被験者の存在をパンケが記載していないことを突き止めたが、神秘体験の効果そのものは確認された。

リアリーがハーバードの学生たちをＬＳＤでトリップさせていることが新聞で大きく報じられると、１９６３年5月、教授会はリアリーと同僚のリチャード・アルパート（のちにラム・ダスと改名）を解雇した。マスコミはこの内紛を大々的に報じ、リアリーは「ミスターＬＳＤ」としてハリウッドスターにも劣らぬ名声を手に入れた。

リアリーは、若者たちに向かって叫んだ。

「Turn on, tune in, drop out（トリップし、波長を合わせ、ドロップアウトしろ）」

そしてなによりもリアリー自らが、率先して60年代という時代に〃チューン・イン〃していった。

脳のエントロピー

ＬＳＤのような幻覚剤は、デフォルトモード・ネットワーク（ＤＭＮ）と呼ばれる「自己の中枢」を一時的に後退させると考えられている。ＤＭＮは、なにを意識し、なにを意識しないかの関門の役割を果たしている。

情報管理をしているDMNの活動が低下すれば、意識には突然、大量のデータが流れ込んでくる。その結果、脳は支離滅裂な情報の洪水をなんとか処理しようとして、誤った結論に飛びついたり、ときには幻覚を見せたりもする。

色覚障害者が幻覚剤を摂取すると、はじめて見えた色があると報告する。幻覚剤の影響下にあるときの音楽は、ふだんとちがって聴こえる。音色がより正確に処理され、音楽が伝える感情面まで察知できるのだという。ふだんは脳が無意識に処理し、意識から排除されている情報が幻覚剤によって顕在化するのだと考えられている。

しかしこれには代償があって、幻覚剤は確固とした認知力から安定性を奪い、不安定にする。あまりにも大量の情報に圧倒されると、脳は必死に新しい現実予測をつくりはじめ、無理に筋を通そうとする。これが幻聴や幻覚で、悪化すると統合失調症と診断される。その一方で自我が確立されると(これは一般によいこととされているが)、自由な発想を制限し、「不安」や「後悔」といったネガティブな物語に拘束されてしまうかもしれない。

「幻覚剤ルネサンス」を牽引するイギリスの神経科学者カーハート＝ハリスは、この関係を脳内のエントロピーで説明する。[*3] エントロピーは物理学の「乱雑さ」の単位で、エントロピーが低いと秩序立っていて、高いほど乱雑になる(氷は低エントロピーで、熱を加えるとエントロピー

＊3――ポーラン、前掲書。

が増大し、水から水蒸気へと分子の「乱雑さ」は大きくなる)。

これを意識状態にあてはめるなら、高エントロピーの脳は「幻覚剤下にある状態、子どもの意識、精神疾患初期、魔術的思考、拡散的あるいは創造的思考」で、低エントロピーの脳は「狭量なあるいは頑固な思考、依存症、強迫神経症、うつ病、麻酔下にある状態、昏睡状態」にある。

低エントロピーの最末端に位置するうつ病や強迫神経症は、精神障害(disorder)すなわち脳の秩序(order)が失われたからではなく、むしろ秩序がきつくなりすぎて生じた。内省があまりに習慣化してしまうと、自我の力が支配的になる。それがもっとも顕著なのはうつ病で、「自我が自分の力に酔い、コントロールできないほど内省しすぎるようになる」のだという。うつとは、「反芻」という破壊的な内省ループから逃れられなくなり、どんどん周囲の世界から自分のなかに閉じこもっていくことなのだ。

それに対してトリップ中の高エントロピー(「乱雑さ」が大きい)脳では、DMNの視覚情報処理系など何かに特化した脳神経ネットワークが後退する一方、それ以外のネットワークとよりオープンに交流するようになる。いわば、「さまざまな脳内ネットワークの専門性が緩む」のだ。

記憶や感情を司る領域がDMN(自己)を経由せずに視覚情報処理領域とじかに交流するようになれば、希望や恐怖、先入観や感情が視覚に影響を与えはじめる。知覚情報が混交して、色が音になったり、音が触感になったりする。次々に新しい連携が起きて、いろいろな精神的経験として表われる。こうした脳内ネットワークの一時的な再編成が「サイケデリック体験」なのだ。

毎日がつねに新鮮な病

ある調査によると、アメリカの大学生の39％は自分の考えが大声で聞こえる幻聴を、5％が会話をともなう幻聴を体験している。幻聴体験のある学生は音楽、詩、数学に強い興味をもち、71％が幻覚を体験していた。「狂気」は一般に思われているよりも、わたしたちの身近にある。[*4]

誰もが、思わず独り言をつぶやいていた、という経験があるだろう。これはわたしたちが、無意識のうちに、つねに自分自身と対話しているからだ。こうした内言語は、通常はDMNによって管理されているので意識されないが、なにかのきっかけでそれが口をついて出ることがあり、それが独り言になる。

日常的な幻聴が問題にならないのは、それが「自己」に属するとわかっているからだ。だが統合失調症では、この自己主体感が損なわれてしまうらしい。そうなると、内言語を自分の思考ではなく、見知らぬ誰かが囁きかけているように錯覚する。同様に、自己と他者の境界が曖

＊4—Nettle、前掲書。

味になると、他者の言葉が直接、自分の脳のなかに入ってくるように感じられる。[*5]

このことは、「サリエンシー（saliency）」で説明することもできる。salienceは「突起物」で、そこから「目立ちやすさ」「重要性」「顕著性」の意味に転用されるようになった。[*6]

なにかが目立つというのは、それがあなたにとって重要だからだ。渋谷ハチ公前のような場所に立って群衆を眺めていると、ある特定の人物だけが目立つことに気づくはずだ。茫洋とした背景のなかで魅力的な異性だけが浮かび上がってくるのは、生殖の対象がドーパミンを反応させるサリエンシーだからだ。

ドーパミンは驚きによって欲求を喚起するが、脳は予測―報酬誤差を絶えず修正することでその驚きを抑制している（飽きてしまう）。パートナーのことを考えるたびに初恋のようにときめくのは素晴らしいかもしれないが、これでは生存や生殖のための資源を最大化できない。

ところが「潜在抑制機能障害」では、すべてのものを毎回、新しい刺激と同じように処理してしまう。毎日がつねに新鮮でいいではないかと思ったひとは、この障害をもつひとたちのブログを読めば考えが変わるだろう。そこには、「頭のなかに情報が溢れすぎて、ほとんど眠れない」「何も目に入れず、何も聞かず、何も動かず、何も変わらないところにいたい」「夢を見ずに眠りたい。夢は問題に対する答えをあれこれ示して、目が覚めた途端に私を苦行に引き戻すから」などの悩みがえんえんと書き込まれている。

なにがサリエンシーで、なにがそうでないかは、通常は一定の範囲に収まっている。だがなんらかの理由で脳のサリエンシー回路に異常が起き、本来、発火するはずのないところで活性化したらどうなるだろう。

「アメリカ国家安全保障局（NSA）が全国民を監視している」というエドワード・スノーデンの告発をテレビが報じたときにサリエンシー回路が発火したとしたら、このニュースは自分にとってきわめて重要だと脳は判断する。その結果、自分が監視対象になっていると信じ込むと「妄想」の領域に足を踏み入れることになる。

とはいえ、サリエンシーへの感度が高いことにネガティブな側面しかないわけではない。

私たちは成長とともに、世界を理解しやすくするためのモデルを構築していく。これは「世界の概念を単純化し、抽象化し、特定の体験をもとに、広く適用される一般原則を練り上げる」ことで、たいていの場合は役に立つが、決まりきったパターンでしか考えられないことにもなりかねない。

それに対して脳内のエントロピーが上昇しサリエンシーの範囲が広がると、斬新なアイデア、新鮮な視点、創造的なひらめき、見慣れたものに新たな意味を見出すことができるようになる。

＊5―アニル・アナンサスワーミー『私はすでに死んでいる　ゆがんだ〈自己〉を生みだす脳』紀伊國屋書店
＊6―リーバーマン、ロング、前掲書。

物思いにふけっていたときになぜひらめくのか

アインシュタインが特殊相対性理論など論文5編を発表したのは1905年で「奇跡の年」と呼ばれるが、このとき弱冠26歳だった。しかしこれは特別なことではなく、「数学や物理学で画期的な理論が生まれるのは20代かせいぜい30代前半まで」というのが常識になっている。最近の研究では、これは年齢とともに脳の「モデル化」が進み、サリエンシーへの感度が下がるからだとされる。本人は若いときと同じように考えているつもりでも、無意識のうちに問題解決へのさまざまな「小さなヒント」を重要でないと退けているのだ。

実在しないものを想像するとき、脳の右腹内側前頭前野が活性化する。じつはここは、統合失調症の患者で過活動している脳の部位でもある。ひとは創造的になるとき、統合失調症患者と似たふるまいをする。

このことを証明するために、経頭蓋直流電気刺激法（tDCS）で脳の右前方を刺激しながら比喩を考えさせる実験が行なわれた。すると、電気刺激を受けた被験者が考え出した比喩は、対照群と比べて聞き慣れない変わったものになった（互いにまったく異なっているように見える言葉を結びつけた）。それにもかかわらず、「そうした創造性の高い比喩は、ひそかにスイッチを切った装置につながれた被験者の考え出した平明な比喩に劣らず的確だった」という。[*7]

主題統覚検査（TAT）では、さまざまな状況にいる人物（成功と失敗、競争、嫉妬、攻撃、性的欲求）が描かれたカードを見て、その場面を説明するストーリーをつくる。どれほど変わったストーリーになったかを数値化するのが奇異性密度指数で、健常者は大幅に低く、統合失調症の患者は高い。だが夢の奇異性密度指数は、健常者と統合失調症患者でほぼ同じだった。このことは、「統合失調症とともに生きるのは夢のなかで生きるようなもの」というショーペンハウアーの言葉が正しいことを示している。

サリエンシーの感度を高めることがアイデアの源泉なら、「夢による問題解決」は可能だろうか。調査によると、なんらかの問題を抱えているひとのうち、およそ半分がその問題に関係する夢を見ており、問題に関係する夢を見た人の70％が「夢に解決策が出てきた」と思ったという。

実際にその夢が正解につながったかどうかは別として、「ぼんやりと物思いにふけっていたときに、いきなりアイデアがひらめいた」体験をしたひとは多いだろう。これは自己が後景に退き、夢（あるいは統合失調症）に近づいて、さまざまなヒントを結びつけることができるようになるからだ。古くからいわれているように、「天才と狂気は紙一重」なのかもしれない。

世界は公正であるべきだ

社会心理学では、保守主義を「権威主義的パーソナリティ」と「ＳＤＯ（社会的支配志向性）」

＊7――リーバーマン、ロング、前掲書。

で説明する。権威主義は「所属集団の権威への服従」「権威者が唱道する規範や伝統への信奉」を特徴とし、全体主義の基盤とされる（「保守反動」と呼ばれるひとたちだ）。

それに対してSDOは、内集団（俺たち）と外集団（奴ら）の敵対というよりも、社会のなかの階層（ヒエラルキー）に強い関心をもつ。自分たち（マジョリティ）が「上位」の階層に所属していることが重要で、「下位」の階層のメンバー（マイノリティ）が自分たちと同列になったり、「下位」から「上位」へと階層が逆転することを徹底的に拒否するのだ。

SDOは、「白人至上主義」や「ネトウヨ」のような現代的な右翼／保守主義に当てはまることで、近年注目を集めている。黒人などの有色人種、女性、LGBTQ（性的少数者）、あるいは在日韓国・朝鮮人などの外国人を「下位」階級とし、マイノリティは不当な特権を享受しており、自分たち（マジョリティ）はその「被害者」だとして、アファーマティブ・アクション（積極的差別是正措置）や生活保護制度（ナマポ）をはげしく攻撃する。このように階層＝システムに固執する傾向を「システム正当化」と呼ぶ。[*8]

だが権威主義とSDOはパーソナリティのちがいというよりも、「保守的な心性」が社会的・文化的な影響によって異なる表われ方をすることのようだ。その根底にあるのは、「確固たる世界が崩壊していく」という不安だ。

わたしたちはみな、「世界は公正であるべきだ」と考えている。そんなの当たり前じゃないかと思うかもしれないが、よく考えてみるとこれは現実とはかけ離れている。世の中に不公正なことはいくらでもあり、最後にかならず善が悪を成敗するのはお話のなかだけだ。

だからこれは、「世界は公正だ」という事実認識ではなく、「公正であってほしい」という信念にすぎない。これが「公正的世界観」で、わたしたちは無意識のうちにこの信念を守ろうとしている。

なぜ「公正」がそれほど重要なのか? それは、きちんとしたルール（道徳）が決められていて、すべてのひとがそれを順守する「公正な世界」が「予測可能」だからだ。逆にいうと、世界が公正でなくなってしまうと「予測可能性」も失われてしまう。「なにが起きるかわからない」「誰になにをされるかわからない」という状況は、ものすごく恐ろしいにちがいない。

とはいえ、「公正な世界」への信念の強さには個人差がある。リアリストは、「それはたんなる理想論で、現実は善悪二元論よりずっと複雑だ」とか、「いつも道徳的に行動する人間なんているわけない」と考えるだろうが、なかには「公正さ」が揺らぐことにきわめて敏感なひともいる。このひとたちは、「予測可能」な世界を守るためにどんなことでもしようとする。

だが現実の世界は「公正」ではないのだから、「善は悪に勝つ」という信念だけでは説明できないことが往々にして起こる。典型的なのはなんの落ち度もない被害者がじゅうぶんに救済されないことで、理不尽な出来事が起きると加害者が徹底的に悪魔化される。「被害者中心主

＊8—池上知子『格差と序列の心理学　平等主義のパラドクス』ミネルヴァ書房

義」では、被害者が納得するまで「悪」は罰せられなければならないのだ。――池袋で起きた自動車暴走で母子が死亡した事件を想起されたい。

だがなかには被害者が救済されず、中途半端になってしまうこともある。このようなとき、それでも「公正な世界」を守ろうとすれば、(現実は変わらないのだから)自分の認知(考え方)を変えるしかない。これが「犠牲者への非難(victim derogation)」という現象で、「じつは被害者に非があった(だからあんな目にあっても当然だ)」と論理が逆転する。犠牲者が犠牲者でなくなれば因果応報は守られ、認知的不協和も解消されるのだ。――テレビ局の政治部記者に性的暴行を受けたとして告訴した女性ジャーナリストの事件を想起されたい。

「保守派」が道徳に過剰にこだわるのは「世界は公正であるべきだ」との強い信念をもっているからだし、公正さが失われ世界が予測不可能になることへの強い不安を抱えているからだ。しかし、このひとたちはなぜそんなに不安なのだろうか。

女の子が怖い非行少年たち

医療少年院の勤務経験がある児童精神科医・宮口幸治さんの『ケーキの切れない非行少年たち』(新潮新書)がベストセラーになったのは、みんながなんとなく気づいていたこと(非行には知能の問題が関係しているのではないか)をたった1枚の図(円を三等分することすらできない)で〝見える化〟したからだろう。

『ケーキの切れない非行少年たち』では、幼児に強制わいせつをする性非行少年が「女の子は8歳までしか興味ない。9歳を超えると怖い」と語る。ペドフィリア（小児性愛障害）の特徴として言語的知能が低いことは欧米や日本の研究でも示されており、カトリックの司祭がペドフィリアで告発されるようなケースもあるとはいえ、性非行少年が思春期になって幼い女の子に性的な関心を抱くのは、同世代の女の子と対等な関係をつくれないからのようだ。

「怖い」というのは、自分にとって脅威になるということだ。身体的には明らかに優位なのに、なぜ女の子が「脅威」なのだろうか？

誰もが身に覚えがあるだろうが、子ども時代に悪ふざけをしたとき、大人は「なんでそんなことしたの？」と訊く。この問いに即座に納得のいく返事ができた子どもは許され、うまく説明できず口ごもってしまう子どもは罰せられる。大人は子どもを道徳的に「教育」しようとしているのではなく、その行動を理解するための説明を求めている。なぜなら、理解できないものは不安だから。

同様に子ども同士でも、「なんでそんなことするの？」という問いは頻繁に発せられる。その批判をうまくかわせた子どもは仲間に加えられ、説明責任を果たせないと排除される。これは男女の関係でも同じで、女の子からの問いや批判に的確に応答できない男の子は相手にされなくなるだろう。

こうした経験を子どもの頃から繰り返していると、言語運用能力の高い子どもは見知らぬひとの出会いを恐れなくなり（怒られても言い返せるから）、口下手な子どもは親族や友人の狭い交友関係から出ようとしなくなるだろう（自分の行動を説明する必要がないから）。

こうして、言語的知能の高い子どもは新奇性（新しい体験）に興味をもつようになるし、低い子どもは新奇性を恐れるようになる。これは、「経験への開放性」の定義（新奇性への志向）とも一致するし、政治的な「リベラル／保守」の定義にも重なる。――アメリカでは、リベラルは東部のニューヨークやボストン、西海岸のサンフランシスコやロサンゼルスといった多様性のある刺激的な都市を好み、トランプ支持の保守派はラストベルト（錆びついた工業地帯）と呼ばれる中西部のうらぶれた故郷から出ようとしない。

言語運用能力が低いと世界を脅威と感じるようになり、その脅威から身を守ろうとすることが「移民排斥」や「国民ファースト」のような内集団バイアスにつながる。それに対して言語運用能力が高いと、ほとんどのことは脅威にならない（適当に言い抜けられる）から、外国人や性的少数者など、自分とはちがうひとたちとの交友を楽しむようになる。

このようにして、「リベラルは好奇心旺盛で知能が高い」「保守派は伝統にこだわり知能が低い」というステレオタイプが生まれる。

相手が誰なのかわからない恐怖

言語的知能と政治イデオロギーの関係で興味深いのは、認知能力における男女の性差だ。

脳科学者のなかには、女性は右脳と左脳の両方を使って言語運用能力を発達させるが、男性は子どものときにテストステロンの作用で右脳の言語中枢が「破壊」され、その代わりに空間的知能を発達させると考える者がいる。この空間的知能が図形の回転などに活かされ、論理・数学的知能を発達させるのだという。[*9]

脳の言語中枢は左半球にあるとされる。実際、左半球に卒中を起こした男性の言語性ＩＱは平均で20％低下するが、同様に左半球に卒中を起こした女性の言語性ＩＱは平均で９％しか低下しない。男性の脳は機能が細分化されていて言語を使う際に右脳をほとんど利用しないが、女性の脳では機能が広範囲に分布しており、言語のために脳の両方の半球を使っているからだとされる。[*10]

さらに興味深いのは、ＩＱ別に男女のエピソード記憶（経験した出来事についての記憶）を調べた研究だ。それによると、ＩＱが平均を超えると男女の差はなくなるが、ＩＱが低い領域では男女で性差は大きく開いており、偏差値換算で30～40の女性は、偏差値50～60の男性と同程度の言語的知能（言語的記憶や非言語的記憶）をもっている。[*11]

＊9―ブリゼンティーン、前掲書。
＊10―ドリーン・キムラ『女の能力、男の能力　性差について科学者が答える』新曜社
＊11―Agneta Herlitz and Julie E. Yonker (2002) Sex Differences in Episodic Memory: The Influence of Intelligence, *Journal of Clinical and Experimental Neuropsychology*

図14●IQと初対面の相手の顔認知との関係

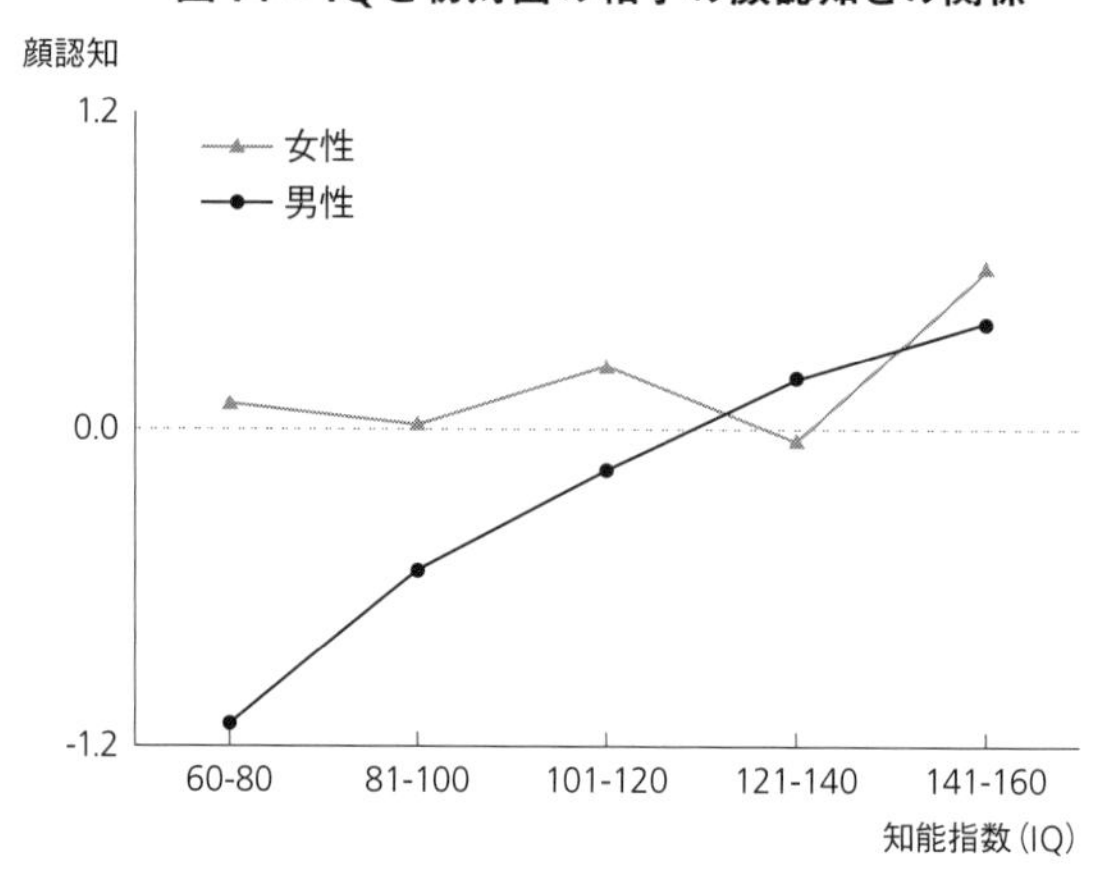

出典：A. Herlitz & J. E. Yonker "Sex Differences in Episodic Memory"より作成

より顕著なのは「見知らぬ相手の顔をどれだけ覚えているか」で、女性ではIQ140までほぼ一定なのに対して(どんな女性でもいちど会った相手のことをよく覚えている)、男性はIQが低いと顔の認知が困難になる(**図14**)。この結果は、「男はモノに、女はヒトに関心をもつように進化してきた」という進化心理学の説明とも整合的だ。

男のなかには、「相手が誰なのかうまく認識できない」ひとたちが一定数いる。誰かから話しかけられたとき、相手は自分のことを知っているのに、自分は相手が誰なのかわからないというのは大きな恐怖だろう(相手から詰問されたり、怒鳴りつけられたりしたらなおさらだ)。こうして言語的知能の低い男性は、新しい出会いや馴染みのない環境を忌避するようになるのではないだろうか。

日本でも欧米でも政治イデオロギーの好ましさには明らかに男女のちがいがあり、(保守本流の)

安倍政権の支持率は男性より女性の方が低かったし、2020年のアメリカ大統領選では女性有権者の多くはトランプではなくバイデンに投票した。女性の「リベラル度」が一貫して高いのは、言語的知能と共感力の性差が関係しているのかもしれない。

だがその一方で、論理・数学的知能は男の方が平均的には（わずかに）高く、極端にIQが高い領域では男の割合が（かなり）多くなるとされる。PC（政治的な正しさ）を脇においておけば、これが、保守層に男が多く、同時に数学者や物理学者、シリコンバレーのプログラマーが男で占められている理由なのだろう。

知能の政治イデオロギー

IQと政治イデオロギーに相関があるとの研究はいくつもある。[*12]

カリフォルニア大学バークレー校の2人の発達心理学者は、1969年から1971年にかけてカリフォルニア州バークレーとオークランドにある幼稚園で3歳児と4歳児を対象に行なわれた「性格・認知・社会性調査」の記録と、それから20年後の23歳時点の記録とを比較した。その知見をまとめると以下のようになる。[*13]

*12―詳しくは拙著『朝日ぎらい　よりよい世界のためのリベラル進化論』（朝日新書）を参照されたい。

①23歳のときにリベラルな男性は、幼稚園で先生たちから「機転が利く」「指導力がある」「自主的」「自らの成果を自慢する」「自信がある」「自分について語りたがる」などと評価されていた。
②23歳のときに保守的な男性は、幼稚園で「変わり者」「自己評価が低く罪の意識を感じやすい」「攻撃的になりやすい」「不確実な状況では不安をあらわにする」「疑い深い」「気にしやすい」「ストレス下では頑固になる」などと評価されていた。
③23歳のときにリベラルな女性は、幼稚園で「自己主張が強い」「おしゃべり」「好奇心が強い」「否定的な感情やいじめに対して抵抗力が強い」「賢い」「競争が好き」「高い道徳的基準をもつ」などと評価されていた。
④23歳のときに保守的な女性は、幼稚園で「優柔不断」「自分を犠牲者だと思いやすい」「抑制的」「こわがり」「自分の気持ちを打ち明けない」「大人を追いかける」「恥ずかしがり」「きちんとしている」「文句をいう」「あいまいなことを不安に思う」などと評価されていた。

また4歳時点の知能検査では23歳時点の「リベラル/保守」を予測することはできなかったが、11歳および18歳時点のＩＱは男子・女子ともにリベラル度と相関があった（知能が高いとリベラルになりやすかった）。

興味深いのは、男女ともに3歳時点の母親の社会経済的背景（ＳＥＳ）では将来の「リベラル／保守」を予測できなかったことだ。ゆたかで高い教育を受けた母親が子どもをリベラルに育て、貧しく教育程度の低い母親に育てられた子どもが保守的になるというステレオタイプは支持されなかった。

だがその一方で、父親のＳＥＳは子どもの政治的態度に相関があった。この調査が始まったのが１９７０年前後であることを考えれば、母親が子育てに専念し父親はほとんどかかわらなかっただろう。このことは、常識に反して、子どもの政治的態度を決めるのは「子育て（家庭環境）」より遺伝の影響が大きいことを示唆している。社会・経済的に成功した「賢い」父親の子どもは、遺伝的に受け継いだ高い言語運用能力によって、ごく自然にリベラルになっていくのだろう。

「成功した保守派」と「陰謀論者」

経験への開放性と言語的知能がともに「保守／リベラル」の政治イデオロギーに関係するとしても、それは本来、脳の機能（パーソナリティ）としては別のものだ。言語的知能と論理・数

＊13―Jack Block, Jeanne H. Block (2005) Nursery school personality and political orientation two decades later, *Journal of Research in Personality*

図15●知能と「経験への開放性」

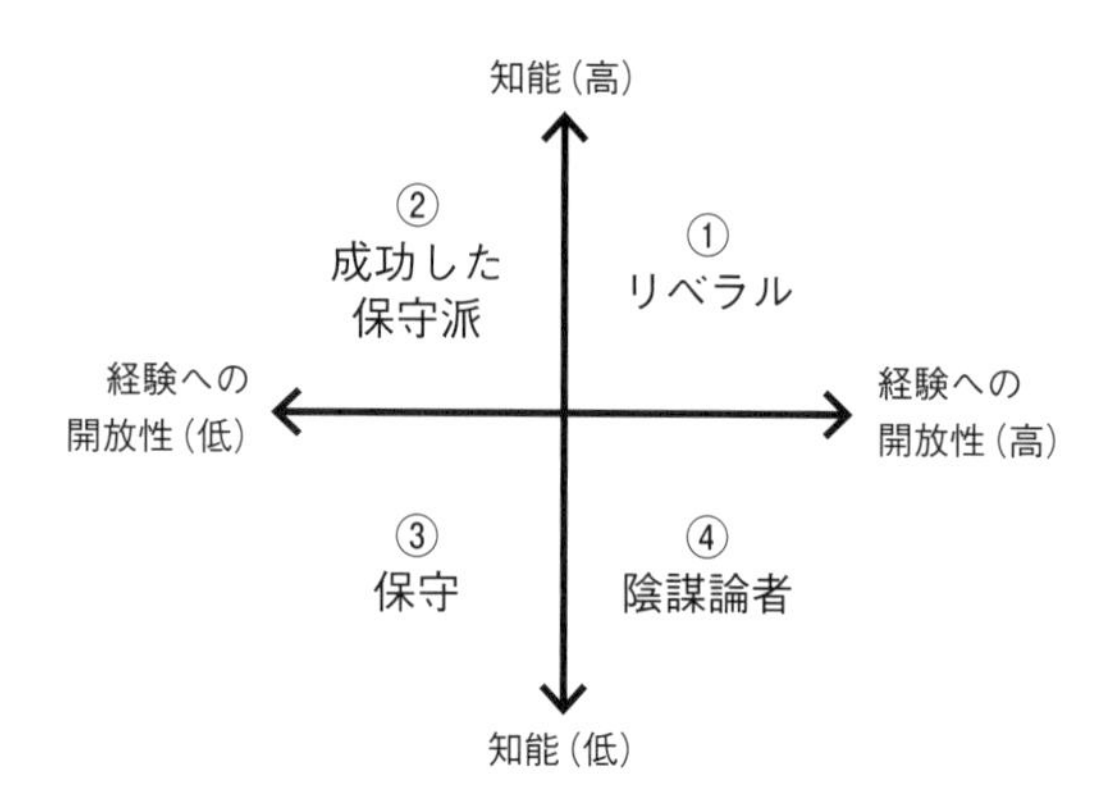

学的知能には（一定の）性差があるが、両者を合わせた学力＝知能の平均は男女でほぼ同じだから、知能と経験への開放性を組み合わせると大きく4つのタイプに分けられるはずだ（**図15**）。

ここでは、①「リベラル（知能と経験への開放性がともに高い）」と、③「保守（知能と経験への開放性がともに低い）」が典型的なステレオタイプだ。しかしそれ以外に、②「知能は高く、経験への開放性が低い」タイプと、④「知能が低く、経験への開放性が高い」タイプがいるはずだ。

知識社会で成功するもっとも大きな要因は知能なのだから、経験への開放性が低くても、②のタイプはやはり社会的・経済的に成功するだろう。彼ら／彼女たちの政治イデオロギーは保守的で、これを「成功した保守派」と名づけよう。

その一方で、経験への開放性が高くても知能が低いと成功は難しいかもしれない。さまざまな理由で社会とうまく折り合うことができないが、経験への開放性は高い（妄想的な）このひとたちは陰謀論の肥沃な土壌を提供する。「アメリカはディープ・ステイト（闇の政府）に支配されており、トランプはそれと闘っている」というQアノンの陰謀論を信じて連邦議会議事堂を占拠した集団はその典型だが、「ワクチンによって自閉症になる」などの陰謀論者はリベラル／レフトにもたくさんいる。

ここで強調したいのは、「①リベラル」と「③保守」のステレオタイプは、「②成功した保守派」や「④陰謀論者」の存在を無視して、リベラルなメディアや知識人が自分たちに都合のいいようにつくりあげた〝神話〟だということだ。

知能と同様に経験への開放性も正規分布すると考えれば、4つのタイプの人数はほぼ同じになる。社会全体が保守の側に偏っているとすれば（人間の本性がリスク回避的だとすればこれはじゅうぶんあり得るだろう）、「成功者」の数はリベラルより保守の方が多いことになる。

それにもかかわらずなぜリベラルの成功者が目立つかというと、シリコンバレーの起業家（スティーブ・ジョブズ）が象徴するように、とにかく目立つからだ。リベラルなメディアはそれを利用し、「ラストベルトにくすぶる白人至上主義のトランプ支持者」を強調することで、「善（リベラル）」と「悪（保守）」の構図を巧みにつくりあげたのだ。

社会を改造するビジョン

言語運用能力と論理・数学的能力が一定程度独立しているとすると、「言語的知能は低いが論理・数学的知能はきわめて高い」という保守派のタイプが考えられる。これにもっとも当てはまるのがシリコンバレーの起業家ピーター・ティールだろう。

イーロン・マスクの盟友で、初期のフェイスブックに投資したベンチャー投資家であり、2016年の米大統領選でドナルド・トランプを支持して物議をかもしたティールは、トランプ当選後、ティム・クック（アップル）、ジェフ・ベゾス（アマゾン）、ラリー・ペイジ（グーグル）、シェリル・サンドバーグ（フェイスブック）、サティア・ナデラ（マイクロソフト）、イーロン・マスク（テスラ／スペースX）などシリコンバレーの大物たちを一堂に集め、新大統領を囲む会合を取り仕切ったことで「影の大統領」と呼ばれた。[*14]

ティールはメディアの取材を受けず、文章を発表することもほとんどない。数少ない例外のひとつが保守派シンクタンクのホームページに寄稿した「リバタリアンの教育」という短いエッセイだが、シンプルな英語で書かれているにもかかわらず論旨はきわめて難解で、メディアや識者が「謎解き」に挑むことになったほどだ。[*15]

ティールは子ども時代にSFやファンタジーに夢中になり、トールキンの『指輪物語』を少なくとも10回は読んだという夢想家で、13歳以下のチェス選手権で全米7位にランクされる数学とコンピュータの天才でもあった。そんなティールが保守派になったのは、その高い知能によって若いときからリベラルの偽善に気づいていたこともあるだろうが、論理・数学的能力と引き換えに言語運用能力（コミュ力）を犠牲にしたため、世界を「脅威」に感じるようになったからではないだろうか。

ケンブリッジ・アナリティカの事実上のオーナーで、2016年のトランプの大統領選に多額の資金支援をした大富豪のロバート・マーサーもメディアにはまったく登場しない「変わり者」だ。ティールと同じく数学とコンピュータの天才であるマーサーは大手ヘッジファンド、ルネサンス・テクノロジーズで巨万の富を築いたが、そこでの様子はこう描写されている。[*16]

マーサーは人付き合いが本当に嫌いだった。あるとき同僚に、人間よりも猫と一緒にいるほうがいいと言った。夜には、「フクロウの巣」――賢くて冷静、長い時間黙っていることで知られるもう一つの生き物――と名付けたロングアイランドの邸宅に引きこもり、バスケットボールコート半面分に張りめぐらせた線路に二七〇万ドルの列車の模型を走らせて遊んだ。

＊14―トーマス・ラッポルト『ピーター・ティール　世界を手にした「反逆の起業家」の野望』飛鳥新社
＊15―Peter Thiel (2009) The Education of a Libertarian, *Cato Unbound*
＊16―グレゴリー・ザッカーマン『最も賢い億万長者　数学者シモンズはいかにしてマーケットを解読したか』ダイヤモンド社

マーサーは政治的に保守派で、全米ライフル協会の会員としてマシンガンを何丁も集め、アーノルド・シュワルツェネッガーが映画『ターミネーター』で使ったガス駆動式のAR−18突撃銃まで持っていた。

ケンブリッジ・アナリティカのプレゼンテーションを聞いて、マーサーは「現実の社会をデジタル化してコンピュータの前で再現する構想」に強い興味を抱き、1500万〜2000万ドルという多額の出資を即決した。マーサーは社会の「リファクタリング（ソースコード書き換え）」と人間の「オプチマイゼーション（最適化）」を目指していたという。[*17]

ティールやマーサーのようなきわめて知能の高い大富豪が、なぜトランプを支持したのか。一般に内向的で神経症傾向が高く、それに加えて経験への開放性が低いと、混乱や無秩序を不安に感じて回避しようとする。そこに低い言語運用能力と極端に高い論理・数学的知能が加わると、自分が安心して住めるよう社会を「改造」するというSF的なビジョンに魅せられるのではないだろうか。

アスリートとアーティストは似ている

経験への開放性が「リベラル」と「保守」の政治イデオロギーに結びつけられるのは、そこに「知能」の要素が混在しているからだ。

ビッグファイブ検査の「経験への開放性」の質問には、「いろいろな分野の言葉をたくさん知っています」「ひろく物事を知っている方です」のように、言語的知能や知識を問う項目が入っている。だが知能とパーソナリティは別のものだから、これは分けて考える必要がある。こうして取り出した「経験への開放性」の本質とはなんだろうか。それが「イマジネーション（想像力）」だ。

イギリスの心理学者ダニエル・ネトルは、狂気を「病気」や「障害」と呼び、故障した機械のように考える現代の精神医学に疑問をもった。統合失調症はもっとも重い精神疾患だが、その生涯罹患率は1％程度で、国や地域によるちがいはほとんど見られず、そのうち1割が自殺で人生を終えている。

同様に、うつ状態を含む気分障害の生涯罹患率は8％かそれ以上とされており、そのうちの一部は強い高揚感が伴う時期のある双極性障害（躁うつ病）だ。統合失調症と躁病（躁期）には、ともに神経伝達物質のドーパミンがかかわっているとされる。

進化論的にいうならば、「利己的な遺伝子」は生存と生殖に最適化するよう個体を「設計」したはずだ。だったらなぜ、100人に1人（統合失調症）や12人に1人（気分障害）が「故

＊17——ワイリー、前掲書。

障」する遺伝子が時代や地域を超えて広範に存在するのか？　こうしてネトルは、「狂気」には進化論的に有利な要素があるのではないかと考えるようになった。[*18]

音楽家のロベルト・シューマンは典型的な「双極性障害タイプ」で、躁期に大量の傑作を創造したが、44歳で真冬のライン川に身を投げ、救助されたものの2年後に精神病院で死亡した。これは、「精神疾患にもかかわらず多くの名曲をつくった」のではなく、「精神疾患だからこそ稀有な創造力を発揮できた」のではないか。

双極性障害の原因はまだよくわかっていないが、うつ期にセロトニンレベルが低下し、奇妙なことに躁期にも同様に低下する。だが躁期には、同時にノルアドレナリンとドーパミンのレベルが上昇し、それが統合失調症と似た症状を見せる原因ではないかとされる。

ネトルが1705～1805年の著名なイギリスとアイルランドの詩人の伝記を調べたところ、36人の詩人のうち6人は精神病院に収容され、2人は自殺していた。半分以上に気分障害のはっきりとした徴候があり、血縁に精神病者か自殺者がいたとされる。他の研究でも、詩人が気分障害を発症するリスクは平均の少なくとも10倍だという。

「思考の逸脱」はスキゾ（統合失調）タイプの指標とされ、社会のなかでの平均は5％だ。職業別ではクリエイティブ・アーツは7％と若干高く、その他の専門職は3％と若干低い。目を引くのは、独創的な比喩や暗喩を駆使する詩人のスキゾ傾向が17％と極端に高いことだ。それに対して小説家（散文）は7～8％、演劇は6％だ。

興味深いのは作曲家の10％と並んで、スポーツマンの「スキゾ度」が11％と高いことだ。アスリートとアーティストは「思考の逸脱」において思いのほか似ているのかもしれない。

芸術は性淘汰で進化した

進化心理学者のジェフリー・ミラーは、「芸術、スポーツ、ユーモアなどの文化的現象は性淘汰として進化した」と述べて物議をかもした。[*19]ピカソは3人の女性とのあいだに4人の子どもをつくり、10人以上の愛人がいたとされる。ロックスターのミック・ジャガーにいたっては、生涯に何人の女性とベッドを共にしたか数えきれないだろう。傑出したアーティストは女性からものすごく魅力的に見える。だとしたら男は、芸術的才能を伸ばすように進化したはずだというのだ。

「経験への開放性」が性淘汰で進化したとの説はたんなる思いつきではなく、芸術家（詩人や画家）が一生のうちにかかわる性的パートナーの数は、文化的活動に興味のないひとより明らかに多いという傍証がある。現代社会では、芸術的創造性は性的な魅力と見なされている。

「利己的な遺伝子」が自らの遺伝子を効率的に複製できるどんな戦略でも試すとするならば、

＊18―Nettle、前掲書。
＊19―ジェフリー・F・ミラー『恋人選びの心　性淘汰と人間性の進化』岩波書店

一定の割合で躁状態や「スキゾ」になるように脳を「設計」したとしても不思議はない。躁状態や適度な思考の逸脱（スキゾ）は芸術のような創造的行為やイノベイションを加速し、女性たちを惹きつけて多くの子孫を残せるようになる。だったらなぜ、すべてのひとが芸術家にならないのか。それは、高い経験への開放性には相応のコストがともなうからだ。

歴史をひもとけば、ギリシア・ローマや江戸時代の化政文化（文化文政時代）など、安定した環境で芸術活動が花開いたことがわかる。逆にいうと、戦争や動乱の時期には芸術的才能などなんの役にも立たず、敵から身を守り食料を確保する実践的な生存能力が求められた。

人類史が安定と動乱の繰り返しであることを考えると、一部のひとだけが高い経験への開放性をもっている理由がわかる。生まれてくるのがどのような時代かを胎内で予想することはできないから、安定（高い開放性）と動乱（低い開放性）の両方に適応できるよう開放性スコアが正規分布になったのだろう。

性淘汰では「男は競争し、女は選択する」と考える。ここから、芸術やスポーツなどの「美的」な能力には性差があり、男の方が優れているとのかなり差別的な結論が導き出される。進化における淘汰は、競争する集団だけに働くからだ。

クジャクが典型だが、一夫多妻でオスがいっさい育児に協力しない場合、オス同士の競争が極端にはげしくなり、メスの好む特徴（尾羽の美しさ）を生存の限界まで拡張するようになる。この場合、美や芸術はオスが独占し、メスはそれを鑑賞するだけだ。

だがヒトの場合、男の権力者がハーレムをつくる「一夫多妻」の傾向はあっても、たいていは男も育児に協力する「一夫一妻」だ。歴史に名を残した芸術家は男の方が多いだろうが、そこには「男性中心主義」の影響が確実にあるし、「美を男が独占している」という仮説はまわりを見ればとうてい成立しそうにない。これは女も、より望ましい（アルファの）男をめぐってはげしい競争をしているからではないだろうか。

思春期の女の子は冒険的になる

経験への開放性に性差は観察されていない（統合失調症や躁うつ病の発症率にも性差はない）が、日本の場合、大学生の海外留学者数で男子が40・3％、女子が59・7％など大きな性差が一貫して示されている。[*20] もちろんこれだけで「女は男より新しい経験を好み、冒険的だ」ということはできないが、近年、古代人の歯の分析からこの仮説にさらなる証拠が見つかった。

有性生殖の生き物は、なんらかのかたちで近親婚による有害な遺伝的変異を避ける仕組みをもっている。人類にもっとも近い霊長類であるチンパンジーやボノボの場合、メスは思春期を迎えると「冒険的」になって、慣れ親しんだグループ内のオスではなく、他の集団のオスに興味をもつようになる。異なるグループが遭遇するとメスが他の集団に移ったり、思春期のメス

＊20―独立行政法人日本学生支援機構「2018（平成30）年度日本人学生留学状況調査結果」

がふらりと群れを離れ、たまたま出会った別の群れに加わったりする。

だとしたら、チンパンジーやボノボの近縁種であるヒトの場合はどうなのか？　この疑問を解くために、マックス・プランク進化人類学研究所のチームは、数百万年前の人類の祖先アウストラロピテクス・アフリカヌスのさまざまな歯の化石のストロンチウム比を計測した。ストロンチウムはカルシウムと同じように体内に摂り込まれる金属で、主として骨や歯のなかに蓄積する。

ストロンチウムには4つの異なる型（安定同位体）があり、その割合は地域によって変わる。ある地域では特定の型のストロンチウムが多く、地域が異なれば別の型のストロンチウムが多くなる。

ストロンチウムは成長と発育によって歯に摂り込まれるため、古代人の歯を分析すれば、ストロンチウムの異なる型の比率を調べることができる。ストロンチウム比がその地域の岩盤の比率と一致すれば、歯の持ち主がそこで育ったとほぼ断定できる。逆に地域の岩盤と比率が異なるなら、歯の持ち主は幼年期を過ぎてから移り住んだのだ。

調査の結果はどうだったのだろうか？　研究者たちは、「大きめの歯はその場所の地質と一致したが、小さめの歯は一致しない」ことを発見した。

一般に男の方が女より体格が大きいから、必然的により大きな歯をもつことになる。別の地層のストロンチウムを含有するのは女の歯なのだ。チンパンジーやボノボと同じように、アウストラロピテクスの女たちも生まれついた集団を離れ、別の集団の男とのあいだに子どもをつくっていたらしい。[*21]

日本社会では男の子は外向的でさまざまなことにチャレンジし、女の子は内向的でおとなしいとされている（すくなくともこれまでは）。子どもを産み育てる性である女が進化の過程でリスク回避的になったことはさまざまな研究で指摘されているが、だからといって「家庭的＝保守的」ということにはならない。古代人の歯のデータは逆に、思春期の女の子は新しい出会いを求めて、男の子よりもずっと冒険的・積極的になることを示している。——ちなみに、ひきこもりの人数は男が女の2倍ちかく多い（不登校の人数には性差はないようだ）。女は言語的知能が高く冒険的で、男は言語的知能が低く保守的になるように進化の過程で「設計」されているのかもしれない。

経験への開放性スコアの高いひとは超自然的・霊的なものや超常現象に対して特異な強い信念をもつことがあり、スピリチュアルやニューエイジにはまりやすい。古来、「スキゾ度」の高い女性は伝統的社会でシャーマンとして崇められた。言語的知能と共感力の高い女性は、詩人や作家、歌手・俳優、ファッションデザイナーなどの職業で才能を発揮し、システム化能力

＊21—ウィリアム・フォン・ヒッペル『われわれはなぜ嘘つきで自信過剰でお人好しなのか　進化心理学で読み解く、人類の驚くべき戦略』ハーパーコリンズ・ジャパン

の高い男は、物理・数学だけでなく建築や作曲に向いているかもしれない。芸術的能力は平均的には同じでも、個々の分野では得意不得意の性差があることはじゅうぶん考えられる。

なお、芸術家の「スキゾ度」が高いことは、統合失調症の患者に芸術的才能があることを意味するわけではない。経験への開放性がきわめて高い芸術家は、成功する可能性が高いと同時に、精神疾患の発症リスクも抱えている。だが精神疾患を発症したからといって、才能がなければ傑出した芸術家になることはできないだろう。

双極性障害のスペクトラム

1996年、イスラエルの研究者リチャード・エプスタインが4番目のドーパミン・レセプター（受容体）を発見した。DRはドーパミン・レセプターの略で、D1DRからD5DRまで5種の亜型が存在する。このうち4番目のD4DRは認知や情動との関連が強い大脳皮質や中脳辺縁系に集まっており、新奇性（新しいものや変わったもの）追求の傾向に関係するとされる。

このD4DRの第3エクソン（遺伝子をコードする部分）は繰り返し回数（エクソンの長さ）に個人差があり、2〜12回の多型がある。エプスタインの発見が注目されたのは、繰り返し回数が6回以上のグループと、5回以下のグループで新奇性追求に有意な個人差があることが示されたからだ。この繰り返し回数は4回と7回が多いため、短いグループを4R、長いグループを7Rと呼ぶこともある。
D4DR-7Rの遺伝子タイプは脳内のドーパミン活動量が多く、D4DR-4Rの遺伝子タイプは活動量が少ない。このちがいは経験への開放性に反映されると考えられている。――外向性/内向性パーソナリティにもドーパミンの強い影響があるが、D4DRとの関係はわかっていない。パーソナリティは相対的に独立しているので、(ドーパミン濃度が高い)外向的な性格だからといって経験への開放性も高いということはないようだ。
興味深いのは、D4DR-7Rの分布にはヒト集団のあいだでちがいがあることだ。アメリカ大陸では、ベーリング海峡を渡って北から南へと旅をした道程と平仄(ひょうそく)を合わせるように、インディアン/インディオの7R遺伝子保有比率は北米32%、中米42%、南米69%と高くなっていく。これは経験への開放性が高い方が、新天地の「新奇な環境」に適応できたからだと考えられている。[*22]
もうひとつ興味深いのは双極性障害(躁うつ病)の発症率のちがいで、世界全体では人口のおよそ2・4%がこの障害を患っているが、アメリカ国民の双極性障害の有病率は世界最高の4・4%で、他の地域の2倍近くにのぼる。またアメリカでは、双極性障害の患者のおよそ3分の2が20歳までに発症するが、ヨーロッパではその割合は4分の1にすぎない。

*22―以下の記述はリーバーマン、ロング、前掲書より。

双極性障害の躁期は、過剰なドーパミンによって引き起こされると考えられている。双極性障害はスペクトラム（連続体）になっていて、重度から軽度に向けて大きく4つのタイプに分けられる。

①双極Ⅰ型　うつ状態と躁状態がはっきりとした精神疾患で、典型的な躁うつ病。躁状態では極度のハイパーテンションになり、まったく眠らずに過活動しても疲れを感じず、全財産をギャンブルに注ぎ込んだり、上司に辞表を叩きつけて事業を始めたり、ローンを組んで高額の買い物をしたりする。その病状は、脳内のドーパミン濃度を上げるアッパー系のドラッグによく似ている。

②双極Ⅱ型　うつ状態は重度だが、躁は軽躁状態と呼ばれる比較的軽いものになり、単極性のうつ病と区別が難しい場合もある。

③気分循環症（サイクロサイミア）　軽躁状態と軽いうつのサイクルで、社会生活には問題ないものの、周囲からは「気分が変わりやすい」と思われる。

④発揚気質（ハイパーサイミック）　うつ状態のない軽躁状態が続くことで、「活動過多（ハイパー）な性格」とされる。

ハイパーサイミック（発揚気質）のパーソナリティは、「陽気で気力に溢れ、ひょうきんで過度に楽観的で、過剰な自信をもち、自慢しがちで、エネルギーとアイデアに満ちている。多方面に広く関心を向け、なんにでも手を出し、おせっかいで、あけっぴろげでリスクを冒すのを厭わず、たいていはあまり眠らない。ダイエット、恋愛、ビジネスチャンス、さらには宗教といった人生の新たな要素に過剰に熱中するが、すぐに興味を失う。しばしば偉業を成し遂げるが、一緒に暮らすと苦労する相手でもある」とされる。――これはアメリカ人の「自画像」そのものだ。

アメリカ人は「カルト空間」に閉じ込められている

双極性スペクトラムのなかでもっとも裾野が広い（人数の多い）ハイパーサイミックは、「異常な症状をいっさい体験することなく、モチベーションの高さ、創造性、リスクを冒して大胆な行動をとる傾向などの、平均以上のドーパミン活性レベルを反映した利点を享受している」とされる。社会的・経済的な成功者を思い浮かべれば、その多くが「知能の高いハイパーサイミック」だとわかるだろう。

アメリカ人の双極性障害の罹患率が25人に1人だとすれば、発揚気質は10人に1人、あるいはもっと多くても不思議はない。

脳内のドーパミン濃度が平均より高い「軽躁状態」のひとたちは自己効力感も高い。「人生における成功は、自分ではコントロールできない外部の力に左右されると思いますか？」という質問に「はい」と答えた割合は、ドイツ72%、フランス57%、イギリス41%に対しアメリカは3分の1をわずかに超える程度だ。「自助自立」というアメリカ建国の理念は、たんなるイデオロギーではなく、ハイパーサイミックなアメリカ人の気質にぴったり合ったからこそ長く強固に受け継がれてきたのだろう。

だが、ハイパーサイミックにはよいことばかりではない。

ひとつは、それが躁うつ病へと至る連続体だということ。強いストレスが加わると（より重度の）サイクロサイミア（気分循環症）から双極Ⅱ型に移行するかもしれない。このことは近年、経済格差の拡大するアメリカでうつ病が急増し、大きな社会問題になっていることの有力な説明になる。――米国心理学会の2017年調査によると、「80%の米国人が無力感、うつ、神経過敏、不安など複数のストレス症状を訴えている」とされ、ストレスの度合を「1（まったく感じない、あるいはほとんど感じない）」から「10（かなり深刻）」で自己診断させると、回答者の20%が8、9あるいは10の高レベルだと答えたという。[*23] 毎日2700万人のアメリカ人が抗うつ剤を服用しているが、そのうち70%が強いうつから抜け出せないとのデータもある。

もうひとつは、過度なドーパミンには妄想（パラノイア）につながる負の側面があることだ。

トランプ大統領誕生後に刊行され、大きな話題となった『ファンタジーランド』で、作家のカート・アンダーセンは、アメリカという国は「自分たちだけのユートピア」を求めて故郷を捨てたピルグリム・ファーザーズという「常軌を逸したカルト教団」によって建設され、それ以来500年のあいだ、アメリカ人は「ファンタジー（魔術思考）」に支配され、しばしば「狂乱」に陥ったと述べている。[*24]

17世紀、アメリカ＝新世界はヨーロッパ人にとって「空想の場所」であり、「熱病が生み出す夢、神話、楽しい妄想、幻想の場所」だった。新世界を目指す者たちは「スリルと希望に満ちたフィクションを信じるあまり、この夢が叶えられなければ死ぬ覚悟で、友人、家族、仕事、分別、イングランド、既知の世界など、あらゆるものを捨てて旅に出た。そして大半が本当に死んだ」。

わが国が奉じる超個人主義は最初から、壮大な夢、あるいは壮大な幻想と結びついていた。アメリカ人はみな、自分たちにふさわしいユートピアを建設するべく神に選ばれた人間であり、それぞれが想像力と意志とで自由に自分を作り変えられるという幻想である。

パラノイアに取りつかれたアメリカの歴史を顧みるならば、世界は「ディープ・ステイト（闇の政府）」に支配されているというQアノンの陰謀論が広がるのも不思議ではない。生来的

＊23—リチャード・ウィルキンソン、ケイト・ピケット『格差は心を壊す　比較という呪縛』東洋経済新報社
＊24—カート・アンダーセン『ファンタジーランド　狂気と幻想のアメリカ500年史』東洋経済新報社

にハイパーサイミックで妄想にとらわれやすいアメリカ人は、「カルト空間」に閉じ込められているのかもしれない。

世界でもっとも「自己家畜化」された日本人

世界でもっとも双極性障害の罹患率が高く、「発揚気質（ハイパーサイミック）」によって社会がつくられているアメリカに対して、日本はどうだろうか。これも興味深いことに、日本人の双極性障害の有病率は0・7％ほどで、世界でもきわめて低いとされる。そうなると、裾野を形成する双極Ⅱ型やサイクロサイミア、ハイパーサイミックの割合も低くなるはずだ。——D4DR遺伝子の繰り返し回数が日本人は少ないという研究もある。

だがその一方で、日本人の自殺率はあいかわらず先進国では（韓国に次いで）もっとも高く、アメリカの10万人あたり14・3人に対して、日本は19・7人と4割近くも多い（2015年）。

諸説あるものの、これはドーパミン濃度もセロトニン濃度も低い日本人が、メランコリー型うつ病（単極性うつ病）に罹患しやすいことを示しているのではないだろうか。アメリカが「軽躁社会」で日本が「抑うつ社会」だと考えれば、アメリカ人がヘロインのようなダウナー系のドラッグを好み、日本で覚醒剤のようなアッパー系のドラッグの依存症が広がることを説明できるかもしれない。

私は、東アジアの稲作型ムラ社会では人口が稠密になり、複雑な人間関係が強い淘汰圧になって、それに適したパーソナリティが「進化（遺伝と文化の共進化）」したと考えている。そのなかでも日本列島は、狭い平地に多くの人間が暮らすようになったことでムラ社会化が極端なまでに進み、共同体の「和」を乱す者が嫌われ排除されるようになった。日本人は世界でもっとも「自己家畜化」された民族なのだ。[*25]

このように考えれば、ビッグファイブのうち、日本人の特性と考えられる3つのパーソナリティ、すなわち「内向性」「高い神経症傾向」「低い経験への開放性」から日本社会を説明できるのではないか。残酷なムラ社会を生き延びるために、日本人は他者のささいな表情や言動に敏感に反応し、楽観よりも悲観的に考え、冒険をせずにリスクを避けるように「進化」して、それが保守的で権威主義的な社会を生みだした。その結果、新型コロナでも「自粛警察」のような強い同調圧力によって感染を抑制しようとしたのだろう。――日本人の感染率が低い「ファクターX」のかなりの部分はこれで説明できそうだ。

近年の進化心理学・進化生物学では、ヒト（ホモ・サピエンス）が自分で自分を「自己家畜化」し、文化や宗教を発明して社会性を獲得したというのが定説になりつつある。[*26] 農耕開始から1万年のあいだに「進化が加速した」というのは、これまで「異端（あるいは〝人種差別〟）」

＊25―詳しくは拙著『もっと言ってはいけない』を参照されたい。
＊26―リチャード・ランガム『善と悪のパラドックス　ヒトの進化と〈自己家畜化〉の歴史』NTT出版

としてずっと無視されてきたが、約5万年前の出アフリカ以降、さまざまな環境や文化のなかで、ヒト集団が異なる適応（さらなる自己家畜化）をするようになったというのはさほど奇異な考え方ではないだろう。[*27] それが「国民性」のちがいに反映されているかどうかはいまだ確定的なことはいえないが、「日本人とは何者か」を考えるうえできわめて刺激的な分野であることは間違いない。今後の研究の進展に期待したい。

＊27─グレゴリー・コクラン、ヘンリー・ハーペンディング『一万年の進化爆発 文明が進化を加速した』日経BP社

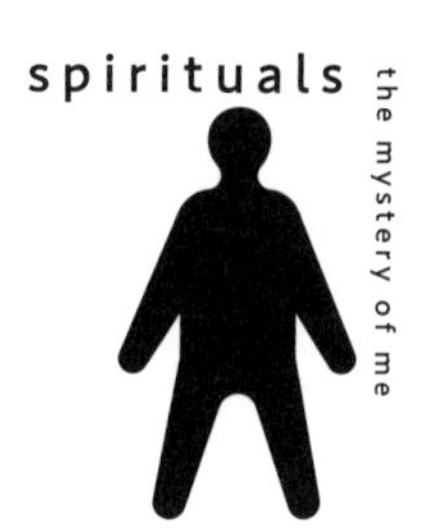

PART 9

成功するパーソナリティ／失敗するパーソナリティ

ここまで〝スピリチュアルの構造〟を解き明かすパーソナリティ心理学のパラダイム転換を、（私なりに翻案したうえで）紹介してきた。これはたんなる第一歩で、これからこの新しい世界観に基づいて、心理学や精神医学だけでなく、社会学や政治・経済学、哲学・宗教学などの周辺領域も含め、さまざまなブレイクスルーが生まれるはずだ。

もういちどまとめておくと、ここでは〝わたし＝スピリチュアル〟を8つの要素に分類した。

●スピリチュアルのビッグエイト

①外向的／内向的
②楽観的／悲観的（神経症傾向）
③同調性
④共感力
⑤堅実性
⑥経験への開放性

⑦知能
⑧外見

パーソナリティがばらつくのは、ヒトが生きてきた環境＝社会がとてつもなく複雑だからだ。そこでは生存と生殖の効率を最適化する戦略がひとつに決まらず、あちこちでトレードオフが生じる。これによって、どのような環境でも誰かが生き残れるように〝生き方の傾向〟が正規分布するようになったのだ。

「美しい子ども」という不都合な事実

「外向的／内向的（報酬系）」と「楽観的／悲観的（損失系）」は進化のなかでもっとも古く、哺乳類や鳥類をはじめ多くの動物でパーソナリティの個体差が観察されている。「同調性」「共感力」「堅実性」は向社会性のパーソナリティで、言語を獲得したヒトが親密で複雑な「評判社会」を形成したことで急速に発達した。共感力には明らかな性差があり、堅実性は平均が同じでも女に比べて男の方が分散が大きい（どちらのサイドでも極端なケースは男が多い）。同調性は「ヒトの本性」だが、平和で安定した社会ではばらつきが生じる。

「経験への開放性」は進化のなかでもっとも新しいパーソナリティで、美や芸術、文化の誕生に関係している可能性がある。

ビッグファイブのパーソナリティから「知能」が除外されているのは、知識社会においてその影響力がとてつもなく大きいからだろう。知能に関しては、男女で平均は同じだが、分散は男の方が大きい（極端に知能が高い者と、極端に知能が低い者は男に多い）ことと、男は空間把握能力（数学・論理的知能）に優れ、女は言語的能力に優れているとの性差が（批判はあるものの）多くの研究で示されている。

「外見」は疑いなくパーソナリティに大きな影響を与えているが、自尊心との関係（魅力的な外見をもつ者は自尊心も高い）以外はほとんど研究の対象になっておらず、心理学における「暗黒大陸」と化している。その理由は、外見が現代社会においてきわめて大きな価値をもつにもかかわらず、その分布が不均衡なため、研究者がテーマとして取り上げるのを躊躇（ちゅうちょ）しているからではないだろうか。

外見のちがいを扱った数少ない研究では、魅力とパーソナリティの関係についてこう書かれている。[*1]

見た目の美しい子どもたちの4分の3がうまく環境に適応でき、人に好かれ、優秀だと見なされるが、見た目のさえない子どもたちでは、その割合は4分の1にすぎない。顔立ちのよい子どもはそうでない子どもに比べて好意的な扱いを受け、人気も高く、実際に頭もいい。この「頭がよくなる」という効果については、美しさと頭脳の関連を示す具体的な事実も根拠もないとして疑問視されることが非常に多かった。しかし、この説の論破を試みたものさえも含むすべての調査が、子どもの美しさと知能につながりがあると明らかにしている。（中略）11歳の子を対象とした英国の調査は、その関連性を否定するために実施されたものなのに、結果的には正しいことを認めざるを得なくなった。

「経済格差」ばかりが大きく取り上げられるが、思春期以降の若者にとって死活的に重要なのは、給料が数万円（時給が数百円）多いか少ないかではなく、性愛を獲得できるかどうかの「モテ／非モテ格差」だろう。

アメリカの大学生を被験者にした「お見合い」実験では、モテるかどうかは「外見の魅力」がすべてで、「男らしさ／女らしさ」を含む性格も、成績がいいか悪いかも、モテにはほとんど関係なかった。女性の写真を使った日本の実験でも、「デートに誘いたい」「恋人にしたい」理由は「美しさ」が飛びぬけて多かった。[*2]——日本社会で大きな問題になっているひきこもりは「非モテ」問題だが、この「不都合な事実」には誰も触れようとしない。

これらのパーソナリティは長大な進化の過程で発達したもので、遺伝学、脳神経科学、大脳

＊1—キャサリン・ハキム『エロティック・キャピタル　すべてが手に入る自分磨き』共同通信社
＊2—越智啓太『美人の正体　外見的魅力をめぐる心理学』実務教育出版

生理学などによってかなりの程度まで説明でき、今後、解明はさらに進んでいくだろう。

環境決定論の残酷な「差別」

「氏(うじ)が半分、育ちが半分」といわれるように、遺伝と環境の相互作用によって一人ひとりのパーソナリティがつくられていく。行動遺伝学は長年、一卵性双生児と二卵性双生児を比較するなどして遺伝の影響を検証してきたが、パーソナリティの遺伝率は平均すれば50％程度とされている。

知能については年齢とともに遺伝率が上がり、思春期を過ぎると70％を超えることがわかっている。音楽やスポーツの能力も遺伝率が80％近くなる。性格や才能、認知能力から精神疾患に至るまで、人生のすべての領域に遺伝がかかわり、その影響は一般に思われているよりもかなり大きい。[*3]

ここで重要なのは、「極端なものほど遺伝率が高くなる」という法則だ。

恋人から別れ話を切り出されたとか、仕事で失敗して上司から叱責されたとか、さまざまなネガティブな出来事によって抑うつ的な気分になることは誰にでもあるだろう。もちろんここにも遺伝の影響が働いていて、それが「打たれ強い」とか「こころが折れやすい」という傾向に関係するのだろうが、日常的なうつや不安の原因の多くは環境によるものだ（転校や転職で心理的な問題が解消するのはこのためだ）。

平均付近（平均＋－1標準偏差以内の全体の70％）では生得的なものよりも環境の影響の方が大きいとすると、あるときは外向的で別の機会には内向的になったり、日によって楽観と悲観が入れ替わるのはよくあることだ。この場合、（「あのひとは外向的／内向的」などの）パーソナリティのレッテルを貼るのは適切ではない。

だがうつ病や双極性障害（躁うつ病）、統合失調症のような精神疾患になると、遺伝率は70～80％まで上がる。こうした症状は、環境を変えたくらいでは容易に変化しない。精神疾患は「病気かそうでないか」の二者択一ではなく連続体（スペクトラム）で、極端な症状ほど遺伝の影響が大きくなる。[*4]

日本ではいまだに、自閉症のような発達障害や統合失調症などの精神疾患の子どもに対して、「やっぱり子育てに問題があるんじゃないのか」とのこころない決めつけがあり、ただでさえ困難な境遇を強いられている親をさらに苦しめている。「リベラル」な社会では、遺伝の影響を語ることは「ナチスの優生学と同じ」と徹底的に忌避され、子育てや家庭環境の影響が過剰に強調されている。こうして、一部の恵まれた母親が「自分はいかにして子育てに成功したのか」を得々と語り、その陰で子どもの問題はすべて「親が悪い」とされることになった。

＊3―安藤寿康『遺伝マインド　遺伝子が織り成す行動と文化』有斐閣
＊4―ケリー・L・ジャン『精神疾患の行動遺伝学　何が遺伝するのか』有斐閣

「なにもかも生まれたときに決まっている」という遺伝決定論は誤りだが、その一方で、「子育てですべてが決まる」という極端な環境決定論が残酷な「差別」を生み出しているのだ。

「同じだけどちがう」という二重のアイデンティティ

パーソナリティの遺伝率が5割ということは、残りの半分は環境の影響になるが、行動遺伝学ではこれを「共有環境」と「非共有環境」に分けている。これは何度も指摘してきたことだが、行動遺伝学のもっとも驚くべき知見は、遺伝の影響が（リベラルなひとたちが望んでいるより）ずっと大きいことではなく、共有環境の影響がほとんどゼロにちかいことだ。

共有環境というのは、成育にあたってきょうだいが共有する環境のことで、（諸説あるものの）家庭環境＝子育てと考えればいいだろう。非共有環境というのは、きょうだいが別々に体験する環境のことだ。

日本だけでなく世界じゅうで、子どもの人生は子育ての巧拙によって決まると当然のように信じられている。だが行動遺伝学は、この常識がきわめて疑わしいとの膨大な知見を積み上げてきた。ほとんどの研究で、パーソナリティにおける共有環境（家庭環境）の影響はものすごく小さいのだ。

だとしたらなにが子どもの人生を決めるかというと、それは遺伝と非共有環境になる。惜しくも2018年に亡くなった在野の発達心理学者ジュディス・リッチ・ハリスは、「非共有環境とは子ども集団のなかでのキャラ（役割）のことだ」という独自の理論を20年以上前に唱え、「子育ての努力には意味がないのか」との論争を巻き起こしたが、いまだにこれを超える説得力をもつ理論をアカデミズムは提示できていない。[*5]——それにもかかわらず発達心理学者の多くは、いまだに行動遺伝学の頑健な知見を無視して、母子関係（最近では父子関係も）の重要性をひたすら強調している。

徹底的に社会的な動物であるヒトは、自分を集団と一体化すると同時に、集団のなかで自分を目立たせるというきわめて複雑なゲームをしている。それぞれの集団には固有の〝しるし〟があり、それを身につけていないと排除されてしまう。これが〝アイデンティティ（帰属意識）〟で、人類が進化の大半を過ごした旧石器時代には、集団に属していない個体は生き延びることができなかった。

子ども時代に誰もが思い知らされたように、特定の「友だちグループ」に所属するには、ファッションや音楽、ゲーム、スポーツの趣味など、暗黙の〝しるし〟を共有しなければならない。子どもたちは〝しるし〟の微妙なちがいをたちまち見分けて、「仲間」か「よそ者」かに分類する。こうして、特定の集団（〝ギャル〟や〝パリピ〟）に属することで固有のパーソナリティを身につけていく。

＊5—ジュディス・リッチ・ハリス『子育ての大誤解　重要なのは親じゃない』ハヤカワ文庫NF

だが、たんに自分を集団と一体化させるだけでは、子孫（遺伝子）を最大化するという進化の適応（「利己的な遺伝子」の目標）を達成できない。異性を獲得するためには、その集団のなかで目立つ「個性」をつくらなければならないのだ。紛らわしいことに、この個性も〝アイデンティティ（自分らしさ）〟と呼ばれている。

生存（生き延びるために特定の集団に一体化すること）と生殖（異性を獲得するために集団のなかで目立つこと）のためには、社会的アイデンティティと個人的アイデンティティを巧みに操らなければならない。この「同じだけどちがう」キャラ（役割）を、わたしたちはパーソナリティとして知覚するのだ。

演目が変われば役者のキャラも変わる

見知らぬ相手と出会ったとき、わたしたちがまず（無意識に）気にするのは「自分と同じ〝しるし〟をもっているかどうか」だ。〝しるし〟をもっている、すなわち「生存への脅威」でないとわかったら、次に気にするのが「自分にとって価値があるかどうか」だ。このときの判断基準が、外見や知能を含むパーソナリティということになる。

このことから、パーソナリティは自分のなかにあるのではなく、他者との関係性によってつくられることがわかる。それを劇的に示したのが、高校を中退し補導歴もあるバスケットボールが好きな黒人の若者のケースだ。[*6]

ニューヨークでも治安の悪いサウスブロンクスで育った若者は、スラム街の子どもを遠く離れた土地に転居させるプログラムに選ばれ、中流階級の白人家庭の子どもたちしかいないニューメキシコ州の小さな町の高校に転校した。2年後、彼は高校のバスケットボール部のエースとして活躍し、成績もAとBばかりで大学進学を目指していた。

この〝奇跡（キャラ転換）〟は、周囲（同い年の仲間）の評価が、「ギャングの下っ端になるしかない、失敗が運命づけられた黒人」から、「俺たちのチームのスーパースター」に変わったことで説明できるだろう。演目が変われば、それに合わせて役者のキャラも変わるのだ。

この「友だち効果」は、より大規模な実験でも確かめられている。[*7]

1990年代に行なわれた「機会への移住実験プログラム」では、家庭の幸福と地域の関係を調べるために、アメリカ各地（ボルチモア、ボストン、シカゴ、ロサンゼルス、ニューヨーク）の公共住宅に住む4600家族を次の3つのグループにランダムに振り分けた。

①貧困度が小さい（いまよりもゆたかな）地域でしか使えない家賃補助券を受け取る。このグループは、家賃補助を受けるためにはもうすこし富裕な地区に引っ越さなければならなか

＊6―ハリス、前掲書。
＊7―マシュー・O・ジャクソン『ヒューマン・ネットワーク　人づきあいの経済学』早川書房

った。

②どこでも好きなところで使える家賃補助券を受け取る。このグループは同じ地域にとどまることができたので、ほとんどは家賃を節約するだけで引っ越さなかった。

③家賃補助券を受け取れない対照群。

その後、アメリカ国税庁による納税データなどを使って、子どもの育った場所が収入や人生にどう影響するかが追跡調査された。それによると、条件付き家賃補助券をもらって引っ越したグループの（転居時点で13歳以下だった）子どもは、20代半ばに達したときの収入が、補助券をもらえなかった対照群の子どもより約3分の1以上高くなっていた。転居時点で8歳だった子どもが受けた利益は、生涯収入で30万ドル（約3000万円）と見積もられている。同様に、大学に進む確率が6分の1高く、通う大学のランクは大幅に上がり、貧しい地域に住んだり、子どもの誕生時にひとり親になる確率は小さかった。

それに対して、どこでも使える（より有利な）家賃補助券を受け取ったグループでは、なにももらえなかった対照群と比べてさほど大きな利益は得られなかった。より正確には、対照群より改善はしたのだが、そのプラス面のほとんどはわざわざ富裕な地域への引っ越しを選択した世帯の子どもたちがもたらしたものだった。

この実験では、子どもはそれまでと同じ家庭で育ったのだから、成人してからの大きなちがいを生み出したのは家庭外の環境しかない。すなわち、子育て（共有環境）ではなく、それぞれの地域の友だち関係（非共有環境）が子どもの将来に決定的な影響を及ぼしたのだ。

男と女では競争の仕方がちがう

子どもたちはものごころつく頃から、「同じだけどちがう」というパーソナリティ（キャラ）のルールを自然と身につけ、運動や音楽の才能など遺伝的な特徴をフック（きっかけ）にして、集団のなかで自分をできるだけ目立たせようとする。

こうしてつくられたパーソナリティは、思春期を過ぎる頃にはおおむね固定し、そのあとは高齢になってもさほど変わらないらしい。同窓会で何十年かぶりにむかしの友だちと会っても、一瞬で思い出すのはそのためだろう。

「同じだけどちがう」というルールに性差はないが、競争のやり方は男と女で異なる。

男の競争のルールは、戦国時代劇で描かれているように、「共同体のなかで一番になる（国盗り）」と同時に、「共同体間の競争に勝つ（天下平定）」ことだ。そのため、リーダーの統率の下に徒党を組み、ライバルの集団を叩きつぶすように進化してきた。男の子の好むゲームがすべてこの形式なのは、文化的（男性中心主義的）な偏向ではなく、進化の過程でそのようにプログラムされているからだ。

それに対して女同士がどのようなルールで競争しているかは、これまでほとんど注目されてこなかった。そのため、女を男のコピーと見なすか（ガラスの天井がなくなれば、女も男と同じように権力を目指して出世競争に猛進するにちがいない）、女を極端に理想化するか（共感力の高い女同士には競争はない）の極論がまかり通っている。

最近の研究によると、男の子が自然に集団をつくりチームプレーを得意とするのに対し、女の子は一対一のペアをつくり、集団よりもＢＦＦ（Best Friend Forever／生涯の友）との親密な関係を優先するようだ。[*8] これは欧米のケースだが、日本の女性にも心当たりがあるのではないだろうか。

それに加えて、思春期から20代後半までの女性は大きな「エロティック・キャピタル（エロス資本）」をもち、それをマネタイズ（現金化）できるという「特権」を有している（これはたんに風俗業のことだけをいっているのではない）。このことは誰もが気づいていたが、イギリスの文化人類学者キャサリン・ハキムが指摘するまで、アカデミズムの世界ではずっと「触れてはならないこと」とされてきた。[*9] 本書では詳述しないが、これは男女の性愛の非対称性（男が競争し、女が選択する）から生じるもので、エロティック・キャピタルという稀少な資本がどのように女性のパーソナリティに影響するかはまだほとんど解明されていない。

「自分らしさ」はビッグエイトの組み合わせ

パーソナリティの主要な要素は正規分布になっていて、約７割が平均＋－１標準偏差の範囲に収まるが、誰が見てもわかるほどはっきりしたもの（平均＋－2標準偏差以上）や、「極端」「病的」と思われるひと（平均＋－3標準偏差以上）も一定数いる。

神経症傾向、共感力、堅実性、経験への開放性は平均付近だが、外向性だけが2標準偏差近く高いひとがいたとしよう。すると、このひとつのパーソナリティだけがくっきりと浮かび上がるので、「明るい」とか「押しが強い」などの印象がつくられる。わたしたちはこのように、複数のパーソナリティからとくに目立つものを選んで、それを「性格」としてステレオタイプ化し、人間関係を簡略化しているのだろう。

その一方で、実際のパーソナリティはきわめて複雑で陰影に富んでいる。同じように外向性スコアが高くても、神経症傾向と共感力が平均よりすこし高く、堅実性と経験への開放性が平均よりすこし低いひとと、この逆のひとでは、親しくつきあうと印象がずいぶん異なるだろう。パーソナリティの組み合わせのこの微妙なちがいが、恋人関係になってから、あるいは結婚後に「こんなはずじゃなかった」とか「意外と見直した」ということになるのかもしれない。

パーソナリティの組み合わせがきわめて複雑で無限にあるからこそ、「一人ひとりみんなち

＊8―Joyce F. Benenson and Anna Heath (2006) Boys Withdraw More in One-on-One Interactions, Whereas Girls Withdraw More in Groups, *Developmental Psychology*

＊9―ハキム、前掲書。

がっている」。これが「自分らしさ」で、遺伝的にはまったく同一のはずの一卵性双生児ですら、成長するにつれて親以外にもパーソナリティのちがいがわかるようになる。

ヒトは社会のなかでおそろしく複雑なゲームをしているので、他人のパーソナリティを素早く見分け、自分のキャラを効果的に見せる高度なテクニックを身につけるようになった。わたしたちは、微妙なパーソナリティの差に敏感に反応するように進化してきたのだ。

音や光、臭いや身体感覚に対して敏感になりやすい（内向性指数が高い）のが「繊細さん」だが、HSPカウンセラー武田友紀さんの本を読むと、さらにいくつかのパーソナリティ傾向との組み合せらしいことがわかる。[*10]

まず、「繊細さん」は堅実性傾向が高く真面目だ。だからこそ、自分の繊細さ（刺激に対する感度の高さ）によって勉強や仕事がうまくいかないことを気に病むようになる。堅実性スコアが低ければ（ちゃらんぽらんなら）、ちがうパーソナリティになったのではないだろうか。

それに加えて「繊細さん」は共感力が高く、いい意味でも悪い意味でも他人の気持ちを忖度してしまう。自分の繊細さが職場の同僚の足を引っ張っているのではないかとか、友人や恋人に迷惑をかけているのではないかと気にするのはこのためだろう。逆にいえば、共感力が低ければ他人がどう思おうと関係ないので、刺激への感度の高さを利用して、音楽家（聴覚）や料理人（味覚）として成功するかもしれない。――共感力の高さは「繊細さん」に女性が多いことの理由にもなっているだろう。

このように考えると、「繊細さん」のパーソナリティは「きわめて高い内向性＋高い堅実性＋高い共感力（それに「高い神経症傾向」も加わるかもしれない）」と考えることができる。同じように、従来の心理学で独立したパーソナリティとされていたものも主要因子に分解することができるはずだ。

Qの尻尾をどっちに書く？

「セルフモニタリング」は「自分が他人からどう見られているかを観察（モニタリング）する」能力で、「セルフモニタリングが高いと他人からどう見られているかを気にし、状況に合わせて振る舞う」「セルフモニタリングが低いと、他人からどう見られているかを気にせず、状況ではなく自分の価値観に従う」とされる。

指で額に「Q」を書いてみてほしい。このとき、Qの尻尾（下のでっぱりの部分）を右側（相手から見るとQは左右逆に見える）に書くひとはセルフモニタリングが低く、左側（相手から見ると正しいQに見える）に書くひとはセルフモニタリングが高い。自分がどちらのタイプかを知る簡単なテストだ（日本人にはひらがなの「に」を書いてもらってもいいかもしれない）。

ＭＢＡを取得した学生を卒業後5年かけて追跡調査した研究によると、セルフモニタリング

＊10―武田、前掲書。

の高い学生は、5年のあいだ転職によってよりよい機会をつかんでいるか、同じ会社に勤めつづけている場合でも昇進の可能性が高かった。それに対してセルフモニタリングが低い学生は、会社への忠誠心を示してはいたものの、それほど昇進しているわけではなかった。自分が他人からどのように見られているかをモニタリングしていることは、転職によって適職を得たり、上司が期待するような振る舞いをするうえで有効らしい。[*11]

もっとも、セルフモニタリングが低いとつねに不利になるということではない。このタイプは一貫性や率直さといった特徴があり、職種や役職によっては大きなちからになる。また、セルフモニタリングが高くても低くても極端になると社会的に不適合になる。極端に高いと人目を気にしすぎる醜形恐怖症になり、極端に低いと状況に応じた行動をとることがまったくできなくなるとされる。

これはどのようなパーソナリティの組み合わせだろうか。セルフモニタリングが高いひとは、「高い共感力+高い同調性」(それに加えて「高い外向性」)で説明できそうだ。相手の身になって考えることができるからQの尻尾が左になり、かつ同調性も高ければ組織のなかでうまくやっていくことができるだろうし、自分をうまくアピールできれば転職も容易だろう。

それに対してセルフモニタリングが低いパーソナリティは「低い共感性+低い同調性」で、共感力が低いと相手のことを考えなくなるからQの尻尾が右になり、職場でのコミュニケーションもうまくいかなくなるが、同調性の低さが「一貫性(わが道を行く)」と評価されることもあるかもしれない。

心理学で「タイプA」と呼ばれるパーソナリティの特徴は「いつも時間に追われている」ことで、すべてのものごとを素早く処理しなければ落ち着かない。こうした性格は目標達成や職業上の成功などにプラスに働くこともあるが、心臓発作の可能性が高いともされる。

タイプAの典型が「モーレツ・ビジネスパーソン」で、タスク（仕事）に継続的かつ情熱的に取り組み、ものごとを決められたとおりに進める「コントロール感」を得ることが重要だと考え、日々の目標にチャレンジし、競争において相手を打ち負かしたいという強い欲求をもっている。

このパーソナリティは「高い外向性＋高い神経症傾向＋高い堅実性」で、その多くが高テストステロン（強い競争志向）の男性だろう。このタイプのひとは社会的・経済的に成功しやすいがそのぶんストレスも高く、それが健康を害し心臓発作につながるのではないだろうか。

「自己解決型／他者依存型」のパーソナリティもよく使われるが、これは同調性と堅実性の組み合わせで説明できそうだ。「自己解決型」は同調性が（相対的に）低いから周囲の圧力に抗して正しい答えを示すことができるし、高い堅実性（自己コントロール力）で問題を自力で解決しようとする。それに対して「他者依存型」は、同調性が高く堅実性が低いため、自分の意見を

＊11―リトル、前掲書。

周囲に合わせようとし、問題の解決を他者に依存しがちになるのだろう。

「自尊心を高める教育」は効果がない

ビッグエイトのなかに「自尊心 Self-Esteem」が入っていないことに疑問をもつひともいるかもしれない。これはたしかにそのとおりで、社会心理学では自尊心が行動や選択に大きな影響を及ぼすことが繰り返し示されている。

さまざまな調査で、自尊心が（適度に）高いことは学業や健康、社会的・経済的な成功にポジティブな効果があり、自尊心が低いとネガティブな効果がある（貧乏で不健康で早死にする）ことがわかっている。この知見が広く知られたことで、アメリカ社会では「子どもの自尊心を養うにはほめて育てるべきだ」「批判は自尊心を傷つけるから避けなければならない」「クラスでの競争は自尊心のない敗者をつくる」などの説が急速に広まった。

しかしその後、自らも自尊心の重要性を信じていた心理学者のロイ・バウマイスターが、自尊心と子どもの成長の関係を調べようと1万5000件もの研究をレビューしたところ、予想に反して「自尊心を養っても学業やキャリアが向上することはなく、それ以外でもなんらポジティブな効果はない」ことを発見した。他の研究者によるメタ分析でも同様の結果が出たことで、現在では（すくなくともまともな）心理学者は、「自尊心が子どもの成長に重要だ」と主張することはなくなった。

「ほめて伸ばす（自尊心を高める）」子育てや教育は、意味がないばかりか有害かもしれない。

バウマイスターは「ほめる」効果を計測するために、中間試験でC以下の学生から無作為に対象者を選び、自信をもたせるための応援メッセージ（君ならできる！）を毎週送り、他の学生には事務的な連絡メールだけを送った。結果はどうなったかというと、励ましのメッセージを受け取った学生は対照群より成績が悪かったばかりか、中間試験よりも成績が下がってボーダーラインから落第必至になってしまった。それ以外にも、学生の自尊心が高くなると成績が下がるという証拠が次々と見つかっている。[*12]

なぜこんなことになるかは、「自尊心は原因ではなく結果だ」と考えれば理解できる。50メートル走で最下位だった子どもに1位のトロフィーを渡しても足が速くなるわけではない。「ほめて伸ばす」という教育方針のバカバカしさはこれに似ている。

自尊心の低さと、薬物依存や10代の妊娠などの問題行動のあいだに相関関係があることは間違いない。だがここから、「自尊心が高いのはいいことだ」という結論は導けない。高い自尊心は、自尊心が低いのと同様に問題なのだ。

研究者は、自尊心の高さの利点として実証されていることは2つしかないという。ひとつは自主性が高まることで、もうひとつは機嫌よく過ごせることだ。これにはいい面と悪い面があ

＊12―バウマイスター、ティアニー、前掲書。

って、信念に基づき行動し、リスクを引き受ける強い意志を持ち、困難を克服したり失敗から立ち直るのに有効だが、その反面、周囲の反対を無視して破滅的な行動に走ったり、自分が他人より優れていると思い込んだりする。アメリカでは若者のあいだでナルシシストが急激に増えていることが問題になっているが、これは自尊心を高める子育てや教育の影響ではないかとバウマイスターはいう。

観客の反応で上下するソシオメーター

スピリチュアル理論では、誰もが人生という舞台で主役を演じていると考える。だがその演技は、つねに他者（共同体＝社会）から評価されている。舞台の上でキャラと演目がぴったりはまったときに社会から高い評価が得られるが、無様な演技をすると罵詈雑言（ばりぞうごん）を浴びせられる。すなわち自尊心は、パーソナリティ（キャラ）と観客（社会）の関係で決まる。

俳優が舞台で演技をし、たくさんの観客から万雷の拍手を受けたらものすごく大きな高揚感と幸福感を覚えるだろう。これが「自尊心が高い」状況だ。それに対して演技に失敗し、はげしいブーイングを浴びせられたら絶望し、消えてしまいたいと思うかもしれない。これが「自尊心の低い」状態になる。

心理学者・神経科学者のマーク・リアリーは、ひとはみな自己評価の目盛りのようなもの、すなわち「ソシオメーター」をもっていると考えた。共同体のなかでの評価が上がるとソシオメーターの針は上昇する。これはよいことだ。逆に評価が下がるとソシオメーターの針は下降する。これはものすごく悪いことだ。なぜなら人類が進化の大半を過ごした旧石器時代では、共同体から排除されることは即座に死を意味したから。ソシオメーターは一種の警報装置で、針が下に振れるとブザーが鳴り、わたしたちは（殺されないように）態度や行動を変えるのだ。[＊13]

ソシオメーターは観客の反応によって上がったり下がったりするが、一人ひとりのメーターは基準値と感度が異なっている。これは、もともとの自尊感情が高いひとと低いひと、ストレスを受けたときの針の下がり方が大きいひとと小さいひとがいるということだ。

これを**図16**（P346）で説明してみよう。同じ対人関係のストレス（シカトされるとか）を受けたときの3つのパターンを示している。

（A）は自尊感情の基準値が低く、かつストレスへの耐性が弱い。そのためちょっとした出来事（相手に悪意はなくても、ほかのことに気を取られていたので話しかけても無視された）でソシオメーターの針は大きく下に振れてしまう。

それに対して（B）は自尊感情の基準値が高く、かつストレスへの耐性が強い。そのため、

＊13—Mark Leary and Jennifer Guadagno (2011) The sociometer, self-esteem, and the regulation of interpersonal behavior, *In K. D. Vohs & R. F. Baumeister (Eds.), Handbook of self-regulation: Research, theory, and applications*, Guilford Press

図16●ソシオメーター

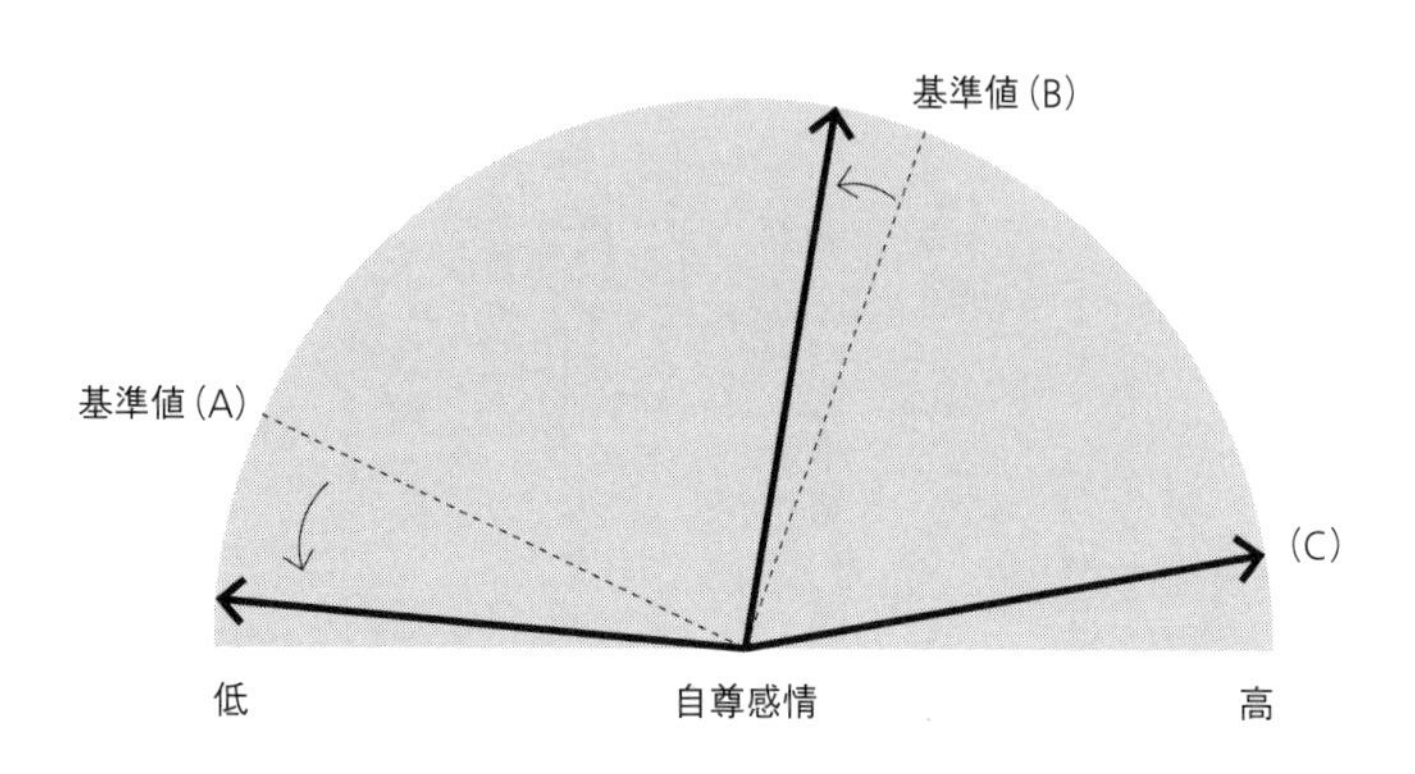

人間関係のささいなトラブルではほとんど針は動かない（相手の態度が気にならない）。

このちがいは、ビッグファイブ理論では「外向的／内向的」と「楽観的／悲観的」で説明できるだろう。（A）は内向的で悲観的、（B）は外向的で楽観的なのだ。

ソシオメーターの針は高ければ高いほどいいわけではない。（C）では自尊感情がほぼ上限にはりついて、他者からの評価にほとんど反応しなくなっている。これがナルシシストで、自尊感情が非現実的な領域に達している（スピリチュアルの「神性」が前面に出てしまっている）。観客が誰もいないのに（あるいはすごいブーイングを浴びているのに）舞台で陶酔的な独り芝居を続けるようなもので、学校や会社など組織のなかでやっていくのも、恋愛関係を成立させるのも、あらゆる人間関係が持続不可能だろう。

自尊心は高いけれど不安定なひと

わたしたちは「人生という舞台」で自分の物語を演じており、自尊心は演技の出来（観衆の評価）によって決まる。

仕事で成功したり素敵な恋人ができたりすれば自尊心は高まり、失業や失恋によって自尊心は下がる。だが、そのときの振れ幅（ソシオメーターの感度）には個人差がある。

わたしたちは「自尊心の高いひとは安定していて、自尊心の低いひとは不安定だ」と思っているが、自尊心の高／低と安定／不安定は相関していないらしい。そうなると、**図17**（P348）のような4つのタイプがあることになる。[*14]

このうち①は「自尊心が高く、かつ安定している」タイプで、「自己充実的達成動機が高い」とされる。他者との競争に勝ちたいという意欲が競争的達成動機で、「自分なりの基準で達成を求める」のが自己充実的達成動機だ。これは、ものごとに積極的に取り組んだり、競争の結果よりも自分自身の成長を目指すことにつながるとされる。

③は「自尊心が低く、かつ不安定」というもうひとつのステレオタイプで、これは強いコン

＊14―脇本竜太郎『なぜ人は困った考えや行動にとらわれるのか？　存在脅威管理理論から読み解く人間と社会』ちとせプレス

図17●自尊心と安定／不安定

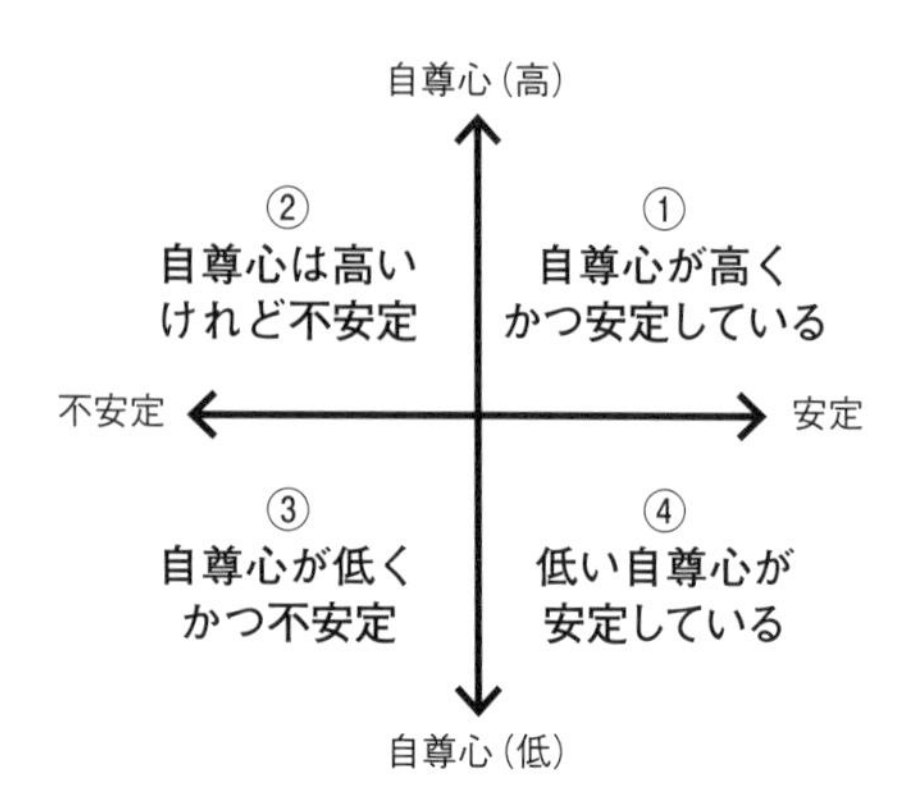

プレックスにとらわれ、その結果、競争を避けたり成長をあきらめたりするかもしれない。

自尊心の高いひとがみな成長への強い意欲をもっているわけではない。「自尊心は高いけれど不安定」という②のタイプは、「他者からの批判的なフィードバックを受けたときに、相手を低く評価する」とか「誰かに助けを求めることに抵抗感を抱く」などの特徴がある。

このタイプは自我への脅威に対して脆弱で、そのため批判に対して過剰に反応したり、援助を受けることを自分の弱さだと考えたりする。ふだんは自信たっぷりに振る舞っていても、傷つきやすくすぐに逆切れしたり、トラブルが起きても自分で抱え込んで報告しない困ったひとは、あなたのまわりにもいるのではないだろうか。

自尊心が安定していればいいというわけでもない。それが④の「低い自尊心が安定している」タイプで、この場合は「他者からの批判的なフィードバックを受けたときに相手を高く（「低く」ではない）評価する」とされる。一貫して低い自尊心をもつこのひとたちは、権威者からの批判をそのまま受け入れ、盲従するのだ（これも会社にたくさんいるのではないだろうか）。

顕在的自尊心は高いけれど潜在的自尊心が低いひと

顕在的自尊心と潜在的自尊心は、質問紙に対する「自分は自尊心が高い／低い」の回答（顕在）と、潜在連合課題（ＩＡＴ）で計測された無意識の自尊心（潜在）のことだ。ＩＡＴについてはここでは詳しく説明しないが、関連する刺激（言葉や表情など）への反応の速さから意識できない思考や感情を探る手法だ。[*15]

自尊心の「顕在／潜在」が独立しているとすると、ここでも**図18**（Ｐ３５０）のような４タイプが考えられる。

このなかで真っ先に思い浮かぶのは、①の「顕在的自尊心も潜在的自尊心も高い」タイプと、③の「顕在的自尊心も潜在的自尊心も低い」タイプだろう。自己啓発本では、「③低い自尊心」からどうすれば「①高い自尊心」に移行できるかが大きなテーマになっている。

＊15―M・R・バナージ、A・G・グリーンワルド『心の中のブラインド・スポット　善良な人々に潜む非意識のバイアス』北大路書房

図18●顕在的自尊心と潜在的自尊心

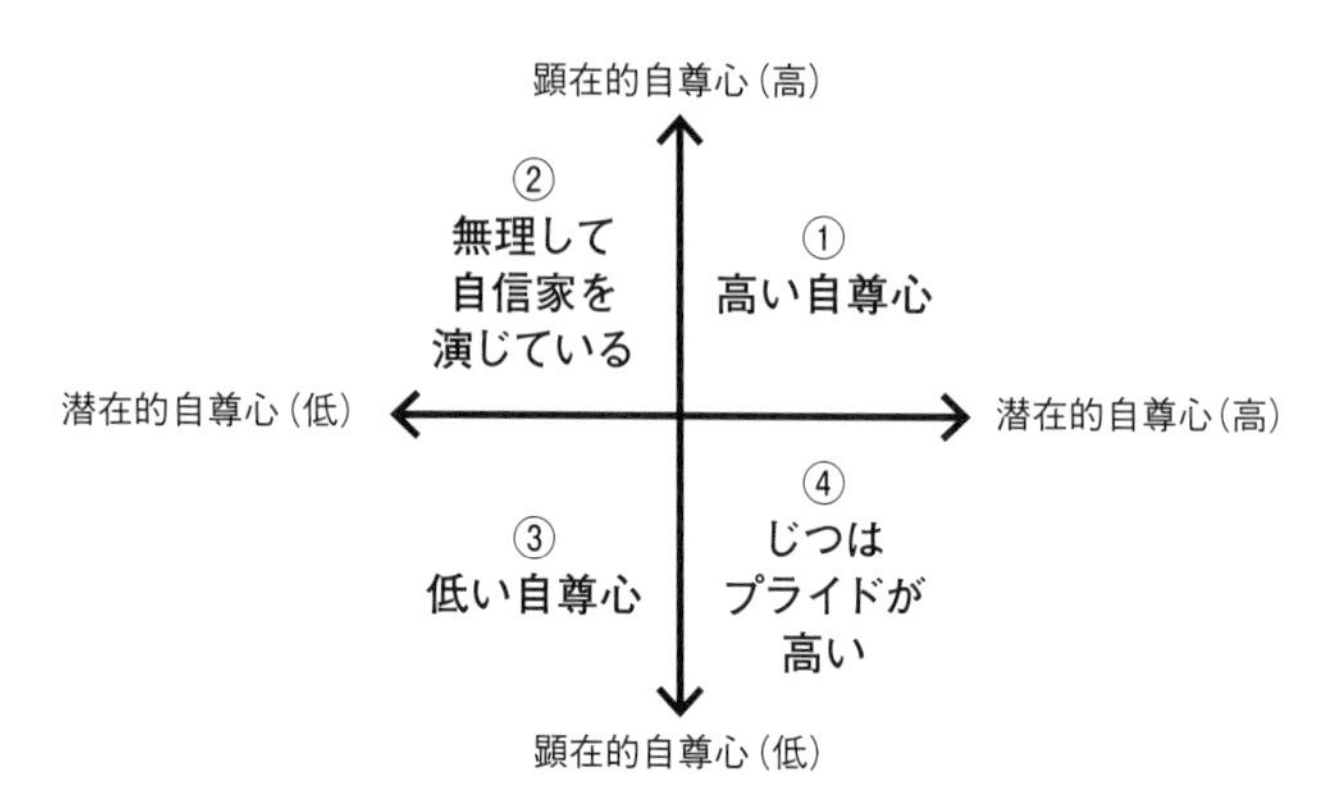

それに対して「顕在的自尊心は高いが潜在的自尊心が低い」②のタイプは、無理して自信家を演じているだけでほんとうは自尊感情が低い（虚勢を張っている）。このひとたちは一見、豪放磊落でもつねに不安を抱えており、防衛的で（他者の批判を受けつけない）、よそ者に対して差別的な感情を抱くとされる。すなわち自我が脆弱なのだ（あなたの上司はどうだろう？）。

「顕在的自尊心が低いが潜在的自尊心が高い」④のタイプは日本人には多そうだ。このひとたちは控えめで従順なように見えるが、じつはプライドが高く思わぬところでそれが顔を出す（あなたの部下はどうだろう？）。

「リア充」というのは、人生という舞台で自分のキャラを上手に演じているひとたちで、その結果、友人や性愛のパートナー、社会から大きな評判を獲得し、高い自尊心をもつようになる（①のタイプ）。この恵まれたひとたちは、周囲から「自分らしく生きている」と見なされる。「リベラル」な社会では「誰もが自分らしく生きるべきだ」とされるから、その理想を体現した人生でもある。

それに対して日本社会で大きな問題になっているひきこもりだが、これは「客席に誰もいないのではないか」「ヒドいブーイングを浴びるのではないか」との不安で「人生という舞台」に立つことをあきらめてしまったのではないか。社会からなんの評価も得られず、性愛からも排除されているこのひとたちは、顕在的自尊心も潜在的自尊心も（残念ながら）ものすごく低いだろう（③のタイプ）。

舞台上の俳優が観客の評価から大きな影響を受けるように、人生という舞台でも他者からのフィードバックによって自尊感情が揺れ動く。それは演技の結果であると同時に、次の演技に決定的な影響を与える（役者がよい演技をすれば観客の期待は高まるし、下手な演技をすれば興味をなくす）。この相互作用によって「自尊心が決定的に重要だ」といわれるようになったのだろう。

パーソナリティ同士に相性があるのか

多くのひとが気になるのは、「パーソナリティ同士に相性はあるのか」だろう。これは「同じパーソナリティが惹かれ合う」と、「異なるパーソナリティが惹かれ合う」のパターンが考えられる。

相性についての研究はまだ多くないが、ひとつはっきりしているのは、「経験への開放性は似た者同士で惹かれ合う」ことだ。

経験への開放性が高いひとは新奇なものや体験に強い関心を抱き、同じように好奇心の強い相手と交際したり結婚したりする。開放性が低く変化を避けたがるひとは、自分と似ている保守的な相手を選ぶ。

なぜこのようになるかというと、経験への開放性の程度が自分と似ている相手といっしょにいると楽しいからだ。好奇心が強い者同士だと、最先端のガジェット、突飛なファッション、前衛的な音楽、芸術系の映画から海外の秘境まで、一般のひととは成立しないような会話ができる。開放性が低い（保守的な）ひとがそんな場に紛れ込んだら、ものすごく気まずい雰囲気になるだろう。このひとたちは、アメリカンフットボール（日本ならプロ野球）をテレビ観戦しながら家族や友人とだらだらビールを飲むような関係が心地いいのだ。

同様に「似た者同士」でカップルになることがわかっているのが「知能≒学歴」だ。これは「同類婚」と呼ばれていて、アメリカでは白人エリートの男性は、高卒で金髪の元チアガールではなく、自分と同等の学歴のマイノリティ（黒人やラテン系、アジア系）の女性と結婚するようになった。こうした傾向は日本も同じで、高卒同士、大卒同士など同じ学歴同士で結婚するカップルが多いことはさまざまなデータが示している。

同類婚がなぜ多くなるかは2つの要因があるだろう。ひとつは出会いの機会で、高校中退の若者と、大学院で博士号を取得した若者が偶然出会って恋に落ちることは、マンガやラノベならともかく現実にはあまりないだろう。
もうひとつは経験への開放性と同じで、知的水準が似ている相手といっしょにいる方が楽しいからだ。一夜の逢瀬や火遊びならともかく、ひとつ屋根の下に暮らし子どもを育てるなら、同じような教育経験をもち、自分が興味をもつ話題で会話ができる相手を選ぼうと思うだろう。こうしてアメリカでは、高学歴／高収入の「パワーカップル」と低学歴／低収入の「ウイークカップル」のあいだで経済格差が拡大しており、同様の傾向は日本を含む先進諸国でも（おそらくは新興国でも）確認されている。[*16]
「パーソナリティが同じ方がつき合いやすい」というのは、「外向的／内向的」にもあてはまりそうだ。パーティやクラブで浮かれ騒ぐのが好きなひとは活発なグループに、図書館や美術館で長い時間を過ごすのが好きなひとは落ち着いたグループに入るだろうから、友だち関係は「類は友を呼ぶ」になるはずだ。だがカップルとなると、外向性スコアが高い者同士はつねに新しい刺激を求めているから、長続きは難しいかもしれない。とはいえ、「外向的×内向的」のカップルだと、お互いの趣味嗜好がちがってうまくいかないこともあるだろう。

＊16――橘木俊詔、迫田さやか『夫婦格差社会　二極化する結婚のかたち』中公新書

恋愛の神経科学的相性

「恋愛の相性」を科学的に解き明かそうとしたのが「愛は4年で終わる」で有名になった人類学者のヘレン・フィッシャーで、マッチング（婚活）サイトの依頼を受けて、脳内神経伝達物質ごとに4つのパーソナリティ・タイプをつくり、その相性を検討している。それが「冒険型（ドーパミン）」「建設型（セロトニン）」「指導型（テストステロン）」「交渉型（エストロゲン）」だ。[*17]

このうち「（つねに刺激を求める）冒険型」は「高い外向性＋高い経験への開放性」、「（現実的で地に足のついている）建設型」は「低い神経症傾向＋高い堅実性＋低い経験への開放性」で説明できそうだ。「冒険型」の2つのパーソナリティ（外向性と経験への開放性）にはドーパミンが関係している（とされている）が、パーソナリティは独立しているので、つねにこの2つがセットになるわけではない。一方、「建設型」の「低い神経症傾向（精神的安定性）」にはセロトニンが関係しているだろうが、堅実性や経験への開放性とセロトニンの関係はよくわかっていない。――フィッシャーのこのタイプ分けにどこまで理論的根拠があるのかには疑問がある。

フィッシャーは、「冒険型×冒険型」は最高に盛り上がるが浮気も多く、「建設型×建設型」には「男女」ではなく「夫婦」の幸せがあるという。これは、ビッグファイブの「外向的な者同士のカップル」と、「経験への開放性が低い者（保守的）同士のカップル」で説明できるだろう。

もっとも相性がいいのは「（リーダーシップのある）指導型×（共感力の高い）交渉型」で、「正反対だから惹かれる」組み合わせだとされる。フィッシャーは、「指導型」の女性と「交渉型」の男性が最高のカップルになった例を紹介している。

だが、「指導型」は「男性ホルモン」のテストステロン、「交渉型」は「女性ホルモン」のエストロゲンの影響下にあるとされ、これは要するに「男性性」と「女性性」のことだ。「男らしさ」や「女らしさ」は一部が重複しているから、「男っぽい女性」や「女っぽい男性」もいるだろうが、「指導型」の多くは男、「交渉型」の多くは女だろう。だからこれは、「男と女は惹かれ合う」という当たり前の話でもある。

愛着(アタッチメント)タイプは俗流相性論

「恋愛の〝心理学的〟相性論」としては、「3つのアタッチメントタイプ」もよく知られている。これは精神分析家ジョン・ボウルビィの「アタッチメント(愛着)理論」に基づくもので[*18]、幼児期の母子関係から「Sタイプ(安定型)」「Nタイプ(不安型)」「Vタイプ(回避型)」に分かれるとされる。[*19]

＊17―H・フィッシャー『「運命の人」は脳内ホルモンで決まる!』講談社
＊18―ジョン・ボウルビィ『母と子のアタッチメント　心の安全基地』医歯薬出版
＊19―アミール・レバイン、レイチェル・ヘラー『異性の心を上手に透視する方法』プレジデント社

本書では詳述できないが、ボウルビィのアタッチメント理論はアカゲザルの代理母実験（子ザルは、哺乳瓶が取りつけられた針金の代理母より、哺乳瓶はないがやわらかい布で覆われた代理母を好む）から着想を得たもので、この極端な設定がどの程度ヒトの子どもに当てはまるかは（当然のことながら）実験で確かめられているわけではない。その代わりボウルビィは、発達心理学者メアリー・エインズワースと行なった「慣れない状況（ストレンジ・シチュエーション）」の実験で「幼児期の母子の愛着が人格形成に決定的な影響を与えることを証明した」とされる。

被験者となる母親が研究室に生後12カ月の子どもを連れてくる。しばらく母子でともに遊んだあと母親が部屋からいなくなり、子どもは見知らぬ大人と部屋で遊ぶか、ひとりで残される。しばらくすると母親が戻ってくるので、そのときの子どもの反応を観察するというのが「ストレンジ・シチュエーション」だ。

ボウルビィは母親との再会の様子によって、子どもを2つのグループに分けた。ひとつは、戻ってきた母親にときには泣きながら、ときにはうれしそうに駆け寄って抱きついたりする「安定群」で、60％の子どもがこのグループに入った。残りは母親が戻ってきても気づかないふりをしたり、母親を叩いたり、床にうずくまって動かなかったりする「不安定群」の子どもたちだ。

ボウルビィは、安定群と不安定群の子どものちがいは、生後1カ月ほどの母親の子育てによって決まり、このとき親からのしっかりとした反応＝愛着を受けた乳児は、1歳になる頃には自立心が強く積極的になり、就学前の時期には自立心旺盛に育つと主張した。親からの温かく敏感なケアは、子どもが外の世界に出て行けるための「安全基地」になるというのだ。

その一方で、母親が子どもに対して突き放した態度をとったり、葛藤や敵意を抱えていたりすると不安定な子どもに育ち、学校や友だち関係にうまく適応できなくなる。その結果、退学率や反社会的傾向が高かったり、将来の収入が低いなど、「幼少期の愛着関係が与える精神的な効果は一生つづく」とされる。

これは一見、説得力があるように思えるが、子どもを育てたことのあるひと（母親はもちろん父親でも）なら、ボウルビィの「安定群」と「不安定群」の解釈に違和感を覚えるのではないだろうか。「慣れない状況」に置かれた1歳児が母親との再会で泣いたり喜んだりするのは当たり前で、母親が声をかけても無視したり、床にうずくまったまま動かないというのは尋常ではない。いまなら真っ先に発達障害が疑われるだろう。

もしそうなら、「不安定群」とされた子どもが社会的関係をうまくつくれなかったり、特別教育を受けるように勧められたり、高校を中退することになったとしてもなんの不思議もない。愛着理論など持ち出さなくても、遺伝的要因（自閉症やADHDの遺伝率は80％以上）だけで説明できてしまうのだ。――そもそもこの愛着理論は、「子どものパーソナリティ形成に共有環境の影響がほとんど見られない」との行動遺伝学の知見と整合性がない。

オキシトシンの作用によって母子が愛着関係を形成することは間違いない。だが愛着理論で証明されたのは「幼少期の安心感が発達にとって重要だ」ということであり、それが父母から与えられるのか、兄姉やおじおばなどの親族や共同体から与えられるのかでどの程度のちがいがあるかはわからない（新興国の富裕層や伝統的社会では母親が子育てしないところもあるが、それでも子どもはちゃんと育つ）。

愛着理論はフロイトの精神分析の影響を強く受けており、あまりにも「母性愛」を過大評価している。その結果、「不幸になったのは子ども時代の母親の育て方が悪いからだ」との俗説をばらまき、多くの母親を苦しめている。

最近のアタッチメント理論はエピジェネティクス（後天的遺伝）から「幼児期の母親の愛情の有無が遺伝子にまで影響することが証明された」と主張しているが、これはラットの実験を極端なまでに擬人化している（ヒトの子どもで同じエピジェネティックな効果は再現できていない）。[*20]

本書の文脈でいえば、「3つのアタッチメントタイプ」は「神経症傾向」と「共感力」で説明できそうだ。「温かくて愛情深い」Sタイプ（安定型）は「低い神経症傾向＋高い共感力」、「相手に夢中になりすぎるが、愛されていないのではと不安になる」Nタイプ（不安型）は「高い神経症傾向＋高い共感力」、「交際している相手とつねに距離を置こうとする」Vタイプ（回避型）は「高い神経症傾向＋低い共感力」に該当する。パートナーとしては「精神的に安定していて共感力も高い」Sタイプが魅力的なのは当然だが、男はそもそも共感力が低いのだから「理想の男性」と巡り合うのは難しい。

神経症傾向には性差がないとすると、男も女も平均から1標準偏差以上高い「神経質なひと」は約15％、ボーダーラインも含めれば5人に1人は「恋愛がむずかしいパーソナリティ」だ。男性にはNタイプ（不安型）の女性と遭遇した経験が一度ならずあるはずで、男は共感力が低いから、女性はかなりの確率でVタイプ（回避型）の男性に出会うだろう。多くのひとに思い当たる経験があるからこそ、この「俗流相性論」が流行するのではないか。

高い堅実性は成功の秘密？

やはり誰もが知りたいと思うだろう「成功するパーソナリティ／失敗するパーソナリティ」について簡単に述べておきたい（この重要なテーマについては別の機会にあらためて論じたい）。

まず確認しておくべきは、「すべてのパーソナリティが進化の適応」であることだ。あらゆる生き物は、長大な進化の過程で、できるだけ多くの遺伝子を後世に引き渡すために（与えられた条件の範囲で）最適化されている。進化生物学者のリチャード・ドーキンスは世界的なベストセラーとなった『利己的な遺伝子』（紀伊國屋書店）で、遺伝子を擬人化するというアクロバ

＊20―神経科学者マイケル・ミーニーは、母ラットからなめられたり毛づくろいされたりした子ラットのストレスレベルが低いことと、その形質が子どもから孫へと世代を超えて受け継がれていくことを示したが、当然のことながら、人間を対象に同じようなランダム化比較試験ができるわけがない。

ティックな論法によってこの進化の原理を明快に示した。

あるひとつのパーソナリティが子孫の数を増やし、別のパーソナリティは子孫の数を減らすなら、自然淘汰によって有利な傾向だけが遺伝子に埋め込まれ、「ヒトの本性」になったはずだ。同調性や母性愛はその典型で、集団にまったく協調できなかったり、自分の子どもになんの興味もなく授乳もしないのでは、生き延びることも子孫を残すことも困難だろう。その結果、こうした傾向は「正規分布（ベルカーブ）」ではなく「ベキ分布（ロングテール）」になった。同調性や母性愛が欠落しているのは「パーソナリティ（個性）」ではなく「外れ値」なのだ。

パーソナリティはベルカーブで、高くても低くても、特定の環境では有利になる。「高い神経症傾向」は、危険な捕食動物にいつ襲われるかわからないサバンナでの生存に大いに役立ったかもしれないし、「低い堅実性（多動性）」の持ち主は、状況が目まぐるしく変わるような環境では、変化に素早く対応できて圧倒的に有利だったはずだ。人類が数百万年のあいだ生きてきた環境が多様だったからこそ、多様なパーソナリティが進化したのだ。

だが1万年ほど前に定住と農耕が始まると、ヒト（ホモ・サピエンス）の置かれた環境は劇的に変わった。農耕は日々の生活を循環的なものにして安定させる一方で、ムラ社会（共同体）から排除されると生き延びることができないから、他者とうまくやっていく能力（向社会性）を向上させただろう。「高い堅実性」は同じ作業をえんえんと繰り返す農業にも有用で、堅実性の低いパーソナリティは「移り気でちゃらんぽらん」と見なされ、農村共同体では邪魔者扱いされることになったはずだ。

このようにして、農耕開始以来の1万年のあいだに、狩猟採集の伝統的社会、遊牧社会、農耕社会で異なるパーソナリティが選好された。従来、「遺伝子の突然変異の頻度を考えれば、ヒトの遺伝子は旧石器時代となにも変わらない」とされたが、イヌがわずか200年ほどで多様な犬種に分化したように(オオカミの一部が人間を恐れなくなったのは約3万年前とされるが、交配によって現在のような犬種がつくられたのは19世紀イギリスのヴィクトリア時代からだ)、人間も環境に合わせて自分で自分を「家畜化」していくことで、ヒト集団によって異なる遺伝的傾向をもつようになったと考えるのは理にかなっている。

その後、18世紀半ばにヨーロッパの辺境だったイギリスで始まった産業革命によって、より高い堅実性パーソナリティが求められることになった。資本家にとって必要なのは、毎朝定時に工場に出勤し、決められた作業を正確にこなす労働者だった。そのための訓育システムが学校や会社を通じて現在まで引き継がれたため、ビッグファイブのなかの堅実性(自己コントロール力)が社会的・経済的な成功と結びつくことになった。

東アジアの辺境だった日本が、明治維新を機に急速に近代化に適応できたのは、地理的・歴史的なさまざまな幸運があっただろうが、その大きな理由のひとつは堅実性の高さだろう。農耕社会のなかで「自己家畜化」されたパーソナリティが、近代的な工場労働にそのまま転用できたのだ。

成功する3つのパーソナリティ

知識社会の高度化によって、いまではたんに「工場での仕事に向いている」だけではアドバンテージがなくなった。当たり前だが、知識社会でもっとも有利な「パーソナリティ」は高い知能だ。トランプ現象の背景にあるのは、誇りをもって製造業で働き、自立した人生を送っていた労働者（その多くは地方都市に住む高卒の白人男性）が知識社会から脱落しつつあることだ。[*21]

ますます高度化する知識社会で、「成功するパーソナリティ」として要求されているのは次の3つだ。

「高い知能」+「高い堅実性」+「低い神経症傾向（精神的安定性）」

これに「高い外向性」と「魅力的な外見」が加わると、政治家として一国のトップに立ったり、グローバル企業のCEOとして活躍できるかもしれない。

現代社会で成功するには、「情動的知能」「社会的知能」「創造的知能」が必要だとされる。だがこれは、すべて知能（IQ）と他のパーソナリティの組み合わせで説明できる。[*22]

「情動的知能」は感情を適切に抑えることができる「自己コントロール力」のことで、「高い知能+高い堅実性」の組み合わせだ。これがよい学業成績（高い学歴）や経済的成功に結びつくことは多くの研究で示されている。「ＧＲＩＴ（やり抜く力）」が注目されるのはこのためだ。「社会的知能」は「社会のなかでさまざまなひとと上手にやっていける能力」で、これは「高い知能＋高い共感力」の組み合わせだ。「こころのＩＱ（ＥＱ）」と名づけられたが、日本では「コミュ力」が広く使われている。

さまざまな研究によって、社会的知能が高いほど、友人、恋人、家族と良好な関係を保ち、組織のなかでも上司や部下、同僚とうまくやっていくことができ、幸福度も高いことがわかっている。だが、たんに共感力が高いだけでは「サイコ」からいいように利用されるだけで、社会的・経済的な成功とは結びつかないだろう。高いＥＱは高いＩＱに支えられているのだ。

「創造的知能」はイノベイティブなことで、「高い知能＋高い経験への開放性」の組み合わせだ。これはいまや、高度化する知識社会に必須のパーソナリティとされるようになった。実際、スティーブ・ジョブズからイーロン・マスクまで、「現代の英雄」の多くはこのタイプだ。

創造的知能が高い成功者は芸術家やベンチャー起業家に多く、ものすごく目立つ。だが、「経験への開放性が高いと社会的・経済的に成功する」とは一概にはいえない。

２０２０年のアメリカ大統領選の出口調査では、世帯収入（１ドル＝１００円で換算）で年収

＊21―詳しくは拙著『上級国民／下級国民』（小学館新書）を参照されたい。
＊22―ジェフリー・ミラー『消費資本主義！　見せびらかしの進化心理学』勁草書房

500万円未満の低所得者層と、500万〜1000万円の中間層ではバイデン支持が過半数を占めたが、年収1000万円超の富裕層はトランプ支持が多数派だ。創造的知能が経済的成功に結びつくのなら、リベラルの所得は保守よりも高くなるはずだが、アメリカ社会の主流派である富裕な白人はリベラルよりも保守派が多い。[*23]

人類がこれまで体験したことのないほど安定した現代社会では、「今日は昨日と同じで、明日は今日と同じ」という前提で生きていった方がずっと有利だろう。そう考えれば、一部のスーパースターを除けば、「高い知能+低い経験への開放性」の保守的なパーソナリティの方がうまくいくのかもしれない。

ダークトライアド(闇の三角形)はモンスター

パーソナリティ心理学では、マキャベリズム(権力欲)、サイコパシー(共感性の欠如)、ナルシシズム(自己愛)を社会的に好ましくない代表的な3つの性格とし、これがすべて揃うことを「ダークトライアド(闇の三角形)」と呼ぶ。このタイプは他者への共感がなく、すべてが自分本位で、ささいな利益のために他人を操ろうとする。愛情や友情などとうてい期待できず、かかわった相手を片っ端から破滅させる、まさにモンスター的人格だ。

このダークトライアドにあてはまるタイプとして、ドナルド・トランプほどぴったりの人物はいないだろう。トランプはことあるごとに、「世界は強者(捕食者)と弱者(犠牲者)に二分されており、優れた者がすべてを手に入れ、敗者はなにもかも失うのが当然だ」と述べている。

トランプ＝ダークトライアド説はたしかに説得力があるが、それが究極の「反社会的」人格だとすると、現実に起きていることがうまく説明できなくなる。ヒトは徹底的に社会的な動物なのだから、反社会的なメンバーは真っ先に共同体から排除されるはずだ。ところがトランプは「世界最強国家」の権力の頂点の座を獲得し、2020年の大統領選ではバイデンに敗れたとはいえ、事前の予想を大きく上回る7000万票以上を獲得してアメリカ人のおよそ半分がいまも熱烈に支持していることを証明した。

この矛盾は、次のように考えれば理解可能ではないか。

感謝や思いやりの気持ちにあふれ、共同体のために生命を捧げることを厭わない向社会的な人物は、誰からも好かれ、高く評価されるにちがいない。しかしこの「高徳なひと」が生存と生殖に有利かというと、そんなことはないだろう。みんなのために真っ先に犠牲になれば子孫を残すことはできないし、平時であっても「いいひと」は一方的に利用されるだけかもしれない。とはいえ、向社会的なひとは共同体から排除される恐れがなく、そこそこの暮らしができるだろうから、これは「ローリスク・ローリターン戦略」だ。

それに対していっさい社会性がない人物は、一歩まちがえるとみんなの怒りを買って殺され

＊23—National Exit Polls: How Different Groups Voted, *New York Times*

てしまうが、うまくすれば「いいひと」たちを出し抜いて大きな成功を収められるかもしれない。こちらは「ハイリスク・ハイリターン戦略」だ。

だとすれば、ダークトライアドがたんに忌み嫌われるだけでなく、多くの追従者が生まれる理由がわかる。なぜなら、一発当てれば大きな権力を握る可能性があるから。わたしたちは無意識のうちに、冷たく傲慢な人物に「有能」、やさしく謙虚な人物に「無能」のステレオタイプをあてはめる。社会的な動物である人間は、「反社会的」な人物を恐れながらも、称賛し憧れる「本能」をもっているのかもしれない。

向社会性というのは、ある意味、共同体の圧力から身を守る鎧のようなものだ。ところがダークトライアドは防御をすべて放棄しているため、批判や中傷のような社会的攻撃にきわめて脆弱だ。盾をもたない以上、すべての「敵」に全力で反撃し、殲滅しなければ生き延びることができない。

このように考えると、トランプの特異な性格をかなりうまく説明できるのではないだろうか。

自己啓発本の8つのテーマ

進化心理学では、現代人が抱える困難を「旧石器時代の脳でアスファルトジャングルを生きている」と説明する。ヒトの脳の基本プログラムは、数百万年の旧石器時代を通じて徐々につくられてきた。いくら「自己家畜化」したからといって、わずか1万年でそれを「定住・農耕」という新たな環境に合わせるのは難しいだろうし、わずか400年程度の「知識社会」への遺伝的適応はまったく不可能だ。このようにして現代は、リベラルな知識社会でうまくやっていけない膨大なひとたちを生み出すことになった。

このことは、「経済的・社会的に成功する方法を教授する」とされる自己啓発本を見るとよくわかる。細かなちがいはあるとしても、それらは大きく次のテーマに分けられるだろう。

①高い外向性（アピール力／説得力）を獲得する
②高い精神的安定性（嫌われる勇気）を獲得する
③組織のなかでうまくやっていく同調性を獲得する
④高い共感力（EQ／コミュ力）を獲得する
⑤高い堅実性（自制心／自己コントロール力／やり抜く力）を獲得する
⑥高い経験への開放性（創造力／イノベイション）を獲得する
⑦高い知能を獲得する
⑧魅力的な外見を獲得する

これらはいずれも高度化する知識社会で有用なパーソナリティだから、自己啓発本の教えはいずれも正しい（だから売れるのだろう）。だが問題がひとつあって、パーソナリティはそう簡単に変えられないのだ。

行動遺伝学の知見によれば、知能の遺伝率は成長とともに上昇し、思春期を過ぎると70％超になる。パーソナリティの遺伝率は平均して5割程度だが、残りの半分は非共有環境で、これは友だち関係などの偶然に大きく左右される。そして、子育ての努力はパーソナリティ形成にほとんど影響を与えない。

もちろん、すべてのパーソナリティが固定されているということではない。認知能力においては、ロンドンのタクシー運転手の海馬（脳の記憶にかかわる部位）が大きくなっていることが判明し、「ニューロンは成長とともに減る一方ではなく、成人になってからも訓練によって増えることもある」と大きな話題になった（脳の可塑性）。パーソナリティのうち堅実性（自己コントロール力）は、教育によって幼児期はもちろん成人後も向上するとの研究もある。こうした知見は大きなはげみだが、だからといって粘土をこねるように、自由自在に脳＝パーソナリティをつくり変えられるわけではない。「変えられないもの」はたくさんあるのだ。

これに対して、「強い意志のちからで頑張ればどんな困難も乗り越えられる」という意見があるかもしれない。これも間違いというわけではなく、貧困のようなきびしい環境で育っても不屈の努力によって成功するひとはたくさんいる。

だがここにも〝不都合な事実〟があって、意志力によって感情を制御すると脳の別の機能がうまく働かなくなるし、さらに恐ろしいことに、ストレスによって病気になったり、老化が早まったりするらしい。

自分のスピリチュアルに合った物語をつくれ

だったらどうすればいいのだろうか。これについてはあらためて考えてみたいが、本書での私の提案はきわめてシンプルだ。それは、「自分のパーソナリティを前提にして、それがアドバンテージをもつ場所（ニッチ）を探す」になる。

内向的なパーソナリティのひとが営業部門に配属され、成績を上げるために外向的な性格に変わろうと努力するのは無意味だ。専門職のように内向的でも成功できる職業はたくさんあるのだから、無駄なことに貴重な時間を費やすことなく、さっさと辞表を出して自分が得意な仕事に移った方がいい（外向的なパーソナリティのひとが、経理のような内向的な仕事を求められたときも同じだ）。

同様に、経験への開放性が低い（保守的な）ひとが、イノベイティブな仕事を要求されたり、斬新な提案を出せといわれてもうまくいかないだろう。パーソナリティには向き不向きがあり、不得意なことをどれほど頑張っても、（それに向いている）ライバルに勝てるはずはない（経験への開放性が高いひとが、役所のような〝かたい〟仕事をするときも同じだ）。

問題なのは現代の高度化した知識社会には向いていないとされるパーソナリティで、堅実性が低い場合はＡＤＨＤという「発達障害」にされてしまう。だがテクノロジーの爆発的な発達で、これから10年でジェットコースターに乗っているような大変化が起きるとの予想もある。[*24] もしそうなら、変化のはげしい環境に最適化されたADHD型のパーソナリティの時代が訪れるかもしれない。神経症傾向が高いパーソナリティも同様の困難を抱えているが、ほんのすこしのミスも許されない仕事ではおおきなちからを発揮するだろう。

グローバル化する現代社会では、インターネットのヴァーチャル空間が拡大し、さまざまなニッチが生まれている。意志力をふりしぼってパーソナリティを矯正し、自分を変えようと努力するよりも（そのストレスによって寿命が短くなってしまう！）、多様なニッチのなかから自分のパーソナリティに合った場所を見つける方がずっといいのではないだろうか。

高度化する知識社会では要求される知能のレベルがますます上がっているが、だからといって、知能が高ければ高いほど成功できるわけではないらしい。

クリエイティブな仕事をするひと（建築家など）を対象にした調査では、「120以上の高いIQ値の場合、クリエイティビティはIQ値と無関係になる」ことがわかった。偏差値に換算すると65以上であれば、知能はどれだけクリエイティブな仕事をするかを予測しないのだ。――それよりも「内向性」や「直観力」の方がクリエイティビティをよく予測した。[*25]

これは一見、奇異に思えるが、考えてみれば当然でもある。美術であれ音楽であれ、あるいはiPhoneのような電子機器の開発でも、クリエイティブな作品というのは多くの大衆から受け入れられてはじめて「成功」と見なされる。前衛芸術や前衛音楽は（芸術IQがきわめて高い）仲間内では高い評価を獲得するかもしれないが、業界外で誰からも知られていないのでは大きな達成感は得られないのではないだろうか。

大衆の人気を得るには、大衆の理解できるものでなければならない。だとすれば高すぎる知能は、逆に成功への足かせになるのかもしれない。

そのうえでもっとも大事なことは、自分のパーソナリティに合った人生を設計することだ。現実の自分とまったく異なるパーソナリティで成功を求めていても、あなたのスピリチュアルはまったくの別人なのだから、いずれ破綻は免れないだろう。それよりもいまの自分のパーソナリティを理解し受け入れたうえで、現実的なステップの向こうに成功を見据えた方がずっとうまくいくはずだ。土台のないところで目標にたどり着こうとしても、それは空中に楼閣を建てるようなものだ。

「成功した人生」とは、あなたのスピリチュアルに合ったポジティブな物語をつくることだ。そのためにこそ、自分のパーソナリティを知らなければならないのだ。

＊24―ピーター・ディアマンディス、スティーブン・コトラー『２０３０年：すべてが「加速」する世界に備えよ』NewsPicksパブリッシング

＊25―ネトル、前掲書。

附録　ビッグファイブの検査

自分のパーソナリティを確認したいひとのために、2007年に心理学者のベアトリス・ラムステッドとオリバー・ジョンがつくった「BFI-10」というビッグファイブの判定基準を紹介しておこう。たった10項目の質問に答えるだけのごく簡単なものだが、より詳しい性格判定基準との一致率は84％でじゅうぶん実用に堪えるとされる。[*1]

以下の性格を表わす文①から⑩に、1から5の点数をつけてください。

1点＝強く反対する
2点＝少し反対する
3点＝賛成でも反対でもない
4点＝少し賛成する

5点＝強く賛成する

①能動的な想像力をもちあわせている（　）
②芸術への関心はほとんどもちあわせていない（　）
③ていねいな仕事をする（　）
④なまけがちだ（　）
⑤一般的に信頼できる（　）
⑥他人の欠点を探しがちだ（　）
⑦ゆったりしていて、ストレスにうまく対処できる（　）
⑧すぐにくよくよする（　）
⑨外に出かけるのが好きで、社交的だ（　）
⑩遠慮がちだ（　）

①と②は経験への開放性、③と④は堅実性、⑤と⑥は協調性、⑦と⑧は情動の安定性、⑨と

＊1―Beatrice Rammstedt and Oliver P. John (2007) Measuring personality in one minute or less: A 10-item short version of the Big Five Inventory in English and German, *Journal of Research in Personality*

⑩は外向性にかかわる。それぞれのペアごとに奇数番号のスコアから偶数番号のスコアを引き算し、ビッグファイブに対応するスコアを計算する。スコアは「マイナス4」（とても低い）から「プラス4」までの幅がある。①と②の計算結果がプラス4なら「経験への開放性が高い」、マイナス4なら「経験への開放性が低い」となる（以下同）。あまりに簡単だと思うかもしれないが、他人はあなたに対してこの程度のことしか気にしていないのだ。

とはいえ、このようなテストをしなくても、これまでの説明で自分のパーソナリティがわかったのではないだろうか。自分がどのようなキャラで、まわりからどのように見られているかは、社会のなかで生きていくのにものすごく重要なので、誰もが自分のことをかなり正確に理解している。「ほんとうの自分が見つからない」とか、「自分のことがわからない」といいながらも、実際には自分のキャラを強く意識しているのだ。

将来的には、ＳＮＳのビッグデータをＡＩで解析することで個人ごとのパーソナリティを正確に評価できるようになるだろう。じつはこれはすでに行なわれていて、ＰＡＲＴ２で紹介したパーソナリティ判定システムはケンブリッジ大学が公開しており、「Apply Magic Sauce」のホームページに自分のＳＮＳデータをアップロードすることで体験できる（https://applymagicsauce.com/demo）。

残念なことに日本語には対応しておらず、私が自分のツイートを読み込ませたところ「年齢24歳」になった。どこかの野心的なベンチャーがこの日本語版を開発したら、「自分さがし」

をしている多くのひとへの朗報になるだろう。

ビッグファイブ検査についてより詳しく知りたいなら、村上宣寛、村上千恵子『主要5因子性格検査ハンドブック三訂版　性格測定の基礎から主要5因子の世界へ』（筑摩書房）を参照されたい。

あとがき

私はもともと、心理学の「性格診断」などというものをまったく信用していなかった。その考えを改めざるを得なくなったのは、ドナルド・トランプが当選した2016年の米大統領選をきっかけに、「SNSのビッグデータをAIに読み込ませるだけで有権者のパーソナリティが分析できる」「10の『いいね!』を見るだけで同僚よりも相手のことがよくわかるようになり、70の『いいね!』で友人のレベルを超え、150の『いいね!』で両親、250の『いいね!』で配偶者のレベルに達する」という驚くべきファクトを突きつけられたからだ。

それから、なぜこのような不思議なことが起きるのかを調べはじめた。本書はそこから得た知見をまとめた最初の試みで、これから何冊か「心理学のパラダイム転換」についての本を書いてみたいと考えている。

私はこれまで1年のうち3カ月ほどを海外で過ごしてきたが、未知の感染症によって旅に出ることはできなくなった。本書は、自宅と仕事場をひたすら往復する日々のなかで書き進めたものだ。

その作業のなかで、自分のパーソナリティをよりはっきりと理解できるようになった。

まず、私の内向性パーソナリティは平均より高い。五感が他人より敏感ということはないが、賑やかなところは苦手で、パーティなどにもほとんど出席しない。とはいえ、知らないひとと話をするのが嫌いというわけではなく、編集者時代は、のちに日本国の総理大臣になる政治家からヤクザの親分まで、面白そうなひとには片っ端から会いに行った（オウム真理教のサティアンも取材で訪れた）。

内向性スコアが高いと依存症になりにくいというが、たしかになにかにこだわるということはない。ギャンブルにはまったく興味がないし、若いときに吸っていたタバコもさしたる苦労もなくやめられた（イランを旅したときは、アルコールのない環境にすぐに順応できた）。所有や収集への欲求もほとんどなく、別荘はもちろんマイホームやマイカーももっていない。

新型コロナでわかったもうひとつの内向性のメリットは、他者との接触を避ける「新常態」に向いていることだ。この1年、家族以外とはほとんど対面で会わなかった（Zoomでの打ち合わせやインタビューはあった）が、それをストレスに感じたことはない。

抑うつ的になったことはあまりないので、神経症傾向はさほど高いわけではないだろう。だが楽観的かというとそんなことはなく、最後はどこかで野垂れ死ぬだろうと思っているところはある。本書も含め、自分が書くものに「抑うつリアリズム」が強く反映していることもわかっている。

社会に反抗するようなことはないが、中学生の頃から組織のなかでうまくやっていけそうにないことは自覚していた。サラリーマン経験はあるものの10年ちょっとで、いまはもの書きという自営業をしているのだから、同調性は他人より低いだろう。

共感力は女性よりは明らかに低いが、男性の平均程度ではないかと思っている（そもそも共感力の高い男というのをあまり見たことがない）。Qの尻尾は左側に書くタイプだ。

堅実性は、もの書きになってから原稿の締め切りをいちども遅らせたことがないので、高い方ではないかと思う。ただし、意味がないと思うことでもこつこつやる、ということはまったくない。

知らない土地を旅して、自分とはちがうひとたちと出会うのが面白いと思っているので、経験への開放性は平均より高いのではないか。芸術的なセンスはないが、みんなが話題にしているものには関心がない、という傾向はある。

読者も、本書から同じように、自分のパーソナリティについてなんらかの気づきを得られたのではないだろうか。自分を知ることが大事なのは、けっきょく、自分がもっているものでなんとかやっていくしかないからだ。

近年の「コネクトする脳」仮説では、ヒトの脳は「つながる」ように設計されていると考える。徹底的に社会的な動物であるヒトは、ごく自然に他者と交流し、助け合い、競争する。それればかりか、わたしたちはイマジネーション（想像力）によって、祖先や歴史上の人物、アニメやマンガ、ゲームなどのヴァーチャルなキャラとも「つながる」ことができる。わたしもあなたも、客観的には、時空を超えた巨大なネットワーク（世界）のひとつのノード（結節点）に過ぎない。そのきわめて小さなノードの一つひとつが、主観的には〝神〟だと錯覚していると、ころに、人生のよろこびと絶望があるのだろう。

この本は、そんなスピリチュアルをテーマにした当初の構想の前半にあたる。私の理解では、心理学におけるもうひとつのパラダイム転換は、「無意識は自らの死すべき運命を拒絶しようとしている」という「死の回避（存在脅威管理）理論[*1]」で、後半はそれに基づいて宗教や神秘主義などスピリチュアリティを論じたいと思っていたのだが、そうなると分量が大幅に増えていつ完成するかわからないので、残念だが次の機会にしたい。本書は、『残酷な世界で生き延びるたったひとつの方法』『（日本人）』（ともに幻冬舎文庫）に続く三部作として読んでいただければと思う。

＊1—アーネスト・ベッカー『死の拒絶』平凡社、シェルドン・ソロモン、ジェフ・グリーンバーグ、トム・ピジンスキー『なぜ保守化し、感情的な選択をしてしまうのか　人間の心の芯に巣くう虫』インターシフト

私の他の著作と同様に、本書のベースにあるのは進化論だ。思想や感情が脳の産物である以上、それは長大な進化の過程で、生存や生殖を最適化するために「設計」されたプログラムと考えるほかはない。驚異的なテクノロジーの進歩を背景に、将来的には、人間や社会に関する学問分野はすべて進化論に収斂していくはずだし、事実、心理学、社会学から政治学や経済学（あるいは哲学、宗教学）に至るまで、人文科学系の学問は脳科学や遺伝学、進化生物学、進化心理学、ゲーム理論などの自然科学に侵食され吸収されつつある。日本の「文系知識人」の多くはいまだにこのことに気づいていないようなので、あえて指摘しておく。[*2]

わたしたちは誰もが、スピリチュアル＝神として、自分だけの物語を生きている。これは、人類が数万年、あるいは数十万年前に自己（過去から未来へとつづく物語）を獲得したときに運命づけられたのだろう。それは祝福でもあり、呪いでもあった。

78億の物語は重なりあって共鳴し、ときに熱狂を生むとしても、本来は別々のものだ。わたしとあなたの物語が完全に重なりあうことはなく、孤独はつねに人生とともにある。

「自分さがし」というのは、突き詰めて考えるなら、自分のキャラ（パーソナリティ）とそれに合った物語を創造することだ。おそらくは、人生にそれ以外の意味はないのだろう。

＊2―詳しくは拙著『「読まなくてもいい本」の読書案内　知の最前線を5日間で探検する』（ちくま文庫）を参照されたい。

この作品は書き下ろしです。

ブックデザイン＋カバービジュアル
鈴木成一デザイン室

画像
stock.adobe.com/jp

橘 玲

（たちばな・あきら）

1959年生まれ。作家。2002年、小説『マネーロンダリング』でデビュー。同年、『お金持ちになる黄金の羽根の拾い方』が30万部超のベストセラーに。06年、小説『永遠の旅行者』が第19回山本周五郎賞候補作となる。また、『言ってはいけない』が新書大賞2017に輝く。他の著書に『残酷な世界で生き延びるたったひとつの方法』『（日本人）』『亜玖夢博士の経済入門』『タックスヘイヴン』『ダブルマリッジ』『朝日ぎらい』『上級国民／下級国民』『女と男 なぜわかりあえないのか』等がある。

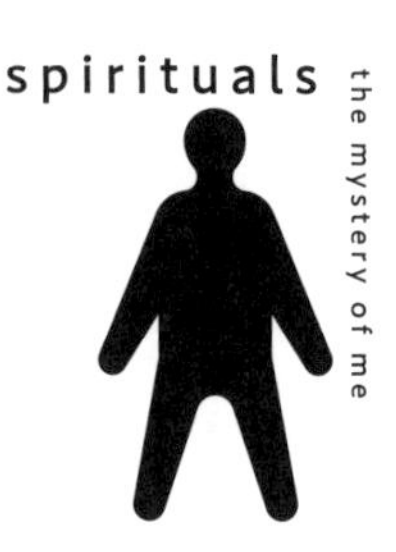

スピリチュアルズ
「わたし」の謎

2021年6月25日　第1刷発行
2024年4月20日　第8刷発行

著者　橘 玲
発行人　見城 徹
編集人　志儀保博
発行所　株式会社 幻冬舎
〒151-0051 東京都渋谷区千駄ヶ谷4-9-7
電話 03(5411)6211〈編集〉
03(5411)6222〈営業〉
公式HP：https://www.gentosha.co.jp/

印刷・製本所　株式会社 光邦

ISBN978-4-344-03798-4 C0095
この本に関するご意見・ご感想は、
下記アンケートフォームからお寄せください。
https://www.gentosha.co.jp/e/